2012 SYMPOSIUM ON THE TEACHING OF LITERATURE TO UNDERGRADUATE ENGLISH MAJORS

全球化语境下的英美文学教学

主编◎郭英剑　副主编◎吴泽庆　王凯

中央民族大学出版社
China Minzu University Press

图书在版编目（CIP）数据

全球化语境下的英美文学教学/郭英剑主编. —北京：中央民族大学出版社，2018.10重印
ISBN 978-7-5660-0710-0

Ⅰ. ①全… Ⅱ. ①郭… Ⅲ. ①英国文学—文学研究②文学研究—美国③英语—教学研究—高等学校
Ⅳ. ①I561.06②I712.06③H319.3

中国版本图书馆CIP数据核字（2014）第087149号

全球化语境下的英美文学教学

主　　编　郭英剑
副 主 编　吴泽庆　王　凯
责任编辑　李苏幸
封面设计　魔弹文化
出 版 者　中央民族大学出版社
北京市海淀区中关村南大街27号　邮编：100081
电话：68472815(发行部)　传真:68932751(发行部)
68932218(总编室)　68932447(办公室)
发 行 者　全国各地新华书店
印 刷 厂　北京建宏印刷有限公司
规　　格　155×230（毫米）　16开本
印　　张　18.25
字　　数　260千字
版　　次　2018年10月第3次印刷
书　　号　ISBN 978-7-5660-0710-0
定　　价　68.00元

内容简介

2012年12月7—8日，由中央民族大学外国语学院主办的“2012年全国英美文学教学研讨会”在北京隆重召开。本次会议邀请了“英美文学”国家级精品课程主持人、省部级精品课程主持人、校级精品课程主持人以及在各类院校讲授英美文学课程的主讲教师40余人与会，有3位来自台湾师范大学、台湾交通大学的知名教授也应邀参加了会议。

12月7日上午8：30，会议正式召开。中央民族大学外国语学院院长郭英剑教授以题为“网络化时代的英美文学教学”的开幕词拉开了研讨会的序幕。他在致辞中指出，当今网络化时代使英美文学教学面临巨大的困境。网络化时代大学该怎么办，教师该怎么教，学生该怎么学的问题是目前亟待解决的当务之急。他希望通过此次研讨会，在大家共同讨论和交流的基础上，能够找到一条未来发展之路。

此次会议有五位知名学者作大会主旨发言，先后有31位与会代表在会议上阐述他们在英美文学教学中的困惑与思考，并就相关问题提出了深刻的见解。其中，主旨发言高屋建瓴，大会发言共鸣强烈，评议人的点评精彩不断。

会议历时两天。郭英剑教授在最后总结中说，此次会议有三大特点，其一是传承。英美文学边缘化状态是个长期的问题。十年前，他就组织国内的专家学者纷纷撰稿讨论英美文学教学的困境和出路。从这层意义上讲，本次会议既是对十年前这组文章的传承，也是一种历史的延续。十年间观点的演化和新观点的出现，非常值得借鉴。其二是共识。本次会议达成许多共识。比如，英美文学边缘化现状亟待改变；英美文学教学定位应该更加科学化；文学教学应从问题入手，促进学生的思辨能力的提高；教学应采纳现代的教学手段、建设现代资源包等多样化的教学方式等。其三是影响力。本次会议的参加者都是国家级精品课程、省部级精品课程和校级精品课程的负责人以及在各类高校讲授英美文学的主讲教师。相信大家会把此次会议的成果带回去，并应用到各自的教学实践中去，从而对中国高校的英美文学教学产生积极的影响。

网络化时代的英美文学教学

——在“2012年全国英美文学教学研讨会”上的开幕词

（代序）

郭英剑

各位老师、各位同学：

大家上午好！

今天，我们在这里召开“2012年全国英美文学教学研讨会”，首先，请允许我代表中央民族大学外国语学院，对各位专家、学者冒着严寒，在寒冬腊月时分来到北京，表示热烈的欢迎和衷心的感谢！

今天，我们召开的是“英美文学教学研讨会”。我们所探讨的问题，从我们的英文题目当中，或许指向更为明确：Symposium on the teaching of literature to undergraduate English majors。也就是说，是针对英语专业的本科生所开设的与文学有关的课程的一次研讨会。

我们都知道，现在召开学术研究会议的多，但有关教学方面的会议相对来说少一些，那么，我们为什么要召开这样的一次会议呢？这有内部和外部两个方面的原因。

所谓内部原因是指我们中央民族大学的外语学科内部发展的需要。中央民族大学是国家“211”工程和“985”工程重点建设高校，很多学科在相关领域在世界范围内都具有相当高的声誉，如中国少数民族语言与文学、民族学、社会学、人类学、民族历史、民族音乐舞蹈，等等。然而，作为中央民族大学的外语学科，我们显得年轻而稚嫩。这也不奇怪，作为20世纪80年代才开始进行本科专业建设的学科，要想有大的发展，我们需要时间。但即便如此，我们没有等待，而是在不断地思考，不断地在寻找出路和寻觅发展机遇。

从2006年以来，就我个人来说，也与学院其他领导和老师多次交流过，我经常思考的问题有两个：第一，身处“虎狼之地”的我们中央民族大学外国语学院外语学科，应该如何生存？我的意思是说，在我们学院的西面有北京外国语大学，往北有北京理工大学、中国人民大学、北京大学和清华大学，往东有北京师范大学，还不说其他像北京航空航天大学、北京科技大学、中国传媒大学、首都师范大学、对外经济贸易大学等。他们所有的英语学科，都比我们发展早，都比我们实力强，所以我说，我们身处“虎狼之地”，我们该如何生存？

对这个问题，我们也征询了很多专家学者的意见与建议，他们提出的建议大都是，要有自己的特色。至于特色究竟是什么，或者在哪里，这都是值得我们深入研究和探索的。但对于这个问题的答案，我们是非常清楚的——那就是要：抓特色。

当然，这不是我们今天要谈的主题。我们学院在2011年发起了“全国民族院校外国语学院院长论坛”，当年举办了第一届会议。今年，2012年，我们在成都的西南民族大学又召开了第二届会议，我们的目的就是要与全国15所民族院校的领导共同思考这个特色问题，共谋发展。

我思考的第二个问题与今天我们所谈的话题有关，即作为人文学科的一部分，英语学科、英语专业又该如何生存？说白了，就是英语学科应该怎么办的问题？在一所学校当中，英语学科的位置在哪里？在大学英语教育突飞猛进的时代，在非英语专业的学生英语越来越好的时候，英语学科具有怎样的独立学科特征，才能让我们英语专业的学生找到自己的位置？换句话说，怎样才能让我们英语专业的学生与非英语专业的学生有所不同？对这个问题的探讨，与我所说的外部原因有关。

所谓外部原因是指，我们认为，英美文学教学需要加以认真研究和对待，特别是在全球化和网络化的时代，遇到了新的问题与新的挑战，我们应该认真面对。

在这个问题上，我们根据学校的发展情形，也是根据学校的要求，在这个问题上的认识与学校完全一致，那就是要：入主流。

所谓入主流，对于我们来说，有两层意思，第一，在学校内部的层面上，要想谋发展，就不能把自己定位于或者仅限于是要求学校照顾的一个弱势学科，而是要高标准、严要求，以主流学科发展模式为标杆，积极进取，致力于内涵式发展，比如学科建设、师资队伍、学术成果、人才培养，等等。近几年来，我院的英语学科成为校级重点学科，得到了学校“985”工程项目的资助，学院充分利用这一难得的发展机遇，在师资队伍、教学水平、科研成果等方面，都取得了一定的成绩。第二，就是要在整个大的环境下，如北京市、全国乃至世界范围内的英语学科的范围内，寻找发展的机遇。为此，我们也做出了自己的努力。从 2009 年以来，仅就英语学科来说，我们每年都主办或者合作主办一次重要的学术会议，这其中就包括：

（1）2009 年 6 月的“2009 亚裔美国文学研讨会”，这个会议由中央民族大学外国语学院、北京外国语大学英语学院华裔美国文学研究中心、北京语言大学外国语学院共同主办，会议的主题是“新世纪的亚裔美国文学”，来自美国、中国台湾和中国大陆的专家学者针对亚裔美国文学做了深入的探讨和研究；美国 UCLA 的 K. K. Chiang、台湾的李有成、单德兴等著名教授都出席了会议。

（2）2010 年 11 月的“21 世纪英语学科建设与发展”研讨会，来自国内特别是北京市的 20 余位专家学者，就 21 世纪英语学科的建设目标、使命与发展方向等问题，提出了很好的建议，产生了良好的反响。北京外国语大学副校长金莉教授、南京大学外国语学院王守仁教授、中国社会科学院文学研究所所长陆建德研究员都出席会议并做了主题发言。

（3）2011 年 6 月的“英美文学最新动态”学术研讨会，此次会议由中央民族大学外国语学院和中国社会科学院《外国文学动态》杂志社共同主办，所探讨的英美文学的最新动态对于国内的研究起到了一定的引领作用；来自美国 UCLA、北京大学、清华大学等高校的 50 余名专家学者参加了会议。

在这些会议上，都有我院教师的声音。更使很多青年教师找到了未来的发展方向。

今年，2012 年，也是 2012 年在接近尾声的时候，我们主办这一次“2012 年全国英美文学教学研讨会”，也是我们英语学科在发展中与国内包括台湾的主流学科以及学者进行交流的一次难得的机会。

在过去的三年中，我院所主办的上述三次会议，既有学科建设的，也有学术最新动态的，还有纯学术研究的。那么，这一次，我们希望通过这次会议，专门来谈一谈教学问题。

我给自己今天这个致辞起了一个题目叫作“网络化时代的英美文学教学”。其实，这个题目，每一个特有的词汇，带给我们身为英美文学教师的人都不是什么愉快的意象。

对于这个题目“网络化时代的英美文学教学”，我想倒着说。

先说教学。教学，在高校当中，与科研可以说是孪生的兄弟姊妹。但孰轻孰重，对于我们身在高校当中的人来说，不言自明。重科研、轻教学的现象，至今在高校之中还是非常严重的事情。这一点突出地体现在职称评审之中，想必各位都清楚，我也不必赘言。因此我说，作为教师，教学听上去好像不是个令人太愉快的词汇。

但实际上，即便是在今天看来，我们也无法否认，一个好的教师，用今天的说法就是明星教师，对于学生具有极为重要的影响力。我在今年 3 月 28 日发表在《中国科学报》上的《明星教师的影响力究竟有多大?》一文中说，可能所有人都会承认好的教师对学生的影响力。正因为如此，社会上才会有众多的人士在回顾自己成功的人生经验时，提到自己的老师曾经带给自己的深刻影响。当然，在现实生活中，我们也不乏反面的例证：一位不称职的教师又带给了学生怎样的负面影响。

当然，我们可能要追问了，什么是好教师呢？在去年年底的时候，美国哈佛大学的两位教授与哥伦比亚大学的一位教授在他们发表的学术成果中，提出了好教师的标准。其中的细节，我就不在这里赘述了，但他们提出一些观点，很有趣。他们说，教师关乎学生未来的收入，该研究表明，一位小学生一年哪怕只能遇到一位好老师，到他们成年的时候，他们的收入每年就能够递增。而且，教师关乎学生未来生活标准的选择。他们并没有说教什么课程的老师，但从这个角度看，明星教师的影响力是巨大的，作为文学教师，和其他教师一样，关键的问题还是教什么和怎么教的问题。

说到英美文学，也不令人感到鼓舞。当下的英美文学研究，在学术界还算是形势喜人。但英美文学的教学，多年来，课时都被压缩到了很少的地步。更重要的是，学生深受社会上的影响，不少人认为，学习文学没有什么用处。尽管我们的专家学者包括我本人不断地在告诫学生学习文学的价值所在，但真正起到作用的，应该还是不能算太大。这一点，我们在座的各位也都非常清楚，我也不再对此做进一步的描述。

说到网络化时代，本身令人鼓舞，但作为教育者来说，简直就是令人感到沮丧了。因为如果学生是刻苦钻研、愿意学习也努力学习的学生，那么，今天的教师，简直就没法当了。文学课，如果仅只是把它当作一门文学知识课程来讲授，简直没法上了。

这话怎么讲呢？今年的 8 月 29 号，我在《中国科学报》的“大学专刊”国际教育专栏中，发表了一篇题为“网络大学时代已经到来”的文章。我在文章中谈到，我们正处在一个前所未有的网络化的时代。正如全球化带给世界的巨大变化后带动了教育的全球化与国际化，当下的网络化带给世界巨大变化的一个重要特征，就是带动了教育的网络化和教育的国际化。现如今，一台电脑，一个摄像头和一根网线，就可以把一个人与整个世界联结起来。在教育网络化时代，美国一马当先，利用其在世界上技术领先的绝对优势，将传统的远程教育（distance learning）推向了新的高度和广度，使我们看到了一个新的时代——网络大学时代，已经大踏步地向我们走来。

在文章当中，我简要介绍了近两年来，特别是今年以来，美国出现的特别是美国名校推出的一些别具特色的网络课程系统或者网络学习平台，由此，我们大致可以看出未来美国高等教育发展的大致走向，也隐约可以看到中国高等教育未来的发展方向。

正是在这个意义上，我在我院 2012 年 9 月新生开学典礼上的致辞，题目为“网络化的今天，为什么还要来上大学?”此后，该演讲稿刊登在江苏省的《教育研究与评论》杂志上，其缩减版的文章，刊登在9 月 17 日的《中国科学报》上。我认为，我们必须认真对待由于网络大学时代的到来所带来的种种问题。

第一，网络化时代，大学该怎么办？现在，无论是诸如美国斯坦福大学、哈佛大学或麻省理工学院这样的世界名校，还是个人所建设的盈利公司，他们所要建设的网络课程，都被统称为免费的“大规模网上课程”(Massively Open Online Courses)，简称为 MOOCs。而正是 MOOCs，引发了美国高等教育的大变革。

所谓 MOOCs 所提供的，是我所称之的“三名主义”：名校、名师和名课，且是免费！换句话说，通过网络，任何人都可以聆听世界名校的大师级人物的精品课程！为此，我在文章提出的问题是，对于传统大学或者说实体大学也就是有校园的大学来说，有一个问题是必须要面对的：如果学生能够免费在网上获取高水平的学术资源，那么高等院校就必须要向大家说明，他们所能提供的课堂教学与考试有什么样的价值？换句话说，人们为什么要远离家乡、远离亲人，还要付出（甚至是高昂的）学费来上大学呢?

当然，如果有人说，这不是我作为教师和学生应该去考虑的，那么我想，下面两个问题，一定与教师和学生有关。

第二，网络化时代，教师该怎么教？我的问题是：当学生可以轻而易举地获得世界一流大学的一流师资的一流课程，那作为讲授同样课程的老师，对于中国高校来说，几乎所有老师都该怎样去面对这样可能是尴尬的局面呢？毕竟，在现代学术体系之内，真正具有中国特色的学科与课程并不是很多。那么，当学生通过网络可以在轻点鼠标的瞬间，一切知识都一览无余的时候，作为教师，还怎么样去向学生传授知识呢？

第三，网络化时代，学生该怎么学？我曾经向我的本科生提出过一个问题：现如今，当你们可以在网络上通过 wikipedia 或者 google 或者 baidu，或者怀抱《大英百科全书》与《大美百科全书》都可以轻松搞定一切知识的时候，那你们为什么还要辛辛苦苦来上大学，上了大学还要辛辛苦苦地早起晚睡地学习呢？

这就是我们目前所处的大环境内，是由网络化时代所带来的大环境。我想，当我们把“网络化时代”、“英美文学”和“教学”这三个令人悲观的词语放到一起来思考的时候，效果是否会更为悲观。我不想说，但我想说的是一个事实，那就是，在今天这样的一个网络化时代，英美文学教学的现状就是如此。那么，我的问题，也是我们今天来讨论的意义就是：作为英美文学的教师，我们应该怎么办？这样的问题，对于英美文学教学本身和学习英美文学的学生来说，同样至关重要。

为此，我们精心准备了此次会议，同时对于邀请的人员，也是精心挑选。我们这次邀请的大都是英美文学课程中的“国家级精品课程”、“省部级精品课程”和“校级精品课程”的负责人，还有一些在高校中主讲英美文学课程的教师。教师来自的学校，既有综合性大学，也有其他各种类型的高校。而且，我们邀请的学者当中，既有像王守仁教授、虞建华教授这样的国家教育部外语教学指导委员会的成员，也有来自台湾的著名学者庄坤良教授（曾经是台湾师范大学国际交流处的处长、英文教授）、冯品佳教授（曾经担任台湾交通大学教务长、英文教授）和梁孙杰教授（现在是台湾师范大学英文系主任），相信他们高屋建瓴的发言，一定能够使我们大家得到更大的启发。我也相信，同样来自各个高校的教师之间的交流，也能够在彼此获益的同时，也让王守仁教授、虞建华教授等，听到更多来自其他高校的一线教师的声音。

我们非常希望这些讲授课程的教师坐在一起讨论一下在教学实

践中的问题与各自的对策。通过此次会议，我们能够就英美文学教学的目标，有更清晰的认识，进一步丰富英美文学教学的内容，从彼此的英美文学教学的实践中学到更多的东西。当然，我们更希望与会者在会后、特别是回到各自的工作岗位上之后，能够把今天在这里交流的成果，带入到各自的教学实践之中，从而对当今中国的英美文学教学产生良好的、积极的影响。

最后我想说的是，本次学术会议有点与众不同，至少有两大特征。

第一，没有设一个很大的主席台，领导与著名学者都坐在上面，也没有举行一个通常意义上全是客套话的开幕式。对我们来说，这是一次新的尝试。主要目的，是希望把时间节约下来，让学者成为主角，让学术话语成为本次会议的主导。

第二，本次会议不设小组，所有发言都在大会场里举行。今天上午是主旨发言，发言者和大家是面对面的，但从下午开始一直到明天下午会议结束，我们就将变成圆桌会议的形式。也就是说，所有发言者面对的是全体与会者。这当然是建立在我们邀请的人员较少、会议规模较小的基础上，但我们认为，这样做的好处，是大家可以共同倾听，共同交流，共同探讨，共同获益。

当然，我非常希望，我们本次会议的亮点不仅仅是形式的改变，而是我们的会议能够取得令我们与会者都满意的效果，能够对中国的英美文学教学产生积极的影响！

我们这次会议在大会发言阶段，设置主持人与评议人。主旨发言阶段，主持人也是评议人。在大会发言阶段，主持人与评议人各有一位。一般来说，每次会议都会有因故不能前来参加的学者，我们为此感到非常遗憾，但也仿佛我们有了更多的时间。在大会发言的不同时间段内，如果有学者没有来，我想建议各位主持人，将那个空余出来的时间，用于大家的提问和讨论。

现在，我宣布，“2012 年全国英美文学教学研讨会”开幕！

【中央民族大学外国语学院院长、教授、博士生导师】

目　录

第一部分

英美文学教学的现状、改革和发展

我们需要什么样的英美文学课程

王守仁

英美文学课程是英语专业的必修课，加强该课程建设，提高教学质量，对于英语专业的建设与发展具有重要意义。我一直从事英国文学教学，主持的英国文学入选首批国家精品课程，还编写了《英国文学选读》、《20 世纪英国文学史》等教材。每当走进教室，面对一茬茬新生，我就在想：如何与时俱进，把课上好，让学生喜欢。我们需要什么样的英美文学课程？这一直是我思考的问题。以下是一些个人的观察和想法，借此机会和大家一起交流。

第一，英美文学课程应该能把英美文学最好的东西告诉学生。19 世纪英国著名的批评家阿诺德说过：批评的任务是“认识世界上人们所知所想的最好的东西，并让世人知晓，从而形成真实而有新意的思想潮流”（to know the best that is known and thought in the world, and in its making this known, to create a current of true and fresh ideas），英美文学课程承担类似性质的任务。英国文学史上有许多瑰宝，如乔叟的《坎特伯雷故事》、莎士比亚的戏剧、培根的散文、浪漫主义诗歌、维多利亚时代的小说、伍尔夫的意识流书写等经典作品，英语专业的学生对此有必要了解。一名好的文学教师应该是感受的创造者、文本的阐释者，能够发现美、创造美，和同学分享美。我听过北京大学和上海外国语大学的教授讲解莎士比亚，内容很精彩，让人感到莎士比亚确实伟大。英国文学史上经典作家的作品有当下性和深刻性，如狄更斯其实离我们并不远，150 多年前他在《双城记》（1859）中关于“这是最好的时代，也是最坏的时代”的论述，完全可以用来描写我们今天这个时代。阅读哪些经典，哈罗德·布鲁姆的《西方正典》可以作为指导。

第二，英美文学课程应该能与学生共同成长。英美文学课程的立足点和出发点是学生，不是教（teaching），而是学（learning）。教师应帮助学生学会理解、欣赏、分析文本，培养对文学的感悟力、审美判断力和鉴赏力，让学生自己去发现文学的价值。英美文学的价值体现在多个层面，包括：认知价值、审美价值、普世价值、比较价值等，需要学生去涵泳、体认。光是教师孤芳自赏是不够的，一定要阳光普照，学生自己能够发现美、创造美。检验文学课程是否成功的一个标准是看是否激发了学生的想象和学习的积极性，看他们是否真正有进步、有收获、有提高，这要求英美文学课程要与学生生活、生命相关。

第三，英美文学课程应该以学术为支撑。教师有责任介绍各种文学文化批评理论，将文本细读、文本分析与理论阐述结合起来。文学批评理论中一些术语，如他者、表演性、互文性、权力话语等，是一些可操作的概念，可运用到文学作品的阅读和批评实践中。英美文学课程教学内容应包括批评理论和研究方法，以帮助学生掌握批评的手段和工具，同时也体现英语专业的学术性。当然，我们对本科生课程要准确定位，提出的要求与硕士、博士课程不同。

第四，英美文学课程应该有伦理的维度，能正面引导学生。巴金说："我们有一个丰富的文学宝库，那就是多少代作家留下的杰作，它们教育我们，鼓励我们，要我们变得更好，更纯洁，更善良，对别人更有用。文学的目的就是要人变得更好。"这同样适用于优秀的英美文学作品。莫言今年获诺贝尔文学奖，他讲得比较多的就是人性："小说只有描写了人性、描写了情感才更丰富，影响更长远。"诺贝尔的遗嘱中写道：诺贝尔文学奖是颁发给"在文学界创作出带有理想趋向的最出色作品"的作家（the most outstanding work in an ideal direction）。人性中有善良，也有邪恶。作家由于家庭背景、经历、世界观的差异，对世界会有正面或负面的看法，并不是所有的作品都是"要人变得更好"。The Great Gatsby，

Death of a Salesman 对美国梦进行批评，呈现一个很负面的美国社会，但美国梦是数以千万计的美国人的实践。我们应该选择那些展示人性的美好、歌颂真诚善良的美德、富有乐观向上精神的作品，润物无声，引导学生树立正确的人生观、世界观、价值观。

第五，英美文学课程应该与中国发生关联。英美文学与文化是值得我们借鉴的人类优秀文明成果，学习和了解英美文学最根本的目的，是为我们国家文学文化事业的建设和发展服务。本次研讨会的主题是“全球化语境下的英美文学教学”，这意味着要把英美文学放到世界文学格局中去考察，同时也凸显本土即中国文学与文化的重要性。英美文学课程要有更多的中国因素，具体来说，即与中国文学比较、中国本土视角、翻译、用中文写评论等。我们应有更多的自信、更多的文化自觉，要有意识地与中国文学文化平等比较。我在上课时，经常会引导学生去关注英国文学与中国文学的异同。如同样是 18 世纪小说，《鲁滨孙漂流记》讲述的是鲁滨孙如何征服自然、在海外殖民经商的故事，刻画了一个健康向上、生机勃发的现代人形象。《红楼梦》的贾宝玉也要“归彼大荒”，但他不是回归自然，却是出家做和尚。《红楼梦》里不少人物都是畸形病态，林黛玉身体很虚弱，不是一个健康的形象。这两部小说反映了两个国家特定历史发展时期的本质特点，体现了文学作品的认知价值。史蒂文森的《化身博士》讲述了一个非常有趣的双重人格故事，在中国文学中也不乏“画皮”（《聊斋》）、“两面国”（《镜花缘》）等类似的故事和传说，我曾要求学生进行比较思考。通过比较，不仅能够激发学习兴趣，还有利于深化对英美文学与文化的认识。

第六，英美文学课程应该积极利用现代教育技术，采用多种教学方法。我们提倡“计算机网络与外语课程的整合”，自然包括与英美文学课程的整合。我在这方面进行过探索，开发的课件学习功能齐全，提供较为丰富的电子资源，有开放性、交互性、共享性、协作性、自主性等特点，实现了网络环境下的读、写、议。如学习培根的论说文，我将培根 58 篇论说文的英文原文和中文译文全部上网，学生自主选择阅读，撰写评论文章。计算机网络技术应用到英美文学课程教学，不仅是教学手段在技术层面上的变化，教学理念、教学内容也相应发生变化。我采用多种多样的教学方法，如小组讨论、课堂汇报，网上提交作业、交流观点，用中英文写书评，评析英语诗歌翻译，等等，学生积极参与，效果良好。

关于英美文学课程，对其局限性要有所认识，主要是两点。

第一点是在认知方面。文学作品无疑具有认知价值，但更多的是在形而上层面上，把握生活的本质。通过文学作品去认识现实的英美社会有局限性，因为文学的基本特征是想象，虚构的世界不能等同于现实世界。现实主义作品与客观世界有一致性，但经典文学作品年代久远，狄更斯笔下的伦敦与21世纪的伦敦已大不一样，正如我们不会以为《红楼梦》中的大观园是当代中国社会的写照，不会以为中国人男的是贾宝玉，女的是林黛玉。如果要获得关于当代英美社会的一般和专业知识，我们往往是通过报纸、电视、网络、社会科学各学科的专业和通俗书籍等渠道，而不是读英美文学作品。

第二点是在学习英语方面。历史上经典作品对民族语言的形成和规范化曾起到重大作用，但英美文学大师对英语的使用是与历史语境紧密相关的。尽管华兹华斯认为诗歌语言是普通人使用的语言，文学语言并不是日常使用的语言。且不说经典作品语言有书卷气，现当代文学不少作品的语言极其晦涩，人工雕饰痕迹明显。文学语言作为艺术语言，是供人细细品味、欣赏的，而不是模仿的对象。我们可以也应该适当引用名家名言，引经据典，但在日常交流中，使用的是现实世界中富有活力的鲜活英语。

有鉴于此，我在此提出的观点是：回归文学本体。文学是语言的艺术，是艺术品。因此，我们要转变观念，把英美文学课程作为艺术课程来看待，强调其艺术性，降低其实用性。我们需要什么样的英美文学课程？我以为英美文学课程应该是以艺术为立足点，强调审美体验，培养审美判断力，在美感上做文章，才能立于不败之地。英美文学的审美是指除了语言形式的美之外，内容上也提供心智的愉悦。长期以来，文学被边缘化，外国文学的边缘化程度更高。莫言今年获诺贝尔文学奖，这是对纯文学的肯定。纯文学在我们社会有其不可替代的位置和空间。我们需要纯文学的英美文学课程。

英语专业的建设与发展，离不开英美文学课程的建设与发展。英美文学课程质量不高，英语专业的质量也不会高。我们必须重视英美文学教学，全方位思考课程的教学目的、教学内容、教学方法、教学手段，认真研究如何改进教学，使其适应新的形势发展需要。

【王守仁，南京大学外国语学院教授、博士生导师】

我对新世纪文学教学的几点观察

（摘要）

庄坤良

从 C. P. Snow 于 1959 发表“The Two Cultures”演说开始，人文与科学的两种文化之争，越演越烈，但随科学之急速发展与实用观点挂帅，代表人文教育的文学，逐渐被边缘化。这种两极化的发展及其不良影响，也引起有识之士对教育精神与目标的关切。近年来，有关文学教学的议题，也逐渐引起英语教育学者的关注。

过往的英语教育太偏重“语言能力”的训练及标准化的评量，反而忽略了“文学能力”的养成。文学能力涵盖了我们对文化的感知与理解、文本的赏析与批判和生命的体悟与成长。但传统的语言训练偏重听说读写四种技能的演练，但与语言表达最重要的批判思考与文字素养，却被忽略了。爱因斯坦说：人文教育的核心价值在于心智的训练。要重振人文教育的精神，文学教学扮演了重要的角色。

文学教学的发展与时代精神息息相关。在这个强调民主、多元、互动与批判素养的时代，教学的方法也应反映以人民（学生）为主、读者反映为导向的精神。过往以老师讲授为主的教学也逐渐演化为学生中心（Student – centered）、过程导向（process – oriented）、主题为本（project – based）的学习方式。教师们不再是知识的授予者，他们扮演学习的催生者（facilitator）。强调合作学习的“文学圈”（literature circle）学习方式大为风行。计算机网络科技辅助的软硬件之应用，也被广泛运用。在教材的选择上也强调多元选材，从经典文学到儿童文学与青少年文学，都在范围内。题材方面特别强调与学生生活经验相关的文本，也采用思辨性强的文章，来演练困境的选择与模拟解决问题的思辨过程。

文学教育学者也强调活学与活用文学。他们以“文本即生命”（text - as - life）及“批判思考”（critical thinking）为基调，透过记忆、仿真与再现的步骤，挪用经典文学来表达个人精神与当代意义。

这是个“全球在地化”（glocalization）的时代，语言的表现也反映了各个在地的文化特色。中文的崛起，也为“全球英文”（global english）带来新思维，我们忝为文学教育者也不能忽略。

【庄坤良，台湾师范大学英文系与台湾逢甲大学外文系教授】

主旨发言小结（1）

国家教学名师、南京大学王守仁教授发表了题为“我们需要什么样的英美文学课程”的精彩讲话。他认为：首先，文学具有认知价值、审美价值、普世价值和比较价值。因而，英美文学课程应该把英美文学中的精华传授给学生。一名优秀的文学教师也应该是感受的创造者和文本的阐释者。其次，英美文学应该能与学生共同成长。教师要帮助学生提升对文学的感悟力和鉴赏力，让学生发现、体会文学的价值。再者，英美文学课程应该以学术研究为支撑，将文学理论深入浅出地贯穿到文本分析中。第四，英美文学课程应该以伦理为维度，从正面引导学生的价值观。第五，英美文学课程应该与中国发生关联，有意识地将英美文学和文化与中国文学和文化进行对照、比较。最后，王守仁教授还谈道，英美文学课程应该积极利用现代教育技术，采用多种教学方法，特别是要重视计算机网络的利用。

台湾师范大学英文系与台湾逢甲大学外文系庄坤良教授做了题为“我对新世纪文学教学的几点观察”的主旨发言。首先，他指出，英美文学教学面临着两大挑战：一是实用主义挂帅的文学无用论；二是图像阅读对文字阅读的巨大冲击。针对第一个问题，他认为，语言和文学之间是身体和灵魂的关系，两者皆不可偏废。就后一个问题，他谈到，面对图像阅读的冲击，我们更应该专心于对文字的阅读。不仅要 read the lines，read between the lines，更要 read beyond the lines。而且，英美文学教学要将文学与现实世界联系起来，使之成为跟生活相关联的文学。其次，英美文学教学应该以学生为主体，着重培养学生的批判性思维。而对批判性思维最行之有效的办法就是采用问问题的方式。他指出，问题的提出必须循序渐进，由事实性问题、阐释性问题、应用性问题和评价性问题一步步深入引导学生，以此激发学生的想象力，培养学生的批判性思维。最后，他还强调，在英美文学的教学过程中，应该向学生提出 global englishes 的概念，颠覆所谓的正统英语，重新思考如何看待本民族的文化资产的问题。

最后，虞建华教授在总结发言中指出，教师要想更好地开展英美文学教学，一是必须提高个人的文学素养，二是必须培养学生对文学的赏析能力。文学课程不仅是提高学生英语能力的手段，更是提高学生批判性思维能力的重要途径。

外语专业的文学教学：对于“知”与“用”的认识问题

虞建华

摘要：本文串联了3个相关的问题：外国文学到底无用还是有用？外语专业应该是应用学科还是人文学科？如何认识高等教育中的“学以致用”和“学以致知”？并以此为思考点，讨论我国高校专业外语学科（以英语学科为例）中文学教学的认识和问题，揭示实用主义对文学教学的影响，分析外语专业的工具性和人文性两个特征，强调文学在学生人文素质培养中的重要作用，提出应该将外语专业的重心逐渐转移到人文素质教育上来，指出加强诸如文学这类“非应用”课程比重，是今后外语专业改革的一个重要方面。

关键词：外语专业；英美文学；工具化；素质教育

外国文学课程的地位问题，在高校外语教学，尤其是英语教学改革的讨论中，屡屡被提及，反复成为议题，但十多年来改变不大。刘洊波、罗承宁在十年前描述了这样的景象：“上个世纪80年代，随着我国的对外开放，大学校园里曾出现过人人都在读外国文学名著、人人都在讨论外国作家、场场外国文学讲座都座无虚席的盛况。但是，随着市场经济的不断发展，社会对大学毕业生的需求发生了巨大变化，实用型的大学毕业生更受用人单位的欢迎，外国文学遭到冷遇，受到轻视，甚至忽视，大学生对外国文学的喜爱近年来已经几乎降到了冰点”（86）。文中描述的“盛况”是否普遍有待考证，但降至“冰点”的高校中对外国文学的冷淡，至今仍然让人感受到扑面的寒意。

问题的根源不在文学本身，而是以文学为代表的一类课程，以及这一类课程所代表的所有“非致用”学科在高校的地位问题。这个问题又涉及对高等教育的基本认识。因此，我们在讨论外语学科中外国文学教学时，不能就事论事，局限于这一类课程本身，而必须从教育的“知”与“用”两个大的方面进行思考。外语学科中的外国文学，或语言学，或国别文化，或推而广之，如其他学科领域的史学、美学、伦理学等这类非应用学科，学了到底“有用”还是“没用”？外语专业的学科归属在哪里？是应用学科还是人文学科？学科分类又引向高校的办学理念这一更高更抽象的讨论：高等教育的根本目标是什么？是否应该以“学以致用”为办学基点？

一、文学的“有用”与“无用”问题

上海外语教育出版社 2011 年引进了 4 卷本的《美国文学百科辞典》，由笔者为中国版写前言。前言开门见山，在第一段便谈及了文学之用的问题：

在高校任教美国文学多年，常被问到一个问题：外国文学学了有什么用？提问者的声音里有时带着无奈的困顿，楚楚可怜；有时带着挑战的不屑，咄咄逼人。我的回答因人而异，有时耐心解惑，有时反唇相讥。其实这个问题问得没有水平，背后是一个错误的逻辑前提，即只有“用”才是衡量“学”的标尺。高等教育的任务主要不是提供职业培训，而是为受教育者打下终身发展的基础，培养健全的人格，让学生获得开阔的文化视野以及各种比实用技能更重要的能力，包括观察能力、思辨能力、想象能力、判断能力、解析能力、表述能力、沟通能力，等等。这些抽象的东西捏合在一起，我们今天称之为综合素质。所以，我们的学习应该超越应用层面，拥抱更加广博的知识。所谓知识，首先是“知”：了解、明白；然后是“识”，在“知”的基础上思考辨析，明达世理。古代汉语中，“知”通“智”——“知者”即“智者”。从某个角度

讲，认识比应用更重要。（虞建华，2011：1）

最近，诺贝尔文学奖得主莫言在瑞典的授奖晚宴上，也讲到文学“有用”与“无用”的关系：“文学与科学比确实没有什么用处，但是它的没有用处正是它伟大的用处”（《文汇报》2012 年 12 月 12 日）。这种对文学的认识，笔者非常认同。“没有用处”和“伟大用处”中的两个“用”字指涉不同，前者指实用的当下之用，后者指认识、审美等精神文化层面的功用，而且两者之间存在着一个隐含的逻辑关系，即后者是对前者的超越。在两年前的一篇文章中，笔者谈及了同样的观点：“文学的‘用’是‘无用之用’——无用之用，是为大用。我们甚至可以反过来强调文学所具有的‘及物’用途，也就是说，文学不只具备内在的人文精神和美学价值，它同时也富有教化意义，指涉现实，反映生活，起到影响和改变社会现状的作用”（虞建华，2010：16）。文学的“无用之用”，其说并非新见，久已存在于我国古老的哲学思辨之中，可以在老庄思想中找到源起。

庄子早就说到，“人皆知有用之用，而莫知无用之用也”（《庄子·人间世》），并借助一系列寓言故事来说明“无用之用”的处世智慧：通过“无用”而致“大用”。庄子的原意并不专指文学，而且其中带有隐遁避世的意味，但后来的学者对他的思想进行了合理的延伸，强调其中摆脱世俗功利观念、达到人生高远境界的内涵。庄子的思想在王国维先生的论著中得到了发展和再三的强调。在 1904 年的《孔子之美育主义》一文中，王国维专门针对美学和文学提出了“无用之用说”，总结性地诘问道：“庸讵知无用之用，有胜于有用之用者乎？”（154）在其后的十来年时间里，他不断论及同样的话题，并做了进一步的阐释，在《论哲学家与美术家之天职》一文中指出，“无用”只是就其物质层面而言，“无与当世之用”，“天下之人嚣然谓之曰无用，无损于哲学美术之价值，”因为它的价值是潜在的，长远的，功在千秋，是“天下万世之功绩，而非一时之功绩也”（20）。在精神层面，文学有其大用，利于修身养性，感化教育，培植良知，建构理想，提高国民的整体素质。这种“大用”就是他“文艺是人生的科教书”的认识：“吾人与诗歌之中，可得人生完全之知识”（《叔本华之美学说》，158）。

王国维之前时代的科举制度，扭曲了文学的功用，将它变成了进入仕途的敲门砖。废了科举，文学似乎失去了它的功用。王国维先生不断呼吁，反复提醒人们不要忽视了哲学、美学和文学的“无用之用”。进入“文革”时期，文学的功用再次被扭曲，被迫充当主导意识形态的应声虫。改革开放以来，经济发展，文化繁荣，为文学发展提供了前所未有的好时机。但是，挽救濒临崩溃的国民经济，让人民摆脱贫困成为“当下之重”，这几十年中在不知不觉中将关注中心引向“合当世之用”的方面，而文学这类不见速效实效的、不能带来眼前经济或物质效益的东西遭到轻视，高等教育中功利主义倾向抬头。

“有用”对“无用”形成的压制和冲击，在高校中表现为对文学之类课程的排斥。比如在外语专业的外国文学教学方面，管理层和学生的态度往往十分统一，一味追求实在的、实用的、实惠的东西，普遍表现出对文学的不屑。在功利思想的影响下，大学教育刮起浮躁之风，力图用最少的时间，获取最大的实惠。在不少高校，高等教育在定位上被降格，被当作职业教育，似乎只有学技术、谋职业才是本分。在外语教学中，这种急功近利的心态直接导致了外语学科被“工具化”，诸如外国文学之类的课程被边缘化。原本就以“无用”为特征的文学，被赶入“有用”的窄道，使之成为用词、句式等语言学习的范本，而其中包含的审美的、精神的、人文的内涵被忽略。除了功利主义的影响之外，这种状况也与外语专业属性的模糊认识有关：即外语专业是“工具专业”还是“人文专业”的问题。

二、外语为“工具”学科还是人文学科的问题

外语专业有其双重特性，即“工具性”和“人文性”两方面

的特征。语言是交流传播的工具，语言又是思维的载体，言说和书写无法与思想分离，总是在表达着信息、情感、认识、愿望、诉求等。比如“英语”专业，各高校对其定义不同，态度不同：多数将它当作“应用专业”，以语言技能训练为主要手段，以语言运用能力为目标；少数将它当作“人文专业”，以人文内涵为主要内容，培养多文化交际能力和国际视野，而不专门针对将来就业后的语言应用。前者将某些课程，如英美文学，视作累赘，无奈于《大纲》的规定勉强开设，或视为提高语言能力的手段；后者则通过外语的特别途径，培养具有国际文化意识和沟通能力的素质。外语学科的两种认识倾向，在对待外国文学这类“无用”课程的态度上，泾渭分明。

殷企平教授谈道：“以‘实用’的名义进行的外语教学改革往往首先向文学开刀。在这种现象背后潜藏着这样一个普遍的假设：外语教育旨在摄取信息，掌握技巧，获得实际知识和技能，而文学则仅是一件饰物，只能用来点缀以市场经济这个硬核为主导的课程表而已”（8）。接着，他又引用了彼得·阿巴斯的观点，批判故意把“训练”与“教育”两个概念“混为一谈”的错误做法（9）。“训练”与“教育”的区分十分重要。一般而言，前者是职业培训学院类教育机构的任务。如果外语是人文学科，它必须超越语言应用层面。人文学科是集中表现人文精神的知识教育体系，关注的是人类的文化、道德价值、精神层面的东西，这些方面又关注到社会的公平公正与和谐共存。

袁贵仁教育部长谈到自然科学与人文社会科学时，说两者是：“如车之两轮，鸟之两翼，如人之两手两脚，”而“只有两者相互结合，紧密配合，科学才能健康发展，人和社会才能全面发展，自然、人、社会才能协调而持续地发展”（4）。钱钟书先生则强调了人文学科宽广的影响面：“人文学科的各个对象彼此系连，交互映发，不但跨越国界，衔接时代，而且贯穿着不同的学科”（162）。我国的高等院校的本科教育，正努力从专才教育逐渐转向以提高素质为主旨的通才教育。这是改革的大方向。外语教育在改革开放后蓬勃发展了三十余年，全国开设英语本科专业的高校已达近千所。[①] 这样的规模在其他人文学科如史学、哲学、美学等领域是无法比较的。现在已经到了我们必须明确其学科定位，重新树立其人文学科权威的时候了。

程爱民等人的《关于我国高校英美文学教学现状的调查报告》，反映了很多现实层面的问题，值得关注。这个调查报告是十年前做的，但所谈及的问题至今仍无改观，甚至有愈演愈烈之势。调查报告告诉我们，“工具论”主宰着不少高校的英语教学。从领导到学生，普遍认为学习英语专业的目的是为了“使用”英语，因此把自己降格到了只求听、说、读、写、译的应用层次，只注重语言技能的培养，忽视“无用”的文学教学（14－18）。有时人们不禁感到，英美文学这类课程就像珍稀野生动物，只因有“保护法”（《教学大纲》）的“保驾”，才得以在“濒危”中挣扎，而“偷猎者们”仍然端着枪，寻找剥夺它生存的机会。

但是为文学保驾护航的《大纲》本身底气不足。2000 年的《英语教学大纲》规定，英语专业共开设文学课 3 学期，每周 2 学时，共 98 学时。英美文学对分，各得 40 余个学时，文学史和作品阅读再对分（高等学校外语专业教学指导委员会英语组 3）。此外还有一些文学选修课，但常常被忽略。与应用性技能课相比，文学完全是陪衬的角色。而且，学校在执行《大纲》时普遍偷工减料（程爱民，15）。由于课时限制与课程阅读量的要求，也可能由于教师文学素养的不足，更因为文学“无用论”的认识误差和对语言工具的崇拜，一个恶性循环就形成了。学生无奈，教师无奈，教学效果让人无奈。英语教学中本应成为主干和主导课程的英美文学，几乎沦落到了被遗弃的境地。

从社会反馈来看，外语专业似乎难与国家战略接轨，毕业生总体上呈现所谓的“小才拥挤，大才难觅”的状况。外语专业的学生“涉外”最多，但真正能够超越语言，进行跨文化交际、沟通、

---

① 至 2012 年底为 992 所，在全国 1070 所高等院校中占 93%。

斡旋的很少，大多难当“大用”。要改变这样的局面，甩开外语“工具学科”的错误认识，重树其人文学科权威，是不二选择，在层次较高的大学尤其应该如此。而作为人文学科的外语专业，文学课一定是主体课程。英语国家的“英语系”，完全由文学主导和统领。但是，文学教学不是利用文学作品进行外语教学。应该说，语言文字是文学的工具，而不是相反。文学与语言关系密切，甚至难分彼此，因此确实对提高学生语言能力大有裨益。但是，英美文学课程具有的重要性，主要不是因为它可以帮助学习语言，而是因为它是素质培养的课程。

历史、哲学、社会学等其他学科也能为外语专业的学生开拓文化视野，起到培养思辨能力的作用，但外国文学课程是最佳选择。为什么这么说？首先，外国文学是一门文化素质课，同时它与外国语具有亲缘关系，这两方面前文已有涉及。其次，文学作品不是说教的，需要通过读者的解读才能生成意义，即所谓的“一百个读者就有一百个哈姆莱特”。阅读是读者的心灵与写定文本进行的对话，这种过程是一个思辨和创造的过程。“学生通过阅读英美文学作品，主动参与文本意义的寻找、发现、创造过程，逐步养成敏锐的感受能力，掌握严谨的分析方法，形成准确的表达方式。这种把丰富的感性经验上升到抽象的理性认识的感受、分析、表达能力，将使学生受益无穷”（王守仁，11）。再者，外国文学看似与我们的现实生活相关甚微，空间上有距离，文化上有隔阂，时间上有断层，但是这种差异性正凸显了它的重要性。在当前全球化时代，要与国际接轨，融入国际大家庭，取得话语权，最需要的是国际视野和“跨界”能力，即具有搭建文化桥梁的能力。这方面的能力往往是高素质人才的标志。

学习外国文学正是帮助学生获得跨文化经验，了解其他民族的历史地理、政治经济、社会生活、价值观念、思维方式、风土人情等文化因素，培养多元文化意识的理想途径。从本质上讲，文学并不是“致用”的东西，而是一门“致知”的学科。不管是中国的还是外国的，优秀的文学作品始于愉悦，终于智慧。文学通过语言的艺术反馈经验，提供认识社会、认识生活的观察窗口。文学文本不是语言学习的唯一资源，但却是最好的资源，是最丰富、最生动，而且取之不尽，受之有益的资源。

三、高等教育“学以致用”与“学以致知”的问题

1995 年全国人大八届全会通过的《中华人民共和国教育法》第一章总则第一条中，就提出了“发展教育事业，提高全民族的素质，促进社会主义物质文明和精神文明建设”的最终目标。党的十七大又提出了坚持和贯彻科学发展观和提高国家文化软实力的号召。两个重大文件都表达了一个强烈的意识：一个国家的强盛，仅依靠经济和科技的发展是不能维持的。早在 19 世纪中叶的英国，便以文学取代哲学作为文化教育的中心。美国随后效法而行。今天我们同样强调高等院校以素质教育和人才培养为本，但实际运作中却往往无法摆脱实用主义的短视。强调“用”而偏废“知”，是高等教育的悲哀，其后果不是马上可以感知的，但一定是负面的。高等教育必须以“学以致知”为本，“知”“用”结合，因为人才构成的主要方面，如健康人格、文化素质等这些看似“无用”的人文因素，才是优秀人才的必备核心要素。如果我们的毕业生只是单一的外语人才，那是外语教育的失败。

孔子曰：“不学诗，无以言”——没有文化底蕴，就缺乏深邃的思想，就说不出道道来。孔夫子的话使我想起一名外教让我做的选择题：你喜欢一个只能用结结巴巴的英语表达自己想法的学生，还是喜欢能讲一口流利英语，但无话可说的学生？“无话可说”指缺乏思想内容。如果非要二择其一，我选前者，我知道这也是他提问的初衷。当然，我们的目标是培养出既有思辨能力，又能用外语流利表达的人才，但这样的人才并不太多。谈及外语专业的毕业生（包括外语教师，因为他们也是外语专业毕业生），人们似乎有共同的负面印象：在文化视野、创新思维、逻辑推理、解析能力和理论功底等方面都相对较弱。这种现象被黄源深教授称之为“思辨

缺席症"，他认为学外语的人十分容易"感染"（1）。在目前高校外语专业的认识和教学设置中，我们可以找到这种"病症"的根源。

以科技和商品为主导的市场经济为我国带来了繁荣。一种能够被直接、深刻体验的物质层面的变化，成为具有压倒优势的感知源，"务实"压倒"务虚"，客观上削弱了生活和教育领域中精神和文化层面的关注。高校中"知"与"用"的关系被颠倒了，导致了崇尚技术、轻视艺术的结果。这里的"技术"泛指与物质生产和劳动就业市场相关密切的"致用"学科；"艺术"泛指认识、思辨、审美等精神文化层面的"致知"学科。与此相关的，还有重专业，轻基础；重功利，轻素质的偏向。在认识角度上，事物的地位决定了它被重视的程度。比如在英语专业具体表现为语言技能对包括英美文学在内的"致知"教学形成的冲击，其结果是这类课程不断被一些诸如"商务英语"、"科技翻译"等所谓的"实用"课程蚕食，以至于十多年来不少专家学者不断撰文呼吁恢复它在英语人才培养中本应有的重要、甚至主导课程的地位。①

就这样，三个相关的问题就串联到了一起。一是文学课程"无用"和"有用"的问题；二是外语专业的属性问题，是"工具学科"还是"人文学科"；三是高等教育的办学理念问题，是以

---

① 参看张冲：高校英语专业英语复合型人才培养对策思考，《外语界》1996 年第 1 期，6－10；董洪川：普通高师英语专业英美文学课教改探索，《山东外语教学》1997 第 4 期，72－76；崔少元：全球化与文学教学——英美文学教学现状探微，《外语教学》2000 年第 3 期，52－55；虞建华："致知"是一种最高的学习，《郑州大学学报》（哲学社科版）2002 年第 5 期，7－8；程爱民等：关于我国高校英美文学教学现状的调查报告，《外语研究》2002 年第 1 期，14－18；刘溶波、罗承宁：高校外语专业外国文学教学的困境与对策，《华南理工大学学报》（社会科学版）2003 年第 2 期，86－89；何辉斌：谈外语界外国文学教学与研究的若干缺憾，《外语研究》2004 年第 4 期，66－69；蒋洪新：大学的理想与英美文学教学，《外国文学》2005 年第 1 期，104－107；范谊、芮渝萍：英美文学教学的目标内涵与层次定位，《外国文学研究》2005 年第 3 期，150－156；詹俐敏：英语专业外国文学课与人文素质的培养，《理论月刊》2008 年第 5 期，81－83；虞建华：关于我国高校英语专业"两个走向"的问题，兼及英美文学教学，《中国外语》2010 年第 3 期，14－18。

"学以致用"还是"学以致知"为本。这3个问题其实是同一个问题，都是"用"与"知"的选择问题。前者的功效是显性的、直接的；后者是隐性的、间接的；前者更容易看到眼前效果，后者则需要长时间潜移默化的孵化；但是前者生产小才庸才，后者可能造就大才大师。或许不少学生和家长并无奢求，只图学一门技艺，将来谋个安稳工作，有一份稳定收入。但是高等教育必须着眼高远，标杆不能设在低档，不然中国没有将来。

结　语

首先我们应该看到，高校英语专业实施的文学教学，已经有了不小的成就。英语文学作为英语专业的一部分，为增加我国学生对语言所在国历史、文化和其他诸多方面的了解，提供了鲜活的教材，起到了重要的推动作用。中国青年一代对英语文学的了解，已经不再局限于莎士比亚、狄更斯、马克·吐温和海明威等几个名字，而涉及了从古到今更宽广的领域，也通过英语文学了解了语言所在国人们的政治、思想、认识、观念等意识形态层面以及性别、种族、阶级、家庭等社会层面的各个方面。外国文学增进了改革开放后一代对英语国家的进一步了解，这种了解不再是一种笼统的抽象概念，而是鲜活的、包含正负多方面的具体印象。高校英美文学教学将一种异文化的存在，变得可触可摸，成为比较、思考和借鉴的参照。但成绩并不抵消问题的存在。

英美文学教学的现状，反映了表层、中间层和深层3个层次的问题。因文学课"无用"而对其排斥，是出现在表层的问题；将外语学科视为"工具专业"而忽视其人文内涵，是中间层次出现的认识问题；高等教育的实用主义倾向是问题的深层根源。这些认识都不正确，其危害不是显性的，但却是长远的。像外国文学这类"无用"的课程，通向"学以致知"的广阔天地，是人文教育和素质教育的重要组成部分，因为文化传递是文学本来的特性。外语专业不但不应削弱外国文学教学，而且还需要努力开发这一资源，让它成为外语教学的真正主干。

引述文献

程爱民等："关于我国高校英美文学教学现状的调查报告"，《外语研究》2002 年第 1 期，第 14－18 页。

高等学校外语专业教学指导委员会英语组：《英语教学大纲》，上海外语教育出版社，2000。

黄源深："思辨缺席"，载《外语与外语教学》1998 年第 7 期，第 1－19 页。

刘济波、罗承宁："高校外语专业外国文学教学的困境与对策"，载《华南理工大学学报》（社会科学版）2003 年第 2 期，第 86－89 页。

莫言："在瑞典诺贝尔文学授奖晚宴上的发言"，载《文汇报》2012 年 12 月 12 日。

钱钟书：《钱钟书论学文选》（第 6 卷），花城出版社，1990。

王国维："论哲学家与美术家之天职"，载《王国维学术文化随笔》，中国青年出版社，1996，第 18－21 页。

王国维："孔子之美育主义"，载《王国维学术文化随笔》，中国青年出版社，1996，第 150－154 页。

王国维："叔本华之美学说"，载《王国维学术文化随笔》，中国青年出版社，1996，第 155－163 页。

王守仁："应该终结'文学史＋选读'模式"，载《郑州大学学报》（哲学社科版）2002 年第 5 期，第 10－11 页。

殷企平："文学何尝不实用？"载《郑州大学学报》（哲学社科版）2002 年第 5 期，第 8－10 页。

虞建华："关于我国高校专业英语'两个走向'问题——兼及英美文学教学"，载《中国外语》2010 年第 3 期，第 14－18 页。

虞建华：《美国文学百科辞典》前言，上海外语教育出版社，2011，第 1－2 页。

袁贵仁："用科学态度对待社会人文科学"，载《中国高等教育》2011 年第 11 期，第 3－5 页。

【虞建华，上海外国语大学文学院教授、博士生导师】

学习英语与学习文学

——以国家级精品课程“英语文学概论”为例

张　剑

摘要： 学习英语在我们的时代已经是一个普遍现象，学习英语的起始时间一再幼龄化，讲英语的人口数也急剧增加，以至于英语不再是“英语语言文学”专业的特长，2009 年这个专业已经成为就业率最低的专业之一。另一方面，国家急需人才在世界上发声，在国际事务中发挥作用。然而这样的人才似乎极端缺乏，英语专业的毕业生存在“小材拥挤，大材难觅”的现象。难道这个专业的定位出现了问题？这个专业的人才定位出现了问题？要解决英语语言文学专业的“危机”，必须从本专业的核心内涵开始。要解决“专业危机”，必须首先解决本专业的“文学危机”。

关键词： 英语专业危机；文学危机；人文理想；教学法；课堂操作

传统的英语专业是英语语言文学专业，学习英语从学习文学开始，但是现在已经不再如此。文学常常受到了学校决策层的冷落，遭到了学生的抛弃，“文学的边缘化”似乎已经是一个不争的事实。这个危机的根源在于学生和家长对英语专业的误解，在于社会对大学教育的误解。人们认为学习英语就是学习语言，没有必要学习文学；上大学就是为了找工作、挣钱吃饭，实用性最重要，因此学习一些商务英语、文秘英语和实用英语就够了。然而作为文学课的教师，我们有责任和义务向社会做出解释，向学生和家长做出解释，让他们明白文学的重要性，明白文学的“用途”。本文想要做的也许可以描述为“为文学一辩”（In Defence of Literature）：即证明文学对于我们的社会、国家、学生个人都将起到异常重要的作用。文学是提高个人修养和人文素质的重要手段，它所包含的表意特征、修辞手段和细腻的语义是增进英语语言能力的重要途径。在说这个问题之前，请让我从一门课程说起。

一

“英语文学概论”是一门基础课，是教育部高等学校英语专业《英语教学大纲》所规定的**必修课程**之一。北京外国语大学英语学院 20 世纪 80 年代开设此课程，一直延续至今。先后有钱青、何其莘、金莉、张剑、刘葵兰、潘志明等教授开设此课程，形成了很好的教学传统，也积累了宝贵的教学经验。2009 年该课程被评为北京市精品课程和国家级精品课程。它**选用的教材**是“教育部十五国家级规划教材”《文学原理教程》（修订版，2010）（北京外国语大学金莉和张剑编著，外研社出版）。

该课程**教学目标**是帮助学生提高人文素养，培养阅读、欣赏、理解英语文学原著的能力，养成批判性思维的习惯。具体地说：（1）通过阅读文学作品（包括诗歌、短篇小说和戏剧）了解文学常识，掌握文学批评的基本知识和方法。（2）增强学生对西方文化的了解，开阔思维，启发学生思考社会、思考人生的兴趣。（3）通过阅读文学名著，提高学生的语言基本功、理解语言的修辞手段和细微差别的能力。

该课程的**性质**不是“文学史”，也不是“文学选读”，而是更加基础的“**文学概论**”。它讲解文学的基本要素：即小说、诗歌和戏剧相关的文学术语、基本常识以及作家创作作品时所使用的文学手段。这些内容可以帮助学生更好地认识文学，更好地理解文学是怎样达到它的效果的。教师具体的**课堂操作**是从“术语讲解”开始，到“作品阅读”结束：一般来讲，第一周讲解术语，第二周分析作品。这样就可以运用所讲解的文学术语和文学知识，去阅读与赏析这些作品。

这样一门课程，如果在过去我们不需要去考虑为什么学它，我们会把它视为一种理所应当的事情。然而在我们的时代，在我们这个讲究实用的时代，我总觉得我们欠学生一个解释。每次上课，看到学生的眼神，我总觉得他们在问："我们凭什么学文学？学一点商务英语、文秘英语、科技英语就行了"。面对这样的眼神，我们不能回避，我们必须直面这样的疑惑，回答他们的质疑。以下就是我每学期第一堂课给他们讲的一点道理，目的就是要回答他们没有提出来的疑问。

首先我会告诉他们，文学是你们学位学习的一个部分，你们的专业就叫"英语语言文学"。文学课程是学位课程的一个部分，没有它你们就拿不到学位。然而，这样讲可能有一点强加于人的意思，好像不学就拿不到学位，有点威胁的意味。要让学生心服口服，道理还得讲得更加合理，更有说服力，说白了就是要回答"文学本身有什么用处"的问题。

我觉得所有学生都应该明白，文学素养是个人素质的重要组成部分。不管你喜欢还是不喜欢，文学就在我们身边，它存在于我们生活的各个角落，存在于那些讲究实用的人想都没有想到的地方。比如，有一家美国快递公司在它的包装上打出了这样的口号：Your business means the whole world to us（你的事对我们来说意味着全世界）。对于一个快递公司来说，这是实话实说，因为他们的业务覆盖了全球每一个角落。但是这个口号还有另一层意思：即"你的事对我们来说就是天大的事"。英语短语…means the whole world to…意思就是"非常重要"。英国《经济学家》杂志曾经刊登了一篇文章，讨论欧洲的老龄化问题，并且与美国作了对比。文章的题目叫：A Tale of Two Bellies（两个肚子的故事）。任何一个有文化的人都会意识到题目是在模仿英国著名作家狄更斯的小说《双城记》（A Tale of Two Cities）。从《双城记》到《双肚记》，它将英法之间的故事转移到欧美之间：美国的移民制度使它的生育率得以保持着旺盛的态势，从而延缓了老龄化的到来。欧洲则不同，欧洲的“闭关锁国”使其生育率不断下降，达到了负增长，从而使老龄化问题日益严重。① 从这两个例子，我们可以看到，文学的修辞手段和文学素养对我们的日常生活有着多么的重要。

有人说文学过时了，莎士比亚过时了，我觉得这是一种无知的表现。莎士比亚已经成为英语文化的一个部分，在当代英语中仍然经常在被引用。莎剧《哈姆雷特》中的独白：To be or not to be, that is the question（生还是死，那是一个问题）在生活的许多方面都在被引用。不是简单地引用原句，而是根据不同的需要对其进行改编：To be or not to be…single（单身还是结婚）说的是知识女性的婚恋问题，是 ELLE 杂志对台湾单身女性的调查报告的题目。2b or not to be 说的是双胞胎还是单胞胎的问题，如果想知道肚子里是一个 b 还是两个 b，只要“B 超”一下就可以了，难题还是 to B or not to B。人们明白这句话代表了一种两难的境况，一种没有办法做出选择、难以做出决定的情景。

莎士比亚有一个剧本叫《无事生非》（Much Ado about Nothing）。我们在报纸和杂志上可以经常看到类似的题目，都是对莎士比亚的模仿。Much Ado about CCTV Tower's Naked Truth（关于央视大楼真相的无事生非）来自英文版《中国日报》，说的是关于中央电视台大楼的设计，有人说它像“大裤衩”，更有建筑学家说它像“男女性生殖器”。② 所有这些观点形成了关于中央电视台大楼设计真相的大讨论，可以称之为一种“无事生非”。US's Much Ado about Nothing over the yuan（美国关于人民币的无事生非）同样来自《中国日报》，说的是美国对中国人民币兑换机制的说三道四，指责中国操控汇率，威胁对中国实行制裁。③ 但在中国看来，所有这一切都是“无事生非”。当然，你也可以说，我不引用莎士比亚行不行？我告诉你，行，但是引用之后可以给你的观点增加特别的效

① “Demography in America and Europe: A tale of two bellies”, *The Economist*, August 22, 2002.

② “Much ado about CCTV tower's naked truth”, *China Daily*, 2009 - 08 - 22.

③ “US' much ado about nothing over the yuan”, *China Daily*, 2010 - 11 - 03.

果。也许这就是我们所谈到的素养和人格魅力。

我们都知道，史蒂芬·霍金是英国著名的物理学家，《时间简史》的作者。他还写了一本书叫《果壳里的宇宙》（The Universe in a Nutshell），题目让人感到一种神秘感、一种想要阅读的冲动。很少有人知道，“果壳里的宇宙”的典故来自莎士比亚：“O God, I could be bounded in a nutshell, and count myself a king of infinite space, were it not that I have bad dreams.”（啊，上帝，我可能被关在果壳里，如果不是做噩梦的话，我还以为我是无限宇宙的帝王）。[①] 哈姆雷特意识到自己的世界很小，然而傲慢的人类可能以为自己能够控制整个宇宙，成为宇宙之王。人类对宇宙的认识正是霍金在书中要讲的内容。然而，in a nutshell 还有另一层意思：它是一个英语短语，意思是“简要叙述”。因此，霍金的题目也可以翻译为：“长话短说话宇宙”或者“宇宙知识要略”。两种解释都很适合，然而不如“果壳”的形象引人思考，让人回味，这就是文学的效果。

的确，文学可以增加效果、增加表达的力量。1990 年英国格拉斯哥市获得“欧洲文化都市”（European City of Culture）的称号。它的竞选口号是：Glasgow's miles better（格拉斯哥更好了，即好了数千英里），然而，当人们读这个句子时，它听上去就像是“格拉斯哥笑得更好”：Glasgow smiles better。的确，格拉斯哥作为一个工业城市在治理脏乱差方面，在消除贫困方面，有了很大进步。因此，它的确有理由微笑，有理由“笑得更好”！有人会说，这是在玩文字游戏，的确，它有一种后现代的语言游戏的特征。文学从某种意义上讲就是文字的学问，它常常将文字的使用方式推向极致，给人一种意想不到的惊讶，从而达到出其不意的美学效果。在无穷的回味中，它增加人们对描写对象的体验和认知。文学不是脑筋急转弯，但是脑筋急转弯运用了许多文学的手段。文学不是广告，但是广告常常运用一语双关的文学修辞。温家宝总理是学理工

① William Shakespeare, *HaMLet*, Act II, Scene 2, Line 263.

科的，但他的讲话中常常引用古典诗歌。文学在我们生活中比比皆是。

我们再来看清华大学2011年自主招生的试题。其中的一道题问道："王国维对《红楼梦》有何看法？他对科学有何看法？"我们都知道，王国维是评论家、思想家、学者，有著名的"人生三境界"说。问他对《红楼梦》有何看法很正常，但是问他对科学的看法，就显得有点特别。它的目的显然是要突出文学与科学的关系，凸显跨学科视角。我们都知道考试是指挥棒，对学生有着微妙的引导作用。我认为这个题目的旨归是在强调理工科学生也应该有人文关怀，有人文理想。在我们专业日益边缘化文学的同时，在高等教育的顶级院校，人们在强调文学和人文理想。文学不仅仅针对英语语言文学专业的学生的事情，它关系到整个社会的人文素质的问题。

二

从以上例子中我们可以看到，文学所包含的表意特征、修辞手段和语义的细腻都是英语强大的表现能力的体现。它常常用最少量的文字表现最大量的意思，它的表现手段比其他文体更加集中、更加凝练。文学的字里行间都充满了意义，暗含着弦外之音、话外之话，是语言的超常规使用方式。它可以增加人们对多种表现手段的敏感度，增进人们对特殊表达习惯的认识。因此，除了"陶冶性情，陶冶情操"以外，文学是增进英语语言能力的重要途径，阅读文学作品是提高英语水平、提高英语修养的重要手段。

在中国，学习英语的人数太多，大约有总人口的三分之一，但是真正精通英语的人相当少，能够承担国家重任的人更是凤毛麟角。能说日常英语、生活英语的人满大街都是，但是英语高端人才是紧俏商品。也许文学不一定能帮学生找到挣钱吃饭的小工作，但它可以造就国家需要的栋梁之材。正如虞建华教授所说，文学之用是“无用之用，是为大用”。[①] 如果英语专业的目标仅仅追求实用性，不能凸显真正的人文理想，那么我们都知道后果是什么：这个专业将会被时代所淘汰。

英语专业不是“工具学科”，而是“人文学科”，我们的系应该叫“英文系”（复旦、清华），而不是“英语系”。如果我们把自己仅仅视为工具，那么我们不必学习文学。但是我们将自己定位为英语人才，那么我们就必须学习文学，经受人文学科和人文思想的训练。英国哲学家罗素认为有“知识”，不一定有“智慧”，拥有知识仅仅使人成为专家，拥有智慧使人成为智者。仅有知识是危险的，希特勒曾经拥有大批科学家，纳粹利用了他们的知识。试想一个人拥有了毁灭人类的技术，但他没有正确使用这个技术的智慧，那么这样一个人将是对人类的危害。[②] “工具学科”的认识是一个误区，它就像一个人有了技术，但是没有正确运用这个技术的智慧。人文学科就是向人们提供那个智慧的学科。

我们这个社会是一个缺乏诗性的社会，是一个日益商业化的社会，这使得我们更加需要文学。如果人们仅仅活在物质享受的层面，那与动物没有什么两样。我们都知道金钱买不到幸福，有钱而不幸的例子比比皆是。德国 20 世纪著名哲学家海德格尔曾经提倡“诗意地栖居”，所强调的就是精神层面的生活，诗性使人们生活得更有意义，更有质量。英国作家麦克斯·伊斯特曼（Max Eastman）将人分为“诗意”和“实用”两种，他认为人们的性格中兼有这两种倾向，只是两方面的比例不同而已。[③] 正如汪剑钊教授所说，文学可以增加人们的诗性气质，它会像一股清泉，荡涤社会的铜臭气味，使生活更有质量，更有意义。

传统的英语学习常常从学习文学开始，因为文学是英语语言的

---

① 廖昌胤：《关于外语专业科研与教学关系的思考——虞建华教授访谈录》，载《山东外语教学》2012 年第 4 期，第 5 – 6 页。

② Bertrand Russell, “Knowledge and Wisdom”，见《英语写作手册》，丁往道、吴冰等编，北京：外研社，1994，第 223 – 226 页。

③ Max Eastman, “Poetical and Practical”，同上，第 188 – 190 页。

重要组成部分，最优秀的语言往往出现在文学之中。但是，本文要说的是这还不够，应该说学习英语必须学习英国文学和美国文学，必须读英语文学名著，包括诗歌、小说和戏剧。文学阅读将引导学生思考人生，思考人与社会、与环境、与道德、与终极目标的关系等问题，从而提高学生对自身和世界的认识，同时也扩大他们的思维层次和范畴，使他们成为更有思想深度的人。同时，文学有助于提高语言表达能力，增强对英语语言的感悟力和敏感度，增强对各种修辞手段、意象和典故的敏感度，提高学生欣赏水平、思考能力和鉴别能力。这就是为什么学习英语必须学习文学。

三

要把文学从边缘带回到中心，我们的文学课程必须变得更加有趣，必须与学生的关切、兴趣和思考有更多的接轨。据中国知网CNKI显示，我国目前外国文学研究领域文学研究多、教学研究少；在教学研究中，宏观教学理论研究多、具体教学实践研究少。在“专业危机”和“文学危机”的大背景下，发展文学课程的教学研究具有一种紧迫性。人们急切需要的是一套切实可行的方法，能够吸引学生，让学生更好地理解文学。因此，研究文学教学的具体操作方法，研究如何使文学课与学习者的关切进行对接，具有更多的紧迫性。我认为这个问题可以从以下几个方面进行思考。

（一）建立中国关联

英美作家中有不少人关注过中国，从中国文学和文化中汲取过营养。文学课可以在中英两国文学的对比中找到一种趣味。比如，美国诗人艾兹拉·庞德就曾出版《华夏集》，其中翻译了许多中国古典诗歌，但是他的翻译不是通常意义上的翻译，而是一种再创造。可以探讨这些诗歌译文与中文原文的关系，说明为什么庞德被称为“中国诗歌的发明者”。也可以探讨庞德翻译的中国诗歌与欧洲时局的关系：第一次世界大战期间，英国士兵在庞德翻译的中国诗歌中以及它们描写的戍边士兵身上都找到了共鸣：他们经历的战争痛苦、他们的想家情结，同样在中国古典诗歌中得到了反映。

这样的教学方式在有些学校已经开展，南京大学外国语学院的王守仁教授在国家级精品课程“英国文学”上就尝试将英国文学与同时期中国文学进行对比，比如鲁宾森与贾宝玉的形象为什么那么不同？他们反映了中英两国当时怎样的时代精神？应该说前者代表积极向上、克服困难、获得成功的企业精神，后者代表软弱病态、伤感颓废的没落贵族，这分别反映了两个国家在 18 世纪的一个向上、一个向下的发展轨迹。其他类似的例子还有很多，比如还可以比较《双面人》（Dr. Jekyll and Mr. Hyde）和《镜花缘》，哥特式小说和《聊斋志异》，《丁登寺》和《归田园居》，等等。[1]

（二）建立当下关联

英美文学文本大多来自过去，写的也是过去的事情，因此很有必要将文学与学生的生活关联起来，挖掘出文学的当代意义。我们的学生是 18—22 岁的孩子，他们正处于青春萌动的时期，因此探讨爱情的作品可能会引起他们的共鸣。但是在这个开放的时代，简单的感情表达并不新奇，吸引力也不一定大。必须要有一定特点的爱情作品，如雪莱的《致——》（To——）。该诗强调了他的爱与世俗的爱有多么不同，从而凸显了这种爱的特殊性和可贵性。他说他对她的感情不能描述为“爱”，只能是一种“崇拜”，像飞蛾对月亮的崇拜，可望而不可即。最后学生会了解到，由于雪莱的恋人是朋友之妻，因此他才有想表达“爱”，但又说不出口的纠结心情。

我们的学生中有不少来自农村，那些从农村来到城市的孩子，经历了环境和思想的巨大变迁，他们的困惑应该受到我们的关注。可以通过阅读文学作品来思考他们的经历，探讨他们思想中的爱与

---

① 王守仁：《英国文学教学》，百度文库（教育专区，高等教育，文学）http：//wenku. baidu. com/view/92409606e87101f69e319503. htML 2010/12/20.

恨、是与非。比如爱丽丝·沃克《日常使用》（Everyday Use）就是关于一个农村女孩因考上大学而离开农村的故事。可以建议学生们思考这个女孩受过大学教育后那种高人一等的心态，思考她为什么在极力逃离那个地方后，又把那个地方视为她的“根”？思考她为什么会对这个地方产生这种复杂的心态？

我们应该努力建立文学与学习者经历的关系，使他们认识到文学离他们生活并不遥远。比如詹姆斯·乔伊斯《一朵小小的云》（A Little Cloud）讲述了一个平凡而胆怯的爱尔兰报社编辑的故事。毕业、就业、结婚、生子，他成了一个普通的工薪族：他的生活就是一种按部就班的日常程序。然而，当他看到一个曾经不如他的朋友出国后发家致富，他的心理平衡被打破了。他后悔当初选择了自己的生活，后悔自己过于谨慎。在我们时代，出国留学、出国务工、出国经商已经很普遍，学生身边有人可能就在国外。也许可以建议学生思考出国发展，还是在家发展？我们更需要平淡，还是更需要浪漫？什么是人生最重要的东西？家庭还是事业？等等。

威廉·福克纳《献给艾米丽的玫瑰花》（A Rose for Emily）和雪莉·杰克逊《抽签》（Lottery）都谈传统与现代的关系，古老的传统在当时也许有它的价值，在历史进程中也许起到过一定的作用，但是时过境迁，这些传统可能会过时，甚至可能显得暴力和残忍。也许我们可以建议学生思考中国的传统是什么？哪些传统已经消失？哪些是理应扬弃的？哪些是值得我们惋惜的？中国也处于传统与现代转型的历史时期，我们应该注意转型中遇到的什么问题？这些思考也许可以使学生感到文学的确与他们的生活存在关联。

（三）丰富教学活动

据统计，讲授课程（lecture）时，学生的接受率只有10%，讨论问题（discussion）时，学生的接受率达到50%，而全面参与（involvement）时，学生的接受率上升至90%。文学课需要设计出丰富多彩的课堂活动，吸引学生参与：戏剧表演、创意写作、网络搜索、PPT制作等。阅读文学到创作文学，是一个自然的过程，创作可以激发学生的兴趣，开发他们的潜力。有人可能认为，创作离学生太远，英语创作离学生更远。但这是低估了学生的潜力和创造力。北京外国语大学的国家级精品课程“英语文学概论”在学生创作方面做过许多很好的尝试，英语学院的学生创作社团“五星社”也创作过很好的英语作品。实际情况是学生潜力很大，创新能力很强。给他们一个平台，他们会展示出巨大的创造力。

文学课的创意写作不是培养专业作家，不一定专门设立“创意写作”课，而是需要将创意写作融入文学课程。也许一开始有难度，但是可以用多种方法引导学生，比如在阅读英美文学作品后，对原作进行模仿和改写，从中获得灵感。山东财经大学周洁和王爱燕的校级精品课程“英语诗歌阅读”就组织学生进行了诗歌的改写和模仿，取得了很好效果。《一朵红红的玫瑰》（A Red Red Rose）被改写成《一轮火火的太阳》（A Bright Bright Sun），原作描写的爱情，在改写中变成了友谊。《我能否把你比作夏天?》（Shall I compare thee to a summer's day）被改写成《我能否把你比作蝴蝶?》《山脉?》《大海?》（Shall I compare thee to a butterfly, a mountain, a sea……）。改写作品表达了不同的意思，但与原作形成一种对比和模仿的关系。这些都充分体现了学生的智慧和原创能力。据说创作还有心理疗伤的功效，在我们的学生抑郁倾向日益严重的今天，如果创作真有此作用，那么它将是一件大好事。

（四）建设专业性

有人说英语专业等于没有专业；英语专业的学生是有技能、没文化。的确，有一些学校的英语系是匆匆上马，师资不足，专业性不强，它们的英语系仅仅是语言培训，与新东方没有两样，甚至比新东方还不如。因此，英语专业必须强调自己的专业性、理论性，有必要在本科阶段就引入文学理论。北京外国语大学的“论文写作”课（二年级下学期）就融入了4—5种典型的20世纪西方文学理论，其目的是在本科生阅读文献和撰写论文之前，给他们做一些理论准备。20世纪的英美文学学科经历了经典的大讨论，经历了批评范式的多元化，这些新发展已经渗透到文学阅读和研究的各个领域。一方面，我们需要学生知道文学领域的前沿问题，批评理论会帮助他们更好地理解包含这些理论的文献资料。另一方面，批评理论也能够增强思维训练，增加理论深度，对英语专业的专业性建设大有裨益。

有人可能会怀疑学生的接受能力，认为理论过于高深，会吓跑学生。但是这里的关键在于我们讲授文学的教师能否深入浅出，用浅显的语言来解释高深的理论。北京科技大学范一亭的“美国文学”课程就尝试着将文学理论引入文学教学之中，取得了很好效果。他用福柯的惩罚与规训的理论来解释《红字》；用安德森的想象共同体的概念，或者用福柯的异托邦的概念来解释《白鲸》的船上社会。深入浅出是可以做到的，这样讲理论不会把学生吓跑，而是可以提高文学课程的理论深度，吸引更多的有思想的学生喜欢文学。

总之，英美文学课程的建设关乎英语语言文学专业的建设，它关乎这个专业在未来的发展和生存。文学的危机必须从课程建设中找到出路，必须以它的趣味性、关联性、专业性和人文理想把学生吸引回来。文学的优势必须被凸显出来，将人文理想注入下一辈人的心中，使他们具有足够的智慧去承担国家的重任，成为国家需要的栋梁之材。这样英语语言文学专业才会有光明的未来。

【张剑，北京外国语大学英语学院教授、博士生导师】

美国文学经典在当代中国的阐释

——以《美国文学》课程为例

郭英剑

一

一个必须承认的现实是，近 30 年来，美国高校英语系发生了巨大的变化，经典的英美文学受到了再三地质疑，就连英语系的性质也都进行了重新界定。

而在中国，近 30 年来的英语系同样发生了很大的变化。随着信息科技的发达，全球化时代的到来，用外语进行沟通变得日益重要，为适应这一时代的要求，中国各高校一方面加强了针对非英语专业的大学英语教学，这方面的发展十分迅猛，也对英语专业的教学构成极大的挑战。而另一方面，英语专业也陆陆续续增加了实用课程，特别重视英语的听和说，以加强学生实际应用外语的能力。在这种形势之下，在英语系，传统的“英美文学”的教学越来越被边缘化了。而在 20 年来，因为全民学英语的状况以及大学英语的快速发展，使得英语专业完全丧失了自身的学科特点，甚至沦为了与非英语专业的教学并无二致的地步，而且伴随着外部与内部的变化，这一切都被体制化了。

就英语学科来讲，目前隐藏的危机或者说是问题有：英语专业应该如何与非英语专业有区别？有怎样的区别？该学科应该向何处去？我国现行的英语本科生的教育，过于专注基本技能的训练，似乎唯有听、说、读、写、译，别无其他。这样训练出来的学生，跟非英语专业的学生有何区别？文学教学的意义何在？其教学的目的应该是什么呢？

对于中国的英美文学学者来说，面对学科内部与外部的挑战，同样面临众多的问题亟待解决。如：应该站在什么立场处理英美文学课程？而英美文学的教学如何能体现当下中国学者对文学、对教育、对社会的理念？具体而言，英美文学的教育对学生的意义何在？作为教师，我们是站在什么立场上教授英美文学的？我们又该如何与学生沟通并讨论我们觉得重要的议题？我们如何协助学生去面对、认识西方文学与文化，同时又培养其具有反省本土文化的能力？

如果说，英语在我国属于外语或第二外语（English as a second or foreign language），那么，英美文学对我国而言就是外国语文或第二语言的文学（English/American literature as a second or foreign literature）。众所周知，文学作品的研读离不开语言学习，培养良好的语言能力，确能帮助学习者欣赏文学作品，而学生在掌握了足够的语文能力之后，才容易由基本的语言层次上升到思想的层次；而相辅相成的是，文学是语言的艺术，即运用语言文字表情达义的典范，一个人不通文学，很难进入语言的上层境界，尤其要写好英文，非得借助文学不可。

因此，文学教学的实施大致可包含内容及方法两个层面：就内容而言，英美文学即代表西方文化之传统，作品蕴含丰富的西方思想，属于文学教学的教材；就方法而言，教师如何有效运用教材，将涉及实际的课堂教学，而课堂教学之实施，离不开教育理念及第二语言或外语学习的范畴。

在语言与文学的关系问题上，我们的教学理念是：语言与文学是一体两面，文学欣赏，离不开探讨文字的意涵，文学教学的实施，离不开英语教学的方式方法。而在教学中，应该慎选适合学生程度的英美文学作品作教材以及运用适当的英语教学法，同样可以提高学生解读英美文学的能力。

我们认同这样的观点：文学教学不独是在教文学作品，而是在启发读者的参与，提升读者的理解与鉴赏能力。因此，作为文学教师而言，就不能只着重在教什么（What to teach），而应该多朝着如何教（How to teach）去努力。因为，第一，文学教学属于人文教育，而人文教育强调的是人文精神的重要性；对外国语言文学的研究，应该体现人文精神。第二，文学教学与外语学习之间有着不可分割的关系。第三，在实施外语教学的同时，绝不能排斥文学作品。为此，我们希望通过教学，提高学生学习英美文学的兴趣；期望学生在接受西方文化时，能够采用跨文化的角度反省本土文化及其与外来文化的交流；提高学生使用英语的表达能力；同时更为主要的是，使学生增强人文素质，成为适合新时代要求的人文主义者。

二

本研究以高等院校英语专业必修课程——《美国文学》为例，根据我们的教学理念，进行文学教学。在具体的教学内容上，《美国文学》课程确立了以文学作品为中心，采用读、写、议相结合的教学方式，注重培养学生的分析能力、思辨能力和语言表达能力，体现了人文素质教育的特点。

《美国文学》课程所使用的教学方法与教学手段主要体现在以下三个方面：

第一，每一次安排课程，都从一个作家及其作品入手，配合多媒体教学手段，从而设置一个场景或是语境，进而可以较为充分地表达教师的思想。这样，我们就要求教师能够充分把握每一次课的中心议题，坚持与英美文学对话的立场与观点，针对所选择的材料来展开论述和讨论。

第二，无论多么新的教学理念或是多么漂亮的课程设计，它都要具体地体现在课堂之中，体现在老师与学生之间的互动中。教师需要在处理文本阅读与课堂讨论时，尽量拉近个人的理念与课程设计间的距离。这或许永远都是教学中存在的难题。

选择对话的立场十分重要，但选择对话的基础，则是在课程内容的基础上，充分准备相关问题。问题的引入，既是课堂教学能否成功的关键，也是教学的难点。为此，教师要做充分的准备工作。我们具体的做法是：首先，每一次上课前，都会在上次课上把下一次课所要讨论的问题布置下去，这样可以使学生在预习新课时对即将开始的讨论有所准备；其次，在课堂上，尽量采用启发式教学方法，鼓励或是激励学生参与到课堂讨论中去；再次，在一个学期内，要求学生在独立思考的基础上，写出两篇有自己观点的小论文，以30%的比例计入期中和期终考试成绩，从而在制度上促使学生把课堂上的口头表达与书面写作结合起来。

第三，充分利用多媒体教学，促进教学手段的改革。文学作品通常是以平面印刷品的形式呈现在读者面前，且阅读作品本文有其必要性。而目前随着信息科技的发达，从因特网可找到电子文本及其他相关的背景资料，资料呈现往往图文并茂，可以提供美术/空间智能的刺激，帮助学生了解作品。

三

在我们看来，课堂教学中，问题的引入是课堂教学能否成功的关键，同时也是教学的难点。下面，我们将以美国著名作家 Washington Irving 的短篇小说“Rip Van Winkle”为例，来看一看我们在实践教学中是如何从问题引入的。

一般来说，我们的问题都分为三个部分，第一部分为知识性问题，是有关作品的问题，如细节、人物、故事情节等。第二部分则是拓展性的思考问题，主要要求学生在对文本进行整体、深入认识的基础上能够做全面的思考；第三部分则主要是文本中所涉及的现实问题，期望学生能够将个人（直接与间接）经验带入到个人的思考之中，从而达到学生带着现实问题进入经典，或者说让经典进入学生的现实生活的目的。

就“Rip Van Winkle”来说，问题同样分为三个部分。

第一部分的问题为该短篇小说的最基本的问题，属于知识性问题，主要涉及小说的人物、时间、地点、细节等。如：1. What is the setting for the story? 2. What kind of person was he? How did he treat the people around him? 3. What is the relationship between Rip and his wife? 4. Who did Rip Van Winkle meet in the mountains? 5. What made Rip fall asleep? 6. How many years had passed when he awoke? 7. How had Rip changed physically when he had awakened? 8. Who finally recognized Rip after his long absence? 9. At the end of the story what does Rip spend most of his time doing?

一般来说，只要学生阅读了小说，就很容易回答上述问题。而上述问题的另外一个作用，是要求学生提前阅读作品。这部分的内容主要是在讲解了课程基本内容、即将开始探讨 Rip Van Winkle 小说文本时进行提问。而通过回答上述问题，可以大体了解学生是否已经完成了最基本的阅读任务。

第二部分的问题则在上述知识性问题的基础上进了一步，需要学生进一步的思考。主要涉及对人物的看法与态度、如何评价人物与事件等。主要问题包括：1. Even though he was a failure as a farmer, Rip Van Winkle was a success as a human being. What were the most praiseworthy qualities that he possessed? Or why is he so popular? 2. Do you think that Dame Van Winkle is a cultural villain? If not, please defend her. 3. Dame Van Winkle and Rip are **stereotyped characters** that have been found in literature throughout the ages—the nagging wife and the henpecked husband. 4. Can you identify these character types in current literature and in popular songs, movies and TV shows? 5. What is your response to Irving's characterization of Dame Van Winkle? 6. How would you state the **theme** of this story? 7. What details and ideas in the story reflect one or more of the features of Romanticism?

上述问题，是需要学生在对整篇小说有了全部了解并深入思考的基础上才能回答的。而组织好和回答好这些问题，则是考察一个学生语言表达能力、逻辑思维能力、对问题是否有深入思考的重要途径。就课堂讨论来看，这些问题较为吸引学生的注意力，也是上课时学生讨论的热点。

第三部分的问题则是将学生从文本带入到现实社会甚至是带入到个人的生活体验中，并请他们根据自己的（直接的或者间接的）生活经验来回答。这类问题主要涉及如果小说中的人物、事件在现实中或者个人的生活中出现，自己应该作何反应？问题包括：1. Do you like Rip Van Winkle? 2. As wife, what are you going to do with such a husband? 3. Do you like Dame Van Winkle? 4. As husband, what are you going to do with such a wife? 5. If you fell asleep today and awakened 20 years from now, what questions would you ask the first person you saw?

从效果来看，在课堂上，这部分问题是学生讨论最热烈的，也是争议最大的。而这也恰恰达到了本课程要求积极参与到课堂讨论、深入思考问题、自由表达个人观点的教学目的。而另一方面，通过学生对这一部分的回答，也最能反映学生的价值观和人生观。因此，在这一部分，也是教师积极引导学生正确看待人生、社会与世界的最佳时机。

除了上述问题之外，一般也会留一些课后的思考题，可以供学生在未来写作时使用。这类问题包括：1. In what way does Irving's portrayal of Dame Van Winkle help to illumine Rip's character? 2. When Rip returns to his village, he learns that Dame Van Winkle has died and that his fellow Americans liberated themselves from English rule in a revolutionary war. What do the war and the death of Rip's wife have in common in terms of how Rip will live the rest of his life? 3. Although "Rip Van Winkle" is a fictional tale, it presents truths that can teach the reader. Write an essay that focuses on the truths presented in the short story.

我们希望达到的效果是，在课堂上，学生能够通过教师讲解和在与教师的讨论中去了解作品；从阅读英美文学作品中得到更多的乐趣；提高英语的能力；了解西方思想与西方文化背景；了解西方人际沟通的方式；使学生更能透过阅读作品，了解西方人自我反省的能力。

而在课下，使学生更加主动地去查阅相关的背景材料和了解作品；学会利用不同的方式来了解文学作品，更主动直接地去阅读作品；从不同的角度去理解作品；培养学生具有探究作品的意义、思考问题和分析问题的能力。

四

综上所述，我们的主要观点是：第一，应该将英语专业（和所有外语专业）视为一门学科，一门科学，就像数学、物理、化学、哲学、经济学、社会学一样，而不仅仅是一种语言技能。第二，应该将英语（外语）专业纳入到人文社会科学的范畴，将英语（外语）专业的教育纳入到人文教育之中，重视文学教学，培养学生的人文精神。我们认为，英语学科不应成为被整个人文学科遗忘的角落，文学教学应不失其人文价值。

我们的教学目标，是希望学生能够持有双重文化的立场：既能通过西方文化反省本土文化，也能站在本土文化的立场思考与评判西方文化。在中国的外语院系，不仅要教会学生语音、语法、听说、阅读的能力等，更要教会学生“批评性思维”（critical thinking）的能力，应该鼓励学生学会个性化的阅读和培养独立思考的能力。而从目前看，“英美文学”可能是少有的能够为学生提供阅读和思考的场所了。因此，文学教师不能只是语言的教授者，更应该是人文主义者。教学生学会独立之思考依旧是人文科学的根本任务，这在今天显得比以往尤为重要。

参考文献

《高等学校英语专业英语教学大纲》（高等学校外语专业教学指导委员会英语组编），北京与上海：外语教学与研究出版社暨上海外语教育出版社，2000 年.

J. 希利斯·米勒．重申解构主义．郭英剑等译．北京：中国社会科学出版社，1998 年．

Martin, Biddy. "Teaching Literature, Changing Cultures." PMLA, January (1997): 7 – 25.

郭英剑．2002. 从文学理论的缺席谈起——文学教学的目的是什么？载《郑州大学学报》2002 年第 5 期，第 5 – 7 页．

——2011. 全球化语境下的文学研究．北京：外语教学与研究出版社．

——2012. 网络化的今天，为什么还要来上大学？南京：《教育研究与评论》，2012 年第 5 期，第 53 – 56 页．

殷企平．2002. 文学何尝不实用？载《郑州大学学报》2002 年第 5 期，第 8 – 10 页．

王守仁．2002. 应该终结"文学史 + 选读"模式．载《郑州大学学报》2002 年第 5 期，第 10 – 11 页．

林素娥．1991. 正视读者——从读者反应评论得到的启示．载《英美文学与英语教学研讨会论文集》第 89 – 101 页．台北：国立台湾师范大学英语系．

林耀福．1989. 从语言到文学：外文系与人文专才的培养，载《人文及社会学科通讯》，一卷一期，第 12 – 16 页．

——1991. 语言语文学的冲突？外文系课程五教学的一些基本问题．载《英美文学与英语教学研讨会论文集》第 27 – 35 页．台北：国立台湾师范大学英语系．

董崇选．1990. 从"文学性"谈语言与文学教学．载《第七届英语文教学研讨会英语文教学论文集》第 1 – 10 页．台北：文鹤出版有限公司．

郑恒雄．1993. 英语教学、英美文学、英语语言学的三角关系．载《第十届英语文教学研讨会英语文教学论文集》第 291 – 308 页．台北：文鹤出版有限公司．

刘纪蕙．1991. 文学/艺术与西方文化——大学英美文学教学之另一种方向．载《英美文学与英语教学研讨会论文集》第 63 – 87 页．台北：国立台湾师范大学英语系．

——1996.《英美文学（史）课程的重新规划与实施》．英美文学教学研讨会引言，高雄：中山大学．

Alplebee (1974). *Tradition and reform in the teaching of English: A history.* Urbanaa, Illinois: NCTE.

Armstrong, T. (1987). *In their own way: Discovering and encouraging your child's personal learning style.* New York: Tarcher/Putnam.

Armstrong, T. (2000). *Multiple intelligences in the classroom* 2nd ed. Alexandria, Virginia: Association for Supervision and Curriculum Development.

Brown, H. D. (1994). *Principles of language learning and teaching.* 3rd ed. Englewood Cliffs, NJ: Prentice Hall Regents.

Campbell, L., Campbell, B. & Dickinson, D. (1996). *Teaching & learning through mulitple intelligences.* Massachusetts: Allyn & Bacon.

Carter, R. & Long, M. N. (1991). *Teaching literature.* Harlow: Longman Group.

Celce - Murica, M (1991). Language teaching approaches: An overview. In M. Celce - Murica (Ed.), *Teaching English as a second or foreign language.* 2nd ed., (pp. 3 - 12). Boston, Massachusetts: Heinle & Heinle Publishers.

Davis, J. N., et al. (1992). Readers and foreign languages: A survey of undergraduate attitudes toward the study of literature. *The Modern Language Journal*, 76, 321 - 331.

Gardner, H. (1999). *Intelligences reframed: Multiple intelligences for the 21st century. practice.* New York: Basic Books.

Gardner, R. C., & Macintyre, P. D. (1992). A student's contributions to second language learning, Part I: Cognitive variables. *Language Teaching*, 25, 211 - 220.

Guerin, W. L., et al. (1979). *A handbook of critical approaches to literature.* 2nd ed. New York: Harper & Row.

Lazear, D. G. (1992). *Teaching for multiple intelligences.* Bloomington, Indiana: Phi Delta Kappa Educational Foundation.

Lazar, G. (1993). *Literature and language teaching: a guide for teachers and trainers.* New York: Cambridge UP.

Long, M. N. (1986). A feeling for language: The multiple values of teaching literature. In C. J. Brumfit & R. A. Carter (Eds.), *Literature and language teaching* (pp. 42 - 59). Oxford: Oxford UP.

【郭英剑，中央民族大学外国语学院教授、博士生导师】

主旨发言小结（2）

上海市精品课程主持人、上海外国语大学虞建华教授在题为“工具学科 vs. 人文学科，兼谈文学教学”的发言中针对外语教学的工具性和人文性的关系，外国文学学习有什么用，发表了自己的看法。他认为，经济的飞速发展给英美文学教学形成了强烈的冲击：一是导致对英语学科认识上的偏差；二是导致英语教学上的实用主义倾向；三是导致学生外语学习的功利主义心态。针对这些负面影响，虞建华教授提出了无用之用方为大用的观点。他认为，文学是致知的学科，文学可以潜移默化地影响、改造一个人。人需要了解自己，需要反思与探究过去，而语言的艺术能够为我们提供认识世界的窗口，高校英美文学教学使异文化的存在变得可触摸，可感受。此外，除内在的人文精神和美学价值之外，文学也富有教化意义，可以指示现实，影响生活，改变社会现状。他呼吁文学教学的改革之路势在必行，英语教学的重心应该转移到人文教学的轨道上来。

国家级精品课程主持人、北京外国语大学张剑教授做了题为“学习英语与学习文学：以国家级精品课程《英语文学概论》为例”的主旨发言。首先，他详细介绍了《英语文学概论》这门国家级精品课程的课程设置和教学目标——提高学生的人文素养、培养学生的阅读欣赏能力和批判性思维。接着，针对文学的日益边缘化，他为文学进行了有力的辩护。他认为，文学所包含的表意特征、修辞手段以及语义的细腻体现了英语的表现力所在。文学的表现手段比其他文体更加集中、凝练。文学的字里行间充满着弦外之音。它不仅可以增加人们对多种表现手段的敏感度、增进人们对特殊表达习惯的认识，还可以陶冶性情，而且还是提高英语水平、提高英语修养的重要手段。文学课程的使命所在就是要学生了解西方文化，开拓他们的思维，培养他们思考社会和人生的能力。此外，张剑教授还通过生动具体的事例，阐明文学的无处不在，认为英语专业的同学必须具有文学素养。学习英语也必须学习英美文学，通过阅读小说、诗歌和戏剧，扩大学生的思维层次和范畴，提高他们的语言表达能力，增强他们对语言和文学的感受能力。

最后，校级精品课程主持人、中央民族大学郭英剑教授以题为“美国文学经典在当代中国的阐释”的讲话结束了主旨发言阶段的讲话。首先，他提出了我国英语语言文学教学的现状与问题：英美文学的教学被边缘化了。其次，他提出了自己的教学理念和教学目标。他认为，在当下，文学教师不能只注重教什么的问题，而要更多思考如何教的问题。英美文学教学的目的所在就是要提高学生对英美文学的兴趣、提高他们的英语表达能力、培养他们利用跨文化视角反省本土文化及其与外来文化的交流的能力以及增强学生的人文素质，使其成为适合新时代要求的人文主义者。再次，他通过“Rip Van Winkle”和“Young Goodman Brown”详尽生动的教学实例，提出了行之有效的教学方法。他特别指出，教师应该通过提问题的启发式教学鼓励学生参与课堂讨论，并且充分利用多媒体教学以促进教学手段的改革。最后，他谈到，在中国的外语院系，不仅要教会学生基本的语言能力，更要教会学生批判性思维的能力，应该鼓励学生学会个性化的阅读和培养独立思考的能力。

随后，王守仁教授做了精彩点评。他认为，文学的人文性、英美文学中的困境要从多方面努力。一是教师要花时间改进教学效果，二是教育部门要做相关的工作。在全球化、网络化的时代，教师应该思考怎么让学生理解、认识和热爱文学，只有直面文本，注入生命，文学作品才会充满生机与活力。

第二部分

英美文学教学的对策、实践和人才培养

我国英语专业英美文学教学研究现状及对策

原学梅

摘要：目前，我国的英美文学教学研究从数量、质量和内容等各方面考察，情形都不容乐观。这主要表现为重宏观教学研究，轻微观教学研究；重外部环境研究，轻教师和学生行为研究；重教材内容研究，轻教材多样性开发研究等几个方面。要改变我国英美文学教学研究的不景气现状，需要纠正对文学教学研究的错位认知，明确英美文学教学的实质，加强对英美文学教学过程的研究以及与相关学科的交叉和借鉴，丰富、完善教学理论和教学实践，并加强教材开发和研究，满足师生的多元需求。

关键词：英美文学教学研究；研究现状；对策

十年前，虞建华、王守仁、郭英剑等国内英美文学教学界的大师们曾就国内英美文学教学的困境发起一场大讨论，就课程设置、教材建设、课程教学、教师素养等角度，全面而高屋建瓴地提出了英美文学教学应该研究的问题。十年时间一晃而过，再一次盘点我国英美文学教学状况的时候，仍然不免感叹“作为英语专业主干课程的‘英美文学’课程目前在高校备受冷落，日益被边缘化，遭遇到教学材料和教学方法两个方面的困境”（王庆、董洪川，2012：80－84）。原因自然是多方面的，比如在我国经济迅速发展的大背景下，高校课程教学的工具性特征被放大，人文性遭受冷落，导致包括英美文学在内的几乎所有人文学科越来越边缘化，这是不争的事实。但是，作为一线教师，我们仍然有必要检讨自己的思想和行为，为改变这种现状贡献一己之力。笔者拟就我国当前的英美文学教学研究现状切入问题，对当前我国英美文学教学的真实面貌进行全面的评估与反思，并针对这些现象提出应对策略，确立英美文学教学研究在文学教学中的重要意义，开拓我国英语专业英美文学教学研究的新局面，推进英美文学教学的良性发展。

一、英美文学教学研究现状

目前，我国的英美文学教学研究从数量、质量和内容等各方面考察，情形都不容乐观。

（一）重文学研究，轻文学教学研究

由于职称评审政策影响，我国高校一直存在重科研轻教学的弊病，因此目前我国英美文学教学界一直偏重文学研究，不太注重文学教学研究。英美文学教师中从事文学研究的人很多，研究文学教学的人却很少。笔者分别以“英国文学教学”、“美国文学教学”和“英美文学教学”为题在中国知网上检索2004—2012年发表的文章，检索到中文期刊论文418篇，其中学位论文17篇（其中硕士论文16篇，博士论文1篇），会议论文11篇。在同一时间段，以“托尼·莫里森”为题，检索到中文期刊论文380篇，硕士论文143篇，博士论文7篇，重要会议论文5篇。以“华兹华斯”为题，检索到文章322篇，学位论文28篇（其中硕士论文27篇，博士论文1篇），会议论文6篇。另外，我国每年都举办全国性、甚至是国际性的英美文学或外国文学研讨会，但关于英美文学教学的研讨会却寥寥可数。从数字对比就可以看出，我国近年英美文学研究和英美文学教学研究之间在力量和产量上的悬殊差距。

文学研究和文学教学研究之间严重失衡的根本原因，在于我国的英美文学教师对文学研究和文学教学研究的错位认知。

首先是“唯理论崇高”的错位认知。这可能源于西方理论热潮对我国外国文学教学和研究的冲击。随着西方理论被大量引进国

内，一方面深化了我国的文学研究，另一方面也导致了文学教学研究和文学理论研究和应用之间的严重失衡状态，“文学理论一时间成为我们这个领域内是否有学识的标准，也有一些引进文论的学者被尊为权威”（刘意青 2008：12）。虽然一些著名学者等都曾经呼吁学界对文学教学进行深入研究，也身体力行地做了一些工作，但显然没有引起英美文学教师的认真思索。这似乎在全国形成了一种传统，和其他外国文学专业的人士一样，英美文学专业的人大都醉心于运用西方的文学批评理论进行文学研究，而忽略了自己作为教师的职业属性，忽略了英美文学教学研究的科学性和重要性。

其次是英美文学教师对该课程教学的学科属性的错位认知。2004 年，美国资深文学教学和教师教育专家 John Knapp 曾撰文指出，美国的文学学者认为自己是文学研究和文学教学专家，但不一定是文学教学研究的专家。无论在学术产量还是在观念方面，文学教学都是一个薄弱的领域（John Kappa，2004：50）。我国的英美文学毫无疑问也处于这样的局面。长期以来，人们默认了一条规则：文学研究做得好，文学教学也一定做得好。这种错位认知的后果是严重的。虽然我们不能否认一些文学研究大师文学课堂的魅力，但更让人关注的实事是，很多文学研究方面颇有成就的人的文学课堂往往成了对学生的催眠课，导致学生对这门课的彻底失望和冷漠。漠视教学方法研究，不理会教育科学理论的发展，不关心认知心理学和学习理论是导致这一后果的罪魁祸首。

（二）重宏观教学研究，轻微观教学研究

在数量和质量上都不容乐观的英美文学教学研究文献中，大多数研究涉及课程宏观问题，对具体教学过程中的微观研究偏少。通过中国知网检索从 2004 到 2012 年的中文期刊论文，以“英语专业 + 英美文学”为题共检索到 71 篇；以“英美文学教学模式”、“英国文学教学模式”和“美国文学教学模式”为题，共检索到论文 33 篇；以“英美文学教学方法”、“英国文学教学方法”和“美国文学教学方法”为题，检索到论文 31 篇；以“文学理论”为题检

索和教学研究相关的论文，共检索到7篇。数据说明，在本就数量不大的英美文学教学研究中，研究焦点主要集中在对课程的宏观研究方面。从研究话题内容看，主要涉及课程大纲的内涵解读和课程定位（范谊、芮渝萍，2005：150－156）、课程现状（吴瑾瑾，2005：97－99，程静，2012：93－95）、教学改革（蒋洪新，2005：106－109）、文学批评理论在教学中的应用（朱小琳，2005：106－109，范丽娟，2006：123－124，陈勇，2007：101－103，曾洪伟，2007：88－91，梁晓冬，2008：98－101，潘雁 & 王钰，2011：118－119），也有教学法研究（陈勇，2012：113－116，张慧军，2008：89－92，张艳，2008：181－182，顾元华，2011：51－52，张慧荣，2006：46－50）和少量关于学习模式研究的（刘仪华，2008：145－146）。在国外，很多学者常就文学教学的某些特殊问题进行探讨，教学实践是他们开展教学研究的首选平台和土壤。许多科研课题往往来自教学中的实际问题。比如他们会研究如何教授莎士比亚的作品（Matthew Ratz，2008：40－44）或者流散文学 Mohja Kahf（2010：163－167）。他们会把具体的教学手段和教学中遭遇的来自种族和文化承载者的学生作为研究的重点，或把教师的教学目标和实际教学效果作为研究的中心。但在国内，通常很难见到对文学教学过程中遇到的细节问题的研究。在我们数量不多的英美文学教学法研究中，多是讨论如何套用某一教学方法理论进行英美文学教学，而不关注如何不着痕迹地把某一理论应用于具体的课堂教学活动中，不研究对具体作家或作品的教学设计。

事实说明，虽然我国的英美文学教学历史已经很长，但我们在这个领域内的研究相当滞后，或者说我们对英美文学教学研究意义的认识还很模糊。教学研究首先应该着眼于小问题、具体问题，而不是停留在宏观的理想假设上。我们需要迅速提升对英美文学教学研究重要意义的认识，深化对英美文学教学内容，尤其是具体内容的研究，促进我国英美文学教学研究的迅速发展。

（三）重外部环境研究，轻教师和学生行为研究

在我国目前关于英美文学教学的研究中，对网络等多媒体技术、全球化语境，或后现代语境等外部环境对英美文学教学的支持和影响研究比较多，对利用这些技术和在这些文化背景中教学活动的主要参与者，教师的教学行为和学生的学习行为研究极少。在海量信息环境和网络多媒体环境中进行的教学活动，变成了技术和环境膜拜的主要表现舞台，对在中国文化土壤中的中国教师和学生面临的实际问题思考较少。如中国文化语境中长大的学生如何体会英美少数族裔作家作品中反映的“流散意识”？如何理解英美文学作家和欧美其他国家文化之间的互动影响？研究教学不能忽视学生研究，不论运用何种理论、何种方法，都不能忽略了学生的图式知识、实施教学的具体文化环境。否则，这些理论和方法的运用只能导致学生学习的“消化不良”或“胃口不适”。比如接受反应理论在英美文学课程教学活动中的应用，对于在语言层面仍有纠结的中国学生来说，他们如何反应，他们能否发现作品中的语言突出、典故的应用？他们如何体会现代派和后现代派文学中那些高度抽象晦涩的主题？此外，教师在课堂上需要讲解什么内容？如何讲解？学生课前是否预习？如何预习？预习什么内容？这些都是值得思考的问题，也是在我国现有的英美文学教学研究中比较匮乏的部分。

国外从 20 世纪 90 年代末开始重视教师教育和发展研究，对教师教育和发展的研究促进了对具体学科教师教育的研究。其中，对文学课教师教学过程和教学效果的研究十分引人注目（John J. Knapp，2004：50），对教师的教学行为和学生的个体差异也十分关注（Michelle L，2002：21，Jennifer A. Borek & Jerry O. Chappell，2004：236，Marcia S. Popp，1996）。而在我国，虽然教师教育和发展研究已经引起了学界的重视，但基本上还处于起步阶段，对具体学科教师的教育和发展的研究更是凤毛麟角，在中国知网上分别以“英国文学教师”、“美国文学教师”和“外国文学教师”为题检索，2004 年至 2012 年间仅有一篇文章（朱艳阳，2009：121 –

123)，说明关于英美文学课教师的专业知识、教育科学知识、课堂决策、话语与发展研究基本处于零状态。另一方面，对受教育的对象——英美文学学生的研究也仅限于文化差异方面的初步研究，对学生学习的动机、学习策略、学习过程和学习结果的深入研究十分匮乏。

研究教学的外部环境和技术支持是必要的，它可以让我们的教学插上腾飞的翅膀，但过分偏重对外部环境和技术支持的研究，说明了我国英美文学教学界的另外一个认知错位，即外部条件在教学实践中的重要性高于专业教学素养的培养和积累，也暴露了我们的教师对自己教学能力的不自信心态。

（四）重教材内容研究，轻教材多样性开发研究

20 世纪 80 年代以来比较常用的英美文学教材中，有陈嘉的《英国文学史》和《英国文学作品选读》，刘炳善的《英国文学简史》，杨岂深和孙铢的《英国文学选读》，常耀信的《美国文学简史》，李宜燮和常耀信的《美国文学选读》，杨岂深和龙文佩的《美国文学选读》，吴伟仁的《美国文学史及选读》，胡荫相和刘树森的《美国文学教程》，张伯香的《英美文学选读》等多种版本。但对教学一线的教师来说，这些教材存在的问题也是显而易见的：首先是史选分离，而且篇幅过大，教师很难在有限的课时内兼顾所有内容，影响教学内容的系统性和完整性。其次，其中一些教材编撰时间较早，意识形态特征比较突出，和当前学生学习的多元文化背景冲突，容易遏制学生独立思考的积极性。第三，在选读内容方面，以史为线，学生首先接触到的是最难阅读的古典文学，语言和形式都和学生生活相去甚远，因此在解读难度上缺乏循序渐进性，容易引起学生的畏难心理。第四，文学理论和批评方法方面的内容较为匮乏，造成文学学习方面理论和方法指导的缺失，文学学习容易停留在感性阶段，缺乏理论指导与提升。因此，如何针对新时期的实际情况，编写既能很好地传授文化、文学知识，培养学生的人文素质，又能适应紧张的课时安排，还能让学生感兴趣，对他们批

评能力有直接帮助的教材，是一个值得思考的问题。

这些问题已经引起了一些教师和学者的关注，并尝试编写了一些较新颖的教材，如李公昭主编的《英国文学选读》和《美国文学选读》，除文学原著外，附作家、作品介绍以及相关注释、思考题、解读举例、简评等内容，以便学生学习，开拓学生思路。王守仁主编的《英国文学选读》和《美国文学选读》注意收选国内已出版的英国文学读本中通常没有收选的重要作品，并偏重20世纪的作品。每课编有作者简介、内容提要、赏析、注释等内容。这些教材都考虑到了当前英美文学课时的限制，容量适中；也考虑到了史和选的简要结合和提纲挈领，更为启发学生的思考提供了简评或赏析。尤其值得推荐的是李公昭版选读中的解读举例，让学生了解了当前有影响力的批评范例，对学生独立深入研究起到了指导和引领作用。

但是，综合考察目前所有的英美文学教材，仍然存在以下两个问题：一是当前我国的英美文学教材种类比较单一，除了史和选两种，缺少能从方法上给学生提供帮助的教材类型。英美国家的文学教材，一方面有选集，有文学史，也有大量按照话题和解读方法和视角编排的教材，如已经第十次再版，由 Edgar V. Roberts 和 Robert Zweig 所著的 Literature：An Introduction to Reading and Writing，Cleanth Brooks 和 Robert Penn Warren 所著的 Understanding Fiction，这些教材不仅提供文学文本，而且按照文学作品的构成要素，如情节和结构、背景人物、文体、语气等不同话题指导学生理解文学作品，并就这些话题进行论文写作，还有大量的专业性较强的专门研究论著，如 Bernard W. Bell 的 The Contemporary African American Novel：Its Folk Roots and Modern Literary Branches，这些教材可以满足教师和学生的多样化、多层次需求。二是教材内容覆盖面上的两个缺陷。首先是缺少对文学批评理论和方法的关注。大多数文学教材都是把重点放在文学作品文本、作者简介、内容提要、选读、注释方面，好一些的再附加一些比较典型的解读范例，但学生对切入文本进行科学分析的方法和理论指导环节一直没有得到教材开发者的重视。其次是缺少对后现代阶段英美文学作品和少数族裔文学的关注。众所周知，后现代时期的文学很多已经得到了学界的肯定，后现代主义时期英美文学界也涌现出不少的少数族裔作家，除了非裔、土族作家，还有亚裔、拉美裔、西裔等作家和大量的文学批评家，这也是更贴近当今的英美文学学生生活的内容，如何把这些分量不轻的作家和理论收录在教材中也是值得考虑的一个问题。20世纪80年代末，一些西方学者已经开始呼吁文学教材应该着重选用现代文学作品，而不是“属于过去”那个时代的作品（Hirvela & Boyle，1988：179－184）。而我国，长期以来文学课程所使用的文学材料主要是被评论家认为的语言规范优雅的、代表各个时期文学成就的古典作品，通常也是白人主流文化的代表作品。

二、应对策略

将英美文学从边缘带入中心需要国家教育管理部门、高校领导层的政策引导，更需要教师正确认识文学教学研究的重要意义，在教学活动中发现问题，重视教学研究的实践基础，并以教学研究的科学成果促进教学活动的科学性发展。

（一）纠正对文学教学研究的错位认知，明确英美文学教学的实质

要改变我国目前英美文学教学和学习的边缘化现状，教师首先要确定英美文学教学研究的价值。对这一价值的确认关系文学教师的学科知识建构、能力体现和智慧聚焦。只有在文学教学研究进入文学教师的研究视野中心，才能促进文学教学的健康和繁荣发展。

英美文学教师要从思想上认真反省，纠正自己对文学研究和文学教学研究关系的错位认知，明确英美文学教学研究的意义和内涵。文学教学研究不同于一般意义上的教育学研究，也不同于理论意义上的文学研究。文学教学研究的基本方法完全随文学的学科属性而定。英语专业英美文学课程的教学研究应该涵盖三个方面：人

文学科教育研究问题、英语语言教学研究的问题、文学研究的理论与实践问题，只有解决了这三个基本理论问题才可能符合英美文学教学研究的基本要求。一方面，英美文学研究和英美文学教学研究本身并不矛盾，事实上还可以互相推动，但具有较高的文学研究水平并不等于一定具有较强的文学教学能力。研究英美文学，不管是内部研究还是外部研究，互动只在研究者和文本之间发生，研究者与读者之间的交流是单向的，研究者并不直接关注读者的反馈，因此研究人员关注的全部焦点是文本。而教学研究则要研究教学内容，研究教师和学生，因此英美文学教学关乎教师、文本、学生三者之间的互动影响。在课堂教学过程中，教师和学生之间的互动是即时的。因此英美文学课教师不仅要研究文本，还要研究学生、研究教师本体，只有当这三要素得到充分关注，才能保证课堂教学效果。

（二）加强对英美文学教学过程的研究，构建中国特色的英美文学教学文化

教学研究的研究对象同时包含教学内容和教学方法和教学主体三个方面。鉴于我国目前对教学内容研究多，对具体问题研究少的现象，鼓励教师反思自己的教学，观察教师的课堂行为，全面评估教学效果，开展教学行为研究，另一方面认真观察学生的学习过程，研究学生的学习行为和学习结果，在教学实践中形成自己的教学风格。目前，虽然人们对于教学研究的重要性以及必要性已经有了充分的认识，但是，在实际的研究过程中，“简单地将教学内容如知识、概念、观点、体系等按照一定的教学方法（往往是教育学原理的普遍性应用）传授给学生并不足以体现出教学研究的意义，也就是说，教学研究不等于是教学内容与教学方法的相加，不论从研究的方法论方面看还是从研究成果的评价机制方面看，许多理论问题有待进一步地探讨”（段平山，2005：119－122）。在运用教学方法过程中，外国的方法和中国教学的具体环境是否能够严密契合仍需要通过实验加以检验，而中国的外国文学教学研究中很

少注意对西方理论和方法的重复研究。

另外，要加强对教学内容各环节的深入研究，既要研究课程的内容、教学方法、测评方法，也要研究教师和学生，比如考察教师备课、讲课、课堂管理、评估手段和内容。在课程研究方面，不仅要考虑史和选的取舍问题，要不要增加文学理论和批评方法的问题，也需要对“现代派诗歌教学的难点”或“艾略特诗歌教学中的读者反应”之类的细节问题进行研究；在教学方法方面，不仅要研究英美文学教学中可以借鉴的各种教学法原理，也要研究这些原理在具体实施过程中，由于教学对象、教学环境等变量因素可能产生的影响，增加教学过程的个案研究。

不管是研究教学内容和教学方法，还是研究教师和学生，其目的都应该是为了构建以学生为主体的文学学习文化，是为了达成英美文学教学的大纲目标，即“培养学生阅读、欣赏、理解英语文学原著的能力，掌握文学批评的基本知识和方法。通过阅读和分析英美文学作品，促进学生语言基本功和人文素质的提高，增强学生对西方文学及文化的了解”（高等学校英语专业教学大纲，2000：26）。

（三）加强与相关学科的交叉和借鉴，丰富、完善教学理论和教学实践

首先，可以借鉴我国中文系外国文学教学、比较文学教学研究的经验。我国的外国文学课程早已成为一门非常成熟的学科，在这一学科云集了一大批思想活跃、学力深厚的专家学者，其中也不乏活跃在教学一线的教授型学者，他们对自己在外国文学和比较文学教学与研究中遭遇的一些实例问题进行了广泛而深刻的探讨，借鉴这些大家们的经验可以帮助英美文学教师在教学中少走弯路，更有效地实施教学活动。

其次，可以加强教育科学专业教师和文学课教师之间的合作与交流，在互动中推进英美文学教学研究的发展。对很多英美文学教师而言，也许他们的文学专业知识是充分的，但教育科学方面的专

业知识可能是有所欠缺的，加强英美文学课教师和教育科学专业教师之间的协同合作，这样英美文学课教师得到了教育科学方面的理论指导，教育科学专业的老师则在具体的教学环境中验证他们的专业理论假设，并在具体教学活动中发现新问题，开拓研究领域和视野，促进双方的共同发展。

第三，借鉴国外文学教学同行的先进经验。比较而言，西方的文学教师对文学教学的研究起步较早，他们不仅研究教学理论和方法，也比较注重研究教学过程中遇到的实际问题，研究对具体作家和作品的教学和文学现象的教学（非裔文学、原住民文学、亚裔文学），研究教学过程中教师的教学目标、采用的策略和教学策略对教学效果的影响，研究学生对文本的接受与拒绝现象和他们的文化背景之间的关系，等等。我国的英美文学教师可以了解这些西方同行的先进经验，结合自己的教学实践，研究在中国的特殊文化背景、当前大学生学习的特点，选择适当的教学策略，保证教学效果。

（四）加强教材开发和研究，满足师生的多元需求

教材开发和课程建设紧密相关，教材不仅是学生学习的工具，也是实现课程目标的媒介。在当前课程改革的大局下，学生学习的内容和模式使得教材的开发也必须与时俱进。

首先，需要大力开发多种类型的文学教材，改变我国当前英美文学教材种类比较单一的现状，除了传统的史和选等内容外，增加小说、诗歌、戏剧、散文解读方法指导方面的专门教材，以供教师和学生自由、合理地选择和搭配使用。其次是开发能满足学生不同层次需求的英美文学教材，应该有入门教材，也应该有专业性稍强的专门教材。第三是注意教材的体系建设。在开发多种类型、多层次的教材时应该注意教材的体系性，各种教材之间应该有内容上的互补性和关联性。

另一方面，在开发新教材时应适当考虑增加现当代英美文学的多元文化现实。以美国文学为例，墨裔美国文学、本土印第安人文学、西裔美国文学和亚裔美国文学在整个美国文学形成过程中的重

要作用及意义已经得到了肯定，有些甚至已经进入了经典的行列，并被编入教材（Baker H A. 1982, Bercovitch S. 1994），如果我们的美国文学教材中缺少了这些重要的分支，就不能说是完整的美国文学。

引用文献

《高等学校英语专业教学大纲》，高等学校外语专业教学指导委员会英语组编，北京：外语教学与研究出版社，上海：外语教育出版社，2000：26。

陈勇．试论文学理论对英美文学教学的借鉴作用．安徽工业大学学报（社会科学版）2007（05）：101－103.

程静．论英美文学教育在中国高等学校的接受．西安外国语大学学报 2012（01）：93－95＋103.

段平山．论文学研究与文学教学研究的“合点”．九江学院学报（哲学社会科学版）2005（3）：119－122.

范丽娟．接受美学视角下的高校英美文学教学模式探讨．黑龙江高教研究 2006（10）：123－124.

范谊，芮渝萍．英美文学教学的目标内涵与层次定位．外国文学研究 2005（3）150－156.

顾元华．追寻、发现、阐释文本原意——谈当代英美文学教学．中国大学教学 2011（11）：51－52.

王庆，董洪川．师院校英美文学教学：问题与出路——从文学经典教学谈起．长江师范学院学报 2012（6）：80－84.

吴瑾瑾．高校英语专业英美文学课的边缘化问题与对策．西安外国语学院学报 2007（01）：97－99.

梁晓冬．西方文学批评理论在英美文学教学实践中的运用探究．重庆文理学院学报（社会科学版）2006（6）：98－101.

刘仪华．研究性学习模式下的人物分析与比较——以高校英美文学课为例．中国成人教育 2008（12）：145－146.

蒋洪新．大学的理想与英美文学教学改革．外国文学 2005（1）：106－109.

潘雁，王珏．读者反应批评与英美文学教学研究．吉林师范大学学报（人文社会科学版）2011（06）：118－119.

张慧荣．英美文学多维度文化导入教学范例．解放军外国语学院学报

2006（06）：46－50.

张艳．汲取文体精华　构建交际课堂——文体学和交际法指导下的英美文学教学．中国成人教育2008（14）：181－182.

曾洪伟．"自闭症"、比较文学理论与英美文学教学模式改革．教育评论2007（05）：88－91.

朱艳阳．外国文学教师的专业素养研究．文教资料2009（13）：121－123.

朱小琳．接受反应理论在英美文学课程教学活动中的应用．北京第二外国语学院学报2005（02）：106－109.

Alan Hirvela and Joseph Boyle. *Literature courses and student attitudes ELT Journal Volume* 42, Issue 3 pp. 179－184.

Baker H A. *Three American literatures: essays in Chicano, Native American, and Asian－American literature for teachers of American literature* [M]. NewYork: Modern Language Association of America, 1982.

Bercovitch S. *Cambridge history of American literature* [M]. New York: Cambridge University Press, 1994.

Jennifer A. Borek & Jerry O. Chappell. *Action Research on Student Portfolios, Academic Exchange Quarterly*, Summer 2004: 236.

John J. Knapp. *Current conversations in the Teaching of College Level Literature*, Vol. 38, 2004: 50.

Marcia S. Popp. *Teaching Language and Literature in Elementary Classrooms: A Resource Book for Professional Development.* Mahwah, NJ.: Lawrence Erlbaum Associates. 1996.

Matthew Ratz, *Shakespeare in Circles: How a New Approach Enlivened My Classroom, Kappa Delta Pi Record*, 45 (1), Fall 2008: 40－44.

Michelle L, *Notions of Difference, Identity, and the Teaching of Multicultural Literature, Transformations.* Volume: 13. Issue: 1, Spring 2002: 21.

Mohja Kahf, *Teaching Diaspora Literature: Muslim American Literature as an Emerging Field, The Journal of Pan African Studies*, vol. 4, no. 2, December 2010: 163－167.

【原学梅，洛阳师范学院外国语学院副教授】

阅读·想象·创新

——浅谈英美文学课堂教学模式

刘文霞

摘要：创新型人才培养是推进教育改革的主要目的和任务之一，研究和推广培养学生创新能力的大学课堂教学模式势在必行。文学教育对于培养高校学生的创新能力具有重要的作用。本文对以培养学生创新能力为目的的英美文学课堂教学模式进行探索和研究，认为教师应当引导学生在大量阅读的基础上，开展研读自悟、细读引悟与拓展探究等创造性教学活动，从而激发学生的想象力，培养其悟性、灵性和创新能力。

关键词：英美文学；课堂教学模式；阅读；想象；创新

一

近年来，越来越多的理工科院校开始重视学生的人文素养，特别是文学素养。从2006年至今，清华大学自主招生考试的语文试卷不仅考察了鲁迅、巴金、老舍、多丽丝·莱辛（Doris Lessing，1919—）等中外文学大家及其作品，还涉及了中外文论方面的内容，全面考察考生的文学素养。例如，在2009年的语文试卷中，有一道11分的阅读题，要求学生阅读“白居易的粉丝”一文，并从中国文学史上的“白居易现象”看21世纪文学的“小众化”问题，考察了学生在文学现象和理论方面的素养。而在2012年的语文笔试卷中，有一道分值为20分的阅读理解题，要求学生比较中西文论中读者接受理论的相同之处，并联系自己的阅读经验，谈谈什么是真正的文学作品。清华作为全国一流大学和培养高层次科技人才的重要基地，历来十分重视学生的文化素养，提出了“文化育人”的理念，在培养学生勇于探索的创新精神和善于解决问题的实际能力方面卓有成效，在高层次人才培养和科技创新方面取得的成就举世瞩目。

在本文作者任教的华北水利水电学院，学生的文学素养也长期受到重视。该校是全国最早开展人文艺术教育的院校之一，自1977年开始设立人文艺术教育中心。该中心下设文学艺术教研室，面向全校学生开设中外文学课程，并以“科学大讲堂”的形式不定期举办文学类讲座。这些文学类课程和全校的其他专业课程一起形成了“基础、实践和创新”的教学模式。学生的文学素养提高了，专业教学质量稳步提高，毕业生受到用人单位的广泛好评。学校先后获得“全国水利科技先进集体”、“全国教育系统先进集体”等荣誉称号。

理工科院校重视学生的文学素养，开设文学课程，说明了文学教育的重要性和它在培养学生的跨学科综合能力和创新思维能力方面的激励作用。文学教育是一种心灵教育，它的影响是潜移默化的。正如虞建华教授所说：“真正有价值的文学作品，通过语言的艺术反馈经验，提供认识社会和人本身的观察窗口，它的影响力不是直接的，而是深远的；不是物质层面的，而是精神的；不是明显感知的，而是潜移默化的、无所不在的”（虞建华，9）。文学教育更是一门激发人类想象力的艺术，不仅可以提高学生的艺术鉴赏水平，培养学生的灵性，还可以激发学生的想象力，培养学生的创造意识和创新精神。可以说，文学教学在培养学生创新能力方面发挥着得天独厚的作用。

二

2006年，国务院颁发的《国家中长期人才发展规划纲要》（2010—2020）和《国家中长期教育改革和发展规划纲要》都把培养创新性科技人才作为我国21世纪初人才队伍建设和教育改革的主要任务。大学是人才培养的重要载体，在高层次创新型人才培养方面担负着义不容辞的责任和历史使命。因此，深化教育改革，探索有效的以培养学生创新精神和创新能力为目的的课堂教学模式，培养具有开拓精神和创新能力的高素质人才，也是我们这些从事英美文学教学的高校教育工作者必须思考的问题。

英美文学课程是一种阅读教学，其目的不仅仅在于“培养学生阅读、欣赏、理解英语文学原著的能力，掌握文学批评的基本知识和方法”，也不仅仅在于“通过阅读和分析英美文学作品，促进学生语言基本功和人文素质的提高，增强学生对西方文学和文化的了解”（2000年《高等学校英语专业教学大纲》）。英美文学课程是一种创造性的艺术活动，它应该像南京大学王守仁教授在10年前所说的那样，“学生通过阅读英美文学作品，主动参与文本意义的寻找、发现和创造过程，逐步养成敏锐的感受能力，掌握严谨的表达方法，形成准确的表达方式”（王守仁，10）。也就是说，英美文学课程是一种探究性和创造性的阅读活动，教师应当建立一种以阅读为核心的课堂教学模式，使学生在阅读过程中激发想象力，在想象和联想中培养创新意识和批判性思维。

想象力的激发和创新能力的培养与学生的悟性和灵性密不可分。悟性是能力，灵性是智慧，学习贵在心悟。悟性的培养离不开大量而又充分的阅读，只有在大量阅读的基础上才能心领神会，才能感悟和体察。英美文学教学的主要任务，不仅仅是要向学生传授英美文学和文化知识，提高阅读和鉴赏文学作品的能力，更要通过教学活动激发学生的想象力，培养其悟性和灵性，提高他们的创新能力。正因为如此，英美文学课程也必须摒弃“文学史 + 选读模式”，必须以文学文本为中心，坚持学生的课外阅读和教师的课堂讲解相结合，坚持文学理论和文本分析相结合。这种课堂教学模式不仅是一个要求学生反复阅读文学文本的过程，也是教师如何最大限度地帮助学生理解文本的过程。

三

英美文学教学应以阅读为核心，通过研读自悟、细读引悟、拓展探究三种手段激发学生的想象力，培养其创新能力。但是，无论是学生“自悟”还是教师“引悟”，“悟”都重在理解，而做到真正理解文本，并不是一件容易的事，因为文学作品中语言的隐喻性为读者带来了无限的阐释空间。所以，如何做到“词能达意”、“言尽人意”，不仅要求学生积累准确的语言表达能力，丰富的文学知识和独立灵活的思辨能力和批判性思维，还要求教师能够从宏观和微观两个方面组织课堂教学，引导学生对文本进行创造性阐释。

（一）研读自悟，放飞想象

研读自悟要求学生在课前大量阅读文本，通过自读、自问和自悟三种手段对文本展开探索性研究。这是一个重新建构文本意义的过程，也是培养学生充分发挥其想象力的过程。根据接受美学理论，在这个过程中，学生通过“填空”、“对话”和“兴味”等再创造性活动达到自悟，从而激发自己的想象力，丰富自己的联想。在这个阶段，教师基本上不介入，但作为教学活动的组织者和引导者，应提前创设情境，设置疑问，提出具有开放性和挑战性的问题，激励学生大胆想象，激发他们的兴趣和求知欲，培养探索精神。这样，学生的研读不仅具有自主性，而且具有创新性，其独立思考能力和思辨能力得到提高。不但如此，研读自悟还节省了教师的授课时间，课堂教学效率也大大提高。例如，在讲授莎士比亚的悲剧《哈姆雷特》之前，教师可以要求学生关注中国戏剧、特别是京剧的舞台特点，并设置以下思考题：

1.《哈姆雷特》是著名的西方悲剧作品，它和中国戏曲中的悲剧有何差异？西方戏剧的舞台美术和京剧有何不同？如果你观看《哈姆雷特》，你希望看到什么样的灯光、服装、化妆和舞台背景，听到什么样的音响效果？

2. 你如何理解哈姆雷特和奥菲莉亚的关系？他爱她吗？他爱过她吗？他不再爱她了吗？请说明理由。

3. 如何理解哈姆雷特的经典台词“To be or not to be，that is a question?”哈姆雷特是否有自杀倾向？为什么哈姆雷特认为，尽管有些人有过自杀的念头，尽管这个世界很残忍、令人痛苦，充满了不公正，但他们还是选择了活着？

在课堂上，教师的任务在于组织学生对上述问题进行讨论。对于第一个问题，学生们根据自己对文本的理解，自导自演了一出“华水”版的《哈姆雷特》，并在元旦文艺晚会上演出。学生对文本的把握和理解以及他们丰富的想象力和创造力，出乎许多老师的意外，受到了格外的好评。对于第三个问题，同学们各抒己见，提出了各种各样的观点。有的学生认为，哈姆雷特的心理受鬼魂的驱使，一心想为死去的父亲复仇，所以这句话应该翻译为“是忍受屈辱、苟且活着，还是拒绝忍受屈辱转而复仇，杀死国王，这是个问题”。也有同学认为，哈姆雷特经历了父王被杀、王位被篡、母亲改嫁、恋人误解等一系列不幸事件，原本踌躇满志的他陷入了深深的苦闷和痛苦之中，他想复仇，但“以下犯上、以卑犯尊和以幼犯长”的伦理禁忌又不允许他这样做，所以心中产生了自杀的念头，故而这句话的意思应该是“自杀还是活着，这是个问题”。课堂讨论热烈而有趣，文本中随时可见的迷宫，学生们天马行空的想象力，相互之间唇枪舌剑的辩论，锻炼了学生的逻辑思维能力和思辨能力。

研读自悟不仅使学生从阅读中得到了创造的乐趣，而且从整体上节省了教师的授课时间。文本的不确定性为同学们提供了发挥想象力的空间，使他们在可能的范围内充分发挥创造能力。同时，把一个学期的阅读任务分解到两年之内完成，不仅减轻了学生在短期内需要大量阅读的负担，而且使他们从大学一年级开始就养成了良好的阅读习惯，也促进了其他专业课程的学习。

（二）细读引悟，提升想象

许多优秀的文学家都追求简约之美，用字极其简练，惜墨如金，在作品中用有限的文字表达无穷的含义。如美国作家海明威崇尚“冰山理论”，用字简洁凝练，认为冰山运动之所以雄伟，是因为它只有八分之一露出海面，而隐藏在海水下面的硕大思想和情感则需要读者联想。在中国古代，钟嵘、苏轼等大文豪也追求“言有尽而意无穷”的诗学境界。因此，文学语言常常具有很强的暗示性和象征性。那么，如何引导学生理解作品中的“言外之意”，欣赏文字背后的高情远韵，则是英美文学教学的第二种手段，也是第二个阶段——细读引悟要解决的问题。

如果说研读自悟是从整体上感知和把握文本的内容和主旨的话，细读引悟则是教师从语言逻辑、语气变化、文本结构等细节方面引导学生对文本进行细读（close reading），从而感知作者高超的语言表达技巧和卓越的艺术表达效果。“细读引悟”是在大量阅读并掌握相关背景知识和文学原理的基础上进行的，需要通过理解作品创作的背景和作品本身进入文本，与作者对话，用心去感受和体悟。教师既要沉入文本，又要跳出文本，既能够从宏观上把握，又能够从细小处着手，引导学生联想和想象，深入理解文本。例如，在讲授 F. 司各特·菲茨杰拉德的小说《了不起的盖茨比》时，教师不仅要求学生了解“喧嚣的二十年代”、“迷惘的一代”、“轻佻女郎”等文学术语产生的时代背景，还要求学生对文本中象征手法的运用进行分析；既要了解整部作品的象征意义，也要通晓作品中具体的意象，如“绿光”（the green light）、灰谷（the valley of ashes）、灰谷旁广告板上埃克尔堡大夫的眼睛（the eyes of doctor T. J. Eckleburg）等背后隐藏的含义。

教师还必须意识到，作品中各种意象的暗示性和象征意义都是为整个文本的象征意义服务的，总是随着文本结构的变化而发生变化。“一部优秀的作品，其象征意义……会栖身于具有磁性的、文本的整体结构”，“象征犹如一个磁场，整个作品的各个部分、各个细节都要在这个磁场的不断运动中不断地产生新的含义”（殷企平，150）。在霍桑的《红字》中，海斯特·白兰胸前那猩红色的字母“A”所蕴含的象征意义随着故事情节的发展不断产生出新的含义，从“Adultery”（通奸）到“Ability”（能力），再到“Angel”（天使），既暗示了清教思想在美国社会发生的变化，又反映了作者本人的思想。所以，文本的整体意义和文本中的具体意象之间是相互依赖的关系，对整个文本意义的把握，必须精细到每一个具体的意象。总之，要做到准确把握作家在文学文本中运用的各种艺术手段，教师必须培养学生对文字的敏感性，要细读每一段话，每一个单词，甚至是每一个字母。

细读引悟是英美文学课堂教学中最为核心的部分，也是教师和学生互动最为频繁的阶段。在这个阶段，教师既是课堂教学的组织者、引导者，还是合作者。教师要在一定程度上消解自己的权威，在课堂上营造一种轻松愉快、畅所欲言的自由氛围，鼓励学生表达自己的观点，培养他们的思辨能力和批判性思维。同时，还要遵循文本分析与文学原理（文学理论）教学相结合的原则。英语专业本科阶段的学生理论基础普遍薄弱，教师作为引领者，应“授之以渔”，向学生传授文学批评的基本理论和方法，拓宽他们的知识结构，培养其文学鉴赏能力和独立思考能力。

（三）拓展探究，追求创新

如果说研读自悟和细读引悟是知识的积累阶段的话，那么，拓展探究则是进一步拓宽想象范围、思想火花迸发的阶段，也是考查学生求异思维和创新能力的阶段。拓展探究实际上是一种课后的拓展教育，遵循的是从“引”到“放”的原则，采取的手段是目标教学。教师首先应根据教学计划设立目标，要求学生查阅相关资料，并对教师给出的问题进行思考、联想，归纳出自己的观点。例如，在讲授美国现代诗人罗伯特·弗罗斯特（Robert Frost）的《未选择的路》（The Road Not Taken）之后，本人曾要求学生对这首诗的主题进行概括，并联想学过的和“选择”有关的文学作品，如《哈姆雷特》、《嘉莉妹妹》等，以“选择不是一件轻松的事”为题，写一篇文章。学生的想象力和创新能力在写作中得到了极大的提升，使教师真正体会到了他们“思接千载，视通万里”的能力。在讲授福克纳的短篇小说《献给艾米丽的玫瑰》时，学生从文本中读出的不仅仅是作家高超的哥特式艺术风格，也不仅仅是人物、色彩和鲜花（玫瑰）的象征意义，他们还联想到了教育，特别是家庭教育对个人行为的重要影响，指出家庭教育是影响子女性格的重要因素，家长应当营造良好的家庭氛围，重视对子女的家庭教育，培养子女积极、乐观、善良和乐于奉献的精神。

四

综上所述，英美文学课堂教学，不能仅仅依靠一个学期或一个学年中的几十个课时时间，需要把整个教学活动延伸到课外。从课前的研读自悟到课堂上的细读引悟，再到课后的拓展探究，阅读应贯穿整个教学活动，建立一种开放性的课堂教学模式，从而激发学生的想象力，培养其创新能力。这种教学模式，实际上正如王守仁教授所说的那样：让学生“读完整的作品”，教师在课堂上“讲欣赏作品的方法”，让学生在课后“写阅读心得”（王守仁，10）。它的特点就是能够留给学生无限的思考空间，鼓励其放飞想象的翅膀，大胆思考，培养善于批判和善于创新的精神。

总之，为了培养创新型人才，教师必须更新教学思想和教学观念，必须建立民主、平等和相互尊重的师生关系，营造轻松自由的学术研讨氛围，开展创造性教学活动，使学生在良好的课堂氛围中独立思考，大胆交流，共同提高。在教学实践过程中，教师必须做到四个相结合：即**教师的课堂讲解与学生的课外阅读相结合，教师讲解和学生讨论相结合，目标教学与小组合作学习相结合，文学理论学习与文本分析相结合**。同时，教师对学生的评价要以激励和促进学生创新能力的发展为主旨，从而适应教育改革和国家中长期人才培养计划的需要。

引用文献

陈世丹．探索培养创新能力的课堂教学模式［J］．光明日报，2009年3月9日．

康德．《实践理性批判》［M］．韩水法译．北京：商务印书馆，2010年．

王守仁．应该终结“文学史+选读”模式［J］．郑州大学学报，2002，(5)：10-11.

殷企平．阐释三境界：外国文学教学的艺术之路［J］．外国文学，2012，(1)：147-154.

虞建华．“致知”是一种最高的学习［J］．郑州大学学报，2002，(5)：7-8.

【刘文霞，华北水利水电大学外国语学院副教授】

理解·品味·创新

——英美短篇小说教学实践与思考

刘玉红

摘要：短篇小说对优化英语专业本科英美文学的教学效果有显著效果．短篇小说教学以文学是人学为出发点，以激发兴趣为始，以培养思辨为终。为此，笔者依据自己的教学实践，提出“345”教学思路，即从教学的四个模块：“导+读+议+写”引申出教学的五个环节：课前阅读+小组讨论+课堂发言+小说创作+考试写作，指向三个阶段性目标：理解+品味+创新。

关键词：短篇小说；教学；“345”教学思路

近年来，短篇小说逐渐成为英语专业本科英美文学教学的重要内容，原因有几个，一是传统的“文学史+选读”模式使有限的文学课难以达到既把握史又理解文的目的，早已受到质疑（王守仁，2002），从选材到教学模式都需要进行探索。二是诗歌虽然篇幅大多不长，但因涉及韵律、音步、节奏等，文学性较强，教学的普适性不是很强。三是小说雅俗兼备，学生容易理解，相对于长篇小说，短篇小说更有独特的优势，它以小见全，长篇小说的所有要素它都具备；以小见大，由一盆景而见旷野千里，秋风呼号，不乏思想深度。加之短篇小说生活味儿浓，从内容到语言都更易把握（范东生，1989）。因此，我在教授多年本科高年级的《美国文学简介》和《英国文学简介》后，决定为本科生开设选修课《英美短篇小说赏析》。这门课的定位为《美国文学简介》和《英国文学简介》的补充和拓展，淡化文学史，突出文本研究，培养学生的文学素养和思辨能力。

虽然教学目的比较明确，但课程的思路和教材是逐步确定的。教材开始是教师自选，按时间先后介绍，因担心学生底子薄，讲多练少。从效果看，虽然学生对教师介绍的作品感兴趣，有些学生甚至还因此决定报考文学方向的研究生，而且考上了，但总的来说，大多数学生对作品的文学性的敏感度未有明显提升，对读解文本的流行观点容易人云亦云，很难发出个性化声音。大约在四年前，本课程开始采用王守仁教授主编的《英美短篇小说》第一版(1997)，之后又参与修订第二版（2012），并继续用来做教材至今。选材的改进与教学思路的改进是鸡生蛋、蛋生鸡的互动关系。开设这门选修课的初期，教改思路朦胧，只是觉得“文学史 + 选读”的教学模式因追求面面俱到，反而造成顾此失彼，要想让学生在有限的学习时间里实实在在地读一些文学作品，短篇小说几乎成了唯一的选择。然而，以教师讲授为主的教学活动未能使局面有显著改善，而且英美短篇小说名作数不胜数，仅凭一己之力难以做到精挑细选。《英美短篇小说》第一版在当时是一部创新的教材，它以小说要素为单元，选材经典，篇幅合适，语言难度适中，前言点明教法，中文注释和简介减少学习难度，为笔者解决了教材的系统性问题，而每个单元开头对这些要素精简的介绍更是提示了文学教学应以学生为主、以思考为主。第二版是在第一版的基础上修订的，基本保留了原有的选材和体例，但突出了一大特点，那就是增加中文评论和英文评论，篇幅不长，论证集中，关键是两种评论的观点不乏对立之处，有利于帮助学生明白文学创作是“想象中的思考，思考中的想象”这一基本原理，有利于开拓他们的思辨空间。因有幸参加第二版的修订工作，这使得本课程的教学思路变得豁然明朗起来，那就是：文学是人学，文学教学应融认知、理解、欣赏、思考为一体，以激发兴趣为始，以培养思辨为终。据此，本课程确定了四个教学模块：导 + 读 + 议 + 写。

导：即导学。本课程由于是任意选修课，课时仅有 18 节，3 节/周，只有 6 次课。授课对象为英语专业二年级、三年级学生。

他们外语能力有限，对文学有一定的兴趣，但语言能力不强，文化背景知识不够全面，思想沉淀不够深厚，由于阅读量小，所以对文学一向有畏难情绪，故花2个课时来进行导学是必要的，所谓磨刀不误砍柴工。导学主要从学习动力、学习内容和学习方法三个层面为后面的教与学做好铺垫。在学习动力方面，鼓励学生大胆思考。帮助他们明白理解文学乃人学，指的是文学研究是一种人人可以参与的民主活动，追求的是“一千个读者就有一千个哈姆雷特”，要敢于质疑权威观点，学会关注细节，积极思考，善于比较。在学习内容方面，以短篇名作为例，将小说的主题归为四大类关系：人与自然、人与社会、人与人、人与自我，这样简单好记，为学生提供阅读文本最初的抓手。在学习方法方面，结合课本，着重介绍主题、背景、人物、视角、情节等小说主要元素；补充例子，介绍如何在阅读短篇小说时由表及里，透过看似简单的故事，摸索其思想深度，领会其艺术魅力。最后提出具体的成绩评定。成绩评定是根据上文提到的四个教学模块而定的，努力体现出以研读为主、思考为重的特点，即成绩评定 =（课前阅读 + 小组讨论 + 课堂发言）（25%）+小说创作（20%）+考试论文（55%）。

读：泛读 + 精读。泛读：要求每个学生读完每个单元的所有作品，课前完成，小组从中选出一篇作为讨论对象，所挑选的作品不能有重复，以促进相互交流，避免人云亦云。精读：细读小组选中的作品，扫除语言障碍，思考一个问题：What is my deepest impression of the story? Why? 任何印象都可谈，只要一到两点，深浅不论，重要的是在文本中找到理据。不鼓励学生去转述他人的观点，否则容易被牵着鼻子走，难有个人见解。

议：小组议 + 全班议，学生议 + 老师议。包括小组讨论和课堂发言。发出个性化声音是这一环节唯一的要求，而个性化理解既基于个人的研读，更有可能来自于师生间、生生间的交流。所以，第一次课便把全班（一般不超过30人）分为学习小组，每个小组不超过6人，小组长轮流担任，这样在6周的时间里，每位同学都有机会担任小组长，练习组织、协调、记录、发言等交际技能。

“议”这一环节有个重要原则，就是促进学生独立思考。为此，在小组讨论、课堂发言及提问这两个环节都鼓励学生进行观点交锋，教师努力做到三多：鼓励多，即给学生充足的言说的时间和空间，不拿权威观点束缚他们，不轻易批评他们所谓“浅薄的”见解，相反，注意引导、鼓励他们深化自己的见解（如凯特·肖班的名篇《一个小时的故事》中的女主人公是夫权的受害者，还是一个以自我为中心的妻子），小组发言后给出一定的时间让其他小组提出不同意见，说得好的加分，计入平时成绩。细读多，不断提醒学生避免空谈，任何一个观点的提出，都要以文本细节为依据，而且不能断章取义。引导多，对学生的发言和疑问，教师都会给予点评和解答，但不做定论，只是指出优点和不足，口吻尽可能客观，并以细节为据，一来以身作则，为学生树立榜样；二来提供思考的新思路。

写：写论文 + 写小说。论文指期末考试的小论文，考试为开卷，没有客观题，只就一篇短篇小说（取自《英语世界》）写出自己的思考，短文长度为 250 字左右，语言难度不大，便于学生把握情节，考试时间为 120 分钟。要求思想性和技巧性兼论，并尽可能使用在课堂上和课本中学到的术语。写小说指创作一篇短篇小说，开始是中文原创，近两年改为英文原创，以更切合专业性。考虑学时有限，且便于学生集思广益，以小组为单位，按主题、背景、人物、视角、情节等来设计故事，追求思想性和技巧性的融合，尤其是小说的开头和结尾这两个画龙点睛之处。每次课的最后一个环节是汇报本组的创作进展，全班同学提出修改意见，下次课汇报修改的进展。这部分的成绩按小组成员在创作方面的贡献大小进行一定的区分。当然，创作本身不是目的，而是通过创作，学生可以在具体的语境中理解各个小说要素的地位和互动关系，增加他们的文学素养。

综上所述，本课程从教学的四个模块“导 + 读 + 议 + 写”引申出教学的五个环节：课前阅读 + 小组讨论 + 课堂发言 + 小说创作 + 期末考试，指向三个阶段性目标：理解 + 品味 + 创新。课前阅读、小组讨论和课堂发言为的是理解和初步品味文本，教师的点评加深这样的品味，而小说创作则是把所学东西贯彻在创作中，在创作中进一步理解和领会文学的文学性。最终的成绩评定由形成性评估和终结性评估二者结合来决定，虽然终结性评估比重稍多，但与其他课程比起来，形成性评估即平时表现已经占到相当的比例，初步体现了文学课鼓励百家争鸣的特点。

经过6周的学习，学生在课堂发言和期末考试中取得了一定的进步，具体表现在：

原先的毛病	改进的表现
冗长的故事梗概	直入主题
随感式散论	观点＋论证
虚话，套话	注意从文本中找细节来支撑观点
形文散漫	层次较清楚，注意逻辑性
感性写作	逐步学会使用基本的文学术语
纯粹听老师讲故事，提供观点	乐意与同学交流，有时喜欢争辩

当然，这些改变的程度在每个学生身上各有不同，进步有大有小，但总的来说，学生的文学理解能力多少有了一些提高，这不但表现在他们的课堂活动、期末考试和文学创作中，也表现在他们对本课程的评价中，以下是具有代表性的数例：

1. 优点：老师上课认真负责，注重学生对知识掌握的程度。缺点：老师有点严肃，让上课的学生感到有点压力，课堂气氛不太活跃。最想对老师说的一句话：我会学好这门课程的。

2. 优点：教学认真负责。缺点：教学方式不够多样。最想对老师说的一句话：希望老师能给更多课上讨论的时间。

3. 优点：课程丰富，注重与学生的互动，激发学生学习的主动性。缺点：无。最想对老师说的一句话：老师，您辛苦了。

4. 优点：教学认真负责，关心学生思想和学业的提高。缺点：无。最想对老师说的一句话：很好。

5. 优点：充分创造机会让学生表达自己的看法观点。缺点：上课时间短。最想对老师说的一句话：多一些课外延伸、指引，激发起学生对英文小说的兴趣。

6. 优点：是一个很好的引导者，能让人由衷对短篇小说产生兴趣，专业知识宽广。缺点：无。最想对老师说的一句话：能上您的课是我的幸运。

7. 优点：讲课很深入，分析又彻底。缺点：课时太少了。最想对老师说的一句话：上了您的课我更进一步学会了如何欣赏、阅读小说。

从以上的评价看，学生在总体上认可这样的教学思路，他们感觉上课有压力，这是因为短篇小说课与以语法学习和课文精读这样惯常的授课方式不尽相同，他们要思考文本意义，发表自己的看法，一时难以习惯。他们希望多些讨论时间，希望增加课时，这说明他们已经开始感受到文学研究的趣味性，想多学多练。他们认为课堂气氛不太活跃，期待多一些课外延伸、指引，这说明他们希望老师多给机会做小组活动，希望老师多鼓励，因为他们感受到了经典名著的艺术魅力和思想深度，有了多读、多说的兴趣，这实在难得。笔者认为，学生的评价来自学校的电子教务系统，是匿名的，因而比较客观。本课程从选材到教学模式都注意语言难度的适中性、教学内容的完整性和教学活动的启发性，取得了良好的效果。但由于课时有限，“议”有时做得还不够到位，课外阅读的检查力度不够，也因为课时有限，学生的进步还不够明显。不过，这门课的教学实践已经足以说明以下几点：1. 短篇小说是打造文学教学有效课堂的一种有效方式。2. 短篇小说的教学需要与网络平台进一步结合，以弥补其课时的不足，满足学生想学的愿望。3. 短篇小说如何与简介课相结合，贯彻“课内短篇，课外长篇；课内细读，课外泛读；课内指导，课外自学”的原则，这需要进一步思考，如此，文学教学方能真正帮助学生学会思考，学会思辨，学会自主学习。

文学教学的本质是融认知、理解、欣赏、思考为一体。王守仁教授曾指出，"英美文学是一门素质培养课，学生通过阅读英美文学作品，主动参与文本意义的寻找、发现、创造过程，逐步养成敏锐的感受能力，掌握严谨的分析方法，形成准确的表达方式。这种把丰富的感性经验上升到抽象的理性认知的感受、分析、表达能力，将使学生受益无穷"。笔者认为，这段话有两个关键词容易被忽视，一是"素质"，二是"感性经验"。对外国文学知识不够丰富，文学批评能力比较薄弱的本科生而言，要充分挖掘他们的"感性经验"，即生活经验、学习经历，强调阅读体验，佐以研究方法的导入，以"陶冶情操，开阔视野，认识人生，丰富精神文化生活"（范谊等，2005）为目标，不必以考试束缚他们，如此，才有可能在有限的课时里打造文学教学的有效乃至高效课堂。

参考文献

范东生. 从理解到欣赏——关于英语短篇小说教学的思考 [J]. 安徽教育学院学报，1989（3）.

范谊，芮渝萍. 英美文学教学的目标内涵与层次定位 [J]. 外国文学研究，2005（3）.

王守仁. 应该终结"文学史＋选读"模式 [J]. 郑州大学学报（哲学社会科学版），2002（5）.

王守仁等编著. 英美短篇小说（第二版）[M]. 南京：南京大学出版社，2012.

【刘玉红，广西师范大学外国语学院教授】

英美文学课程与国际传播后备人才培养

——基于人文理念课程建设的思考

舒笑梅

摘要：加强国际传播能力建设是中国深化文化体制改革、推动社会主义文化大发展大繁荣的国家战略。国际传播后备人才的培养是关键。本文尝试将传媒人才的培养定位与“英美文学”专业课程的目标内涵结合起来，提出创建基于人文理念的传媒外语教育课程，认为它有助于完善传媒人才的语言和文化软性要素，让他们从容把握跨文化信息，增强未来在国际舆论中的实战能力。

关键词：国际传播；传媒人才培养；人文理念；“英美文学”课程

2011年10月18日中国共产党第十七届中央委员会第六次全体会议通过了《中共中央关于深化文化体制改革推动社会主义文化大发展大繁荣若干重大问题的决定》，指出推进文化大发展大繁荣是社会主义文化建设的鲜明主题，提出要“发展现代传播体系……加强国际传播能力建设，打造国际一流媒体，提高新闻信息原创率、首发率、落地率”。要完成国家的战略发展任务，人才是关键。要提升中国的国际传播能力需要尽快培养和造就一批优秀的国际传播后备人才。本文尝试从课程设置的角度出发，将国际传播后备人才的培养定位与“英美文学”课程的目标内涵结合起来，思考基于人文理念的传媒外语课程建设，探索现有课程教学中需要改进的地方，以求教于大方之家。

一、国际传播人才的基本特征及人文素养吁求

进入21世纪以来，随着国际信息传播速度的大幅提升、传播内容的放量增长、传播范围的日益拓展，人类仿佛拥有了千里眼、顺风耳，足不出户，仍可放眼全球，尽览天下大事，真正是思接千载、杳渺万里。国际传播因而成为当今社会不可或缺的组成部分，其重要性和影响力日益凸显。

要理解国际传播，首先需要对其含义稍加分析。广义的国际传播是指“国与国之间的外交往来，包括首脑互访、双边会谈以及其他相关事务。这种传播活动是伴随着国家的出现而出现的，古已有之。”从狭义的理解而言，国际传播是指“特定的国家或社会集团通过大众传播媒介向其他国家或地区受众进行的跨国传播或全球范围传播，它是世界各国、各地区政治、经济与文化发展综合实力的一个局部的具体体现。”随着全球化进程的不断加速，各国国际传播的重视程度也不断提升，由此改变了国际传播的流向。美国畅销媒介教科书《今日媒介》（Media Now）的作者斯特巴哈（Joseph Straubhaar）和拉洛斯（Robert LaRose）形象地指出，20年前人们谈论的是媒介的“美国化”，而如今尽管美国媒体仍占显著地位，但已经有一些其他国家的传媒产业高度融入世界格局中。国内学者如清华大学教授胡鞍钢认为“国际传播是一个国家扩大势力范围，提高影响力的重要战略资源，也构成了传媒实力的重要内容。”可见，国际传播既是国际文化和信息交流的重要手段，又是维护国家利益、提升国家软实力的有力工具，还是扩大国际影响、提升国际地位的衡量指标。

要在国际传播中占据优势，不仅需要媒体技术、设施和资本等硬性要素的强力支撑，更需要国际传播人才的大力保障。“国际传播人才指的是国际传播实践领域从事对内传播世界和对外传播中国的实践者，其主体是从事国际新闻和对外新闻报道的采、写、编、译、评、播等工作的记者和编辑等。”中国传媒大学校长苏志武教

授认为合格的、优秀的国际传播人才是政治立场坚定、新闻业务精通、深入了解国情、熟练运用外语、熟悉国际规则的外向型复合人才，具备“政治性”、“国际性”、“复合性”、“创新性”四个基本特点。可以说，这四个基本特点是针对国际传播人才应具备的知识和能力所提出的总体要求，也是国际传播人才培养规格的目标指向。

然而，在现实生活中国际传播人才培养的数量和质量都亟待加强。全国政协委员、新华社原副社长马胜荣结合自己多年的业界实践经验，提出“近年来，我国媒体在硬件设施方面有了很大的改善，基本上同外国的大媒体处在同一水平，但媒体从事国际传播人员的数量仍然缺乏，能力亟待提高，急用和后备人才严重不足。”尹鸿（2002）、胡鞍钢（2004）、李立（2009）、刁生虎、郑世明（2010）、王文娟（2011）、黄小琴（2011）、吴雷（2012）等众多在教学第一线从事传媒人才培养的国内学者都肯定改革开放以来，我国的传媒教育事业发展很快，取得了很大成绩，但他们同时也中肯地指出我国高等传媒教育的人才培养实践与国际传播人才目标指向之间存在的差距。例如，胡鞍钢分析了世界主要国家传媒实力的数据，指出中国传媒实力的结构不均衡。他认为“国内传播和实播基础实力相对较强，与美国的差距较小，而国际传播和传媒经济实力相对较弱，不但与美国有巨大差距，而且与日本、英国、印度和德国等国家也有很大差距。”清华大学教授尹鸿从传媒研究的角度出发，认为“传媒研究的滞后性当然来自于传媒研究理论资源的狭隘和单调，也来自于传媒研究专业化程度的不够，更来自于整个学术研究的人文氛围的严重弱化。”浙江传媒学院陈兵教授从课程设置的角度出发，认为传媒院系“课程设置急功近利，教学只满足于对操作知识的传授和技能的训练，而忽视对基本理念和基本观念的传授，忽视人文科学、社会科学知识的积淀，忽视现代人文素养的塑造和公民意识的培育”。中国传媒大学学者刁生虎、郑世明呼吁要强化传媒通识教育工作，加强人文媒介素养。他们提出中国传媒高等教育可以借鉴密苏里大学、芝加哥大学、威斯康星大学等美国较早开展传媒教育和研究的大学经验，在课程设置方面“将传媒学科奠基于广阔的人文社会科学土壤之上，努力将反映传媒工作技术层面内容的课程减少，而增加反映传媒事业社会、伦理和文化层面内容的课程。”

总体而言，业界和学界的专家都认为国际传播人才不仅要有扎实的新闻专业技术能力，更要具备国际传播不可或缺的语言和文化两个软性要素，拥有良好的人文素质修养，一方面更好地应对异质文化的渗透，另一方面在跨文化传递信息的过程中有效地表达中国国家立场、体现具有中华文化特色的思维方式、价值诉求和目标追求。

二、英美文学的课程内涵和人文特色

国际传播后备人才的人文修养培养目标定位需要我们在培养理念、培养模式、培养环境、培养内容等多个人才培养的具体环节中加以落实，其中最根本的表现是要建立科学的课程体系，因为课程是大学教育的核心，是高校人才培养的依据和基础。国际传播人才“政治性”、“国际性”、“复合性”、“创新性”四个基本特点要求我们在课程设置上做出科学调整，根据此类人才在政治、外语、专业、创新、国际多方面的知识和能力要求，增加有利于拓宽国际化视野，提高观察力、适应力、判断力和学习创新能力的课程。同时，我国高等传媒教育人才培养现状又需要我们加大与人文信息息息相关的课程设置，完善传媒人才的人文知识结构，让国际传播后备人才从容面对变化迅速的外部世界，把握跨文化信息，增强未来在国际舆论中的实战能力。作为传媒高校一线教师，笔者结合自己多年的教学实践，认为不妨在传媒教育中尝试增加“英美文学”的授课内容。

“英美文学”是我国高等院校外语院系英语专业开设的主干课程之一，面向英语专业的高年级本科生或低年级研究生开设。2000年经教育部批准实施的《高等院校英语教学大纲》（下文简称《大纲》）把英美文学课定位为必修课程，指出“文学课程的目的在于培养学生阅读、欣赏、理解英语文学原著的能力，掌握文学批评的基本知识和方法。通过阅读和分析英美文学作品，促进学生语言基本功和人文素质的提高，增强学生对西方文学及文化的了解。授课内容包括：文学导论；英国文学概况；美国文学概况；文学批评”。

《大纲》明确了英美文学课程的目标内涵。首先，该课程的教学有利于提高学生的语言基本功，这主要是基于语言本体角度来考虑教学。其次，该课程的教学有利于学生获得必要的文学知识，使他们掌握基本的文学批评方法，进而提高学生的文学鉴赏力、增强审美敏感性，这主要是从基于理性思辨的审美层次来思考教学。再次，英美文学教学有利于学生通过大量文学作品的阅读认识英美文化和国民性格，提高对西方文学、文化及社会的认知程度，增强文化差异意识，发现与异质文化沟通和交流的可行性技巧和策略，提高与其他文化或文明交往的可能性与流畅性，这主要是从跨文化交流层次来认识教学。最后，英美文学课程设置符合英语专业人文教育的学科定位。王守仁（2001、2002）、张冲（2003）、胡文仲、孙有中（2006）、范谊、芮渝萍（2005）、虞建华（2010）等学者都强调英语专业是人文学科专业之一。例如王守仁指出：“英语是人文学科的一支，英语学科的基本要素是英语语言、文学和文化。”张冲在《关于英语专业定位的思考》一文中认为英语专业“其内容是英语语言技能的专业训练和对英语语（言）文（化）的专门研究，它在大文科中与历史、文学、语言、哲学等相关专业部分交叉互补。”胡文仲提出：“英语专业下一阶段的改革应致力于确立英美文学、语言学和英语国家研究（包括跨文化研究）的学科主导地位，并积极向人文学科的相关领域拓展。”范谊和芮渝萍结合英美文学教学的层次定位，提出“本科英美文学课程的基本目标是培养具有人文关怀意识和高尚审美情趣的现代人格，而不是从事英美文学研究和批评的专业工作者。后者的培养任务，已经历史性地转移到研究生教育阶段，包括硕士研究生和博士研究生。”

虞建华以英美文学课程为讨论案例，强调英语专业人文性的特点。尤其值得一提的是2002年第5期的《郑州大学学报》以“意义的追寻：大人文观与英美文学教学”为题，策划了程爱民、郭英剑、李公昭、王守仁、殷企平、虞建华六位专家的书面座谈，为英美文学教学改革提供了认识论的指导。总体而言，英美文学课程的设置旨在通过英语文学文本的阅读，让学生体会到阅读所带来的身心愉悦感，同时还利用一种语言和文化来反观自己和世界，帮助他们观察、感觉和理解世界与自我，尤为重要的是，英美文学课程讲授的是经典的文学作品，“文学作品的任务是描写人的本质、人类生存的原因、死亡的奥秘等人文科学伟大而永恒的主题，”读解文学作品的过程也是我们深刻认识世界、培养人文关怀精神的过程。此外，文学体现了一国文化的精髓。一个民族在自己的文化发展过程中积淀了丰富的历史内涵和文化层次，这些内容会渗透在不同时代的符号表意系统里并在优秀的文学作品中表现出来，所以阅读优秀的英美文学作品其实也是我们借助英语语言了解盎格鲁·萨克逊及其他西方民族特定的生活方式及其符号表意系统、积累国际传播软性要素的过程。就英美文学而言，学生在接受的过程中，不仅学到了优美精湛的文学语言，还能在历史与现实的双向观照中，深入发掘作品所包蕴的深层文化内涵，把握文学对人类生活的重要意义。所以说，注重人文教育是英美文学课程的一大特色和优势。

然而，令人遗憾的是，受“外语工具论”和实用主义教学理念的影响，曾经是英语语言文学专业支柱的英美文学课程面临着被边缘化的尴尬境地。在高等传媒教育院校中，本科英语专业教学通常采用的是“英语+X”的复合型人才培养模式，课程设置分为“英语语言技能课+英语知识课+传媒类专业知识课程”三大课程模块。根据英语专业教学大纲，英语知识课一般只占总学时的15%，而“英美文学”课只占英语专业课程2000课时的7%，有些学校为保证传媒类专业知识课程的学习，在有限的总学时之内还会再缩减英美文学等人文知识课程的授课学时。对高等传媒教育的其他学科而言，因其预期的职业取向与传媒实务业界存在着密切的对应关系，这些学科设置了许多诸如传播实践、国际新闻、摄影新闻基础等专业实务课程，这些学科虽强调英语能力，但英语教学只注重听说读写等语言技能的培养，而不落于一技一艺、非功利的人文教育被实际而功利的专业教育所替代，极少开设“英美文学”等人文课程。

与国内传媒高等院校的课程设置相比照，美国密苏里大学新闻学院、哥伦比亚大学新闻学院与国际公共事务学院、西北大学梅迪尔新闻学院等较早开展传媒教育的院系和机构都主张将传媒学科置身于人文社会科学土壤之上，其本科课程的设计理念是新闻传播学院课程占1/3，院外人文科学课程占2/3，显然，这些院系和机构希望他们培养的未来从业人员具备扎实的人文社科基础。

三、结合学校特色　改革“英美文学”课程的教学方法

作为从事一线教学的英美文学教师，笔者以为我们可以结合传媒教育国际传播后备人才的培养目标定位，改革现有的教学方法，从明确目标内涵、改进教学方法、改变教学内容三个方面重新思考英美文学课程的人文追求，并依托传媒类院校的学科优势，在具体的教学过程中挖掘文本的人文内涵，逐渐培养他们的人文精神。

（一）明确目标内涵　强化国际传播的软性要素

“文学是文化的重要载体和民族个性的重要表现形式。通过英美文学的学习认识英美文化，进而胜任跨文化交际，这是一种有效的教学途径。”笔者以为传媒高等教育要站在培养国际传播人才的高度，综合思考英美文学课程的目标内涵，从人文社会科学的广阔视野强化文学教学，既传授语言知识，又深入研究英语国家的社会文化及表现形式，使该课程具有富有创见、可以深入持续发展、为国际化传播人才服务的特色。

（二）改进教学方法　优化传播效应

明确英美文学课程的目标内涵有助于更好地改进教学方法，激发学生的学习热情。当下，英美文学课程由于受到目标定位、课时配置和师资力量的限制，经常从主干课、必修课变成辅修课、选修课；由小班讨论课变成大班讲座课，授课以教师为中心，不太要求学生的主动参与，往往是教师领着学生逐字逐句地阅读原著选段，如是，文学课变成了精读课。这样的教学模式方法单一、效率不高，学生的学习兴趣也不浓厚，相应的，他们在这门课上投入的精力也不会太多。

笔者认为，传媒类高校的英美文学教学可以充分发挥学校特有的广播电视新闻和戏剧影视艺术等学科强势，在教学方法上有所改革，其中之一是把新闻或影视成分纳入文学的教学和研究视野，即在课堂内外的教学活动中让学生结合广播电视采、编、播节目制作的亲身经历或者是影视戏剧作品的编排和拍摄，更深刻地理解文学语言转换为视觉语言的动态过程，主动参与文学文本意义的寻找、发现和创造过程，从而使该课程具有视觉新颖的特点。例如，笔者在讲授美国戏剧作家亚瑟·米勒的代表作《推销员之死》时要求英语专业国际新闻方向的学生以该剧为蓝本，结合中国当下社会语境，利用他们在新闻学、传播学课程中学到的知识，将这部剧本改编成一篇深度新闻报道；同时又要求英语播音与艺术主持方向的同年级学生结合他们的舞台表演和摄制经验，将该剧压缩成一个5—10分钟的微电影。然后，国际新闻和英语播音与艺术主持方向的学生同堂展示成果，交流心得体会。

（三）扩大授课对象　增进当下传播体验

目前英美文学专业课程的授课对象主要是英语专业本科学生。笔者以为有条件的传媒院校或院系可以将英美文学的受众范围扩大，将原本面向英语专业学生开设的专业必修课改为面向全体学生开设的通识选修课。考虑到班级容量的扩张，可以采用互助式、互动式教学方法，即主讲教师在第一次课上大课讲授与课程相关的主要知识内容，然后课后布置分组讨论题目及阅读章节，并将全班分成多个小组，第二次课由多个助教来检查学生的阅读情况，辅助并引导学生分组讨论，第二次课程结束时由每一小组推选一名成员代表本组作大课发言。

扩大授课对象的同时还需改革教材。目前国内出版的大多数英美文学教材采用“以史为序”的编写体系，即按照年代顺序编排授课内容，或从《贝奥武甫》等中古时期的古典作品开始，或从莎士比亚等文艺复兴时期的作家作品开始，基本上都是到 20 世纪初叶或 20 世纪上半叶结束，对 20 世纪后半叶以来的作品涉猎较少，存在着比较严重的厚古薄今现象。

对于身处 21 世纪的大学生而言，他们更感兴趣的其实是现当代英美文学作品。由于早期作品难度较大，生词较多，句法结构特殊，加之社会背景遥远，导致课程进度缓慢，教师在课堂上除了讲解语言难点之外，只能概述作品的故事梗概，较少对作品进行审美解读，这自然难以引发学生的好奇心，在某种程度上也抑制了他们的学习欲望。此外，作为未来的媒体从业人员，传媒类院校的学生更希望了解的是欧美当代世界的动态文化信息。笔者建议可以适当增加当代英美文学的授课内容，从而让学生捕捉西方文化心理结构中丰富的文化积淀和鲜明的时代特征，并有意识地与当下中国的社会文化信息内容进行比较，更有效地在本土知识与外来及全球知识之间交流，优化传播效应。

结　语

加强国际传播能力建设是中国深化文化体制改革、推动社会主义文化大发展大繁荣的国家战略。国际传播后备人才的培养是关键。本文尝试将传媒人才的培养定位与“英美文学”专业课程的目标内涵结合起来，提出认为它有助于完善传媒人才的语言和文化软性要素，让他们从容把握跨文化信息，增强未来在国际舆论中的实战能力。

对高等传媒教育院校的学生而言，修习英美文学等人文课程有助于提高他们的英语语言交际能力，增强他们对异质文化的敏感性和包容性，提高他们处理文化差异的灵活性；对于高等传媒教育院校而言，创建基于人文理念的传媒外语教育课程，有助于完善传媒人才的语言和文化软性要素，增强他们未来在国际舆论中的实战能力，进而优化我国的传媒实力结构，提高国际传播效果。如何在传媒高等院校上好英美文学课任重而道远！

【舒笑梅，中国传媒大学外国语学院教授】

大会发言小结（1）

洛阳师范学院原学梅副教授在题为“我国英语专业英美文学教学研究现状及对策”的发言中，分析了英美文学教学的现状：首先，重文学学术研究，轻文学教学研究；其次，重宏观教学研究，轻微观教学研究；再者，重外部环境的研究，轻教师和学生行为的研究；最后，教材研究也是非常重要的问题。此外，她还根据这些问题给出了相应的对策。华北水利水电学院刘文霞副教授在“激发想象力，培养学生创新能力——英美文学课堂教学模式研究”的发言中，从培养创新型人才、培养学生创新能力、素质教育、培养悟性与灵性和英美文学教学的原则等五个方面分析了文学可以激发学生想象力，发挥其应有的作用。同时，她认为，英美文学的教学应该分为三个阶段：一是研读自悟，培养灵性；二是细读引悟，最后是合作探究。解放军外国语学院胡亚敏教授的发言题目为“利用无盘工作站，建设精品网络课，推进英美文学教学”。她详尽介绍了精品网络课程的建设，指出在课时数设置、学生自主学习、资源利用、师生交流讨论等方面的优势。同时，她也意识到存在诸多的困境，比如，如何发挥英美文学课程在人才培养中的作用？激发学生的兴趣，应如何平衡文学史与文本细读的关系？如何充分发掘网络的潜力，提高学生的人文修养和素质？江汉大学周昕教授在“英美文学精品课程建设的困惑与思考及对策”发言中指出，精品课程具有示范性：体现在“五个一流”。但是，目前的精品课程还不够开放。因而他认为，精品课程应该上网并免费开放，实现优秀资源共享，增加上网资源的授课录像。广西师范大学刘玉红教授在“理解、品味、创新——英美短篇小说教学实践和思考”

发言中认为，文学教学的任务是激发兴趣为始，以启动思考为途径，以培养思辨为终。授课模式应该是导、读、议、写，并且应该有对应的学习模式。中国传媒大学舒笑梅教授的发言题目为“传媒类院校的人才培养目标与英美文学课程设置”。她结合传媒院校的特色从四个方面对英美文学教学展开深入探讨：第一是传媒类院校的培养目标和跨文化交际影响；第二是跨文化交际能力和外语育人培养目标；第三是跨文化能力的关系；最后是如何采取教学方法革新或尝试，激发学生学习英美文学的兴趣。

精彩点评（1）

冯品佳
（台湾交通大学）

冯品佳教授指出，文学在台湾同样存在被边缘化的问题，英美文学学界对此也有所意识。她认为，刘文霞老师提出的合作模式非常重要，对培养创新型的科技人才和文化素质是不可或缺的。胡亚敏老师的报告让她意识到资源互通的重要性。她认为两岸三地的教学资源应该实现共享。她还指出，周昕老师提到的精品课程，台湾还没有。但是台湾有“顾问师”，能够对教学措施进行鼓励和补助。刘玉红老师的短篇小说，是教学实践的宝贵经验，导读议写的模式非常重要。舒笑梅老师的跨文化能力沟通的培养，体现了英语媒体的重要性，微电影、戏剧的形式进入文学教学，值得肯定。

第三部分

文学理论、文学教育与英美文学教学

创意写作与文学教育

刁克利

摘要： 文学教育不仅传授文学知识和提高人文素养，培养创意人才和作家也是其应有之义。创意写作在美国的开展带来了文学教育和作家培养的观念更新与理论拓展，对美国文学的繁荣、创新能力的增强以及文化国际影响力的提升产生了巨大影响。创意写作项目的兴起被认为是美国战后文学史的最重要的事件。目前，创意写作也已经成为美国大学教育的重要组成部分，是大学文学课程危机的有效解决方法之一。创意写作的开展对于中国高等教育改革和作家培养有多方面的启发。创意写作教育与研究的中国化值得努力。

关键词： 创意写作；文学教育；作家培养；高等教育改革

英美文学在目前的英语专业课程体系中课时量偏少成为一个普遍的现象。英美文学教育与高等教育目标、英美文学教育在英语专业中的定位以及英美文学教育的内容和方法都值得进一步的思考。英美文学作为一个民族特性的最生动的展示，作为一种语言的最精华的体现，其对人的素质教育与人文教育的作用，尤其是其对人的成长等多方面的作用，是不可替代的。

英美文学教育还有一个久被忽略的作用，即可以促进文学创作。对文学创作人才的培养应该是文学教育的应有之义。当前，文学读者的流失和文学市场的萎缩是日益严峻的事实，就像文学课程的边缘化一样。而与此相对的另一个事实是：现在写作的人数比以往任何时候都多。很多人怀着文学的梦想走入大学课堂，更有难以计数的人活跃在网络上。然而，在现有的文学教育和文学理念下，大多数人对文学创作感到困惑，对作家感到神秘。主要的原因是，人们不相信创作的才能可以学习而来。一个实际的困难是，很多人根本没有机会和途径学习文学创作的理念、方法与技巧。

所以，文学教育对文学创作的作用需要重申，相关的观念需要改变。关于文学教育的改革以及文学教育与文学创作的关系，我们可以从国外开展很久的创意写作教育中获取有益的借鉴和启示。

一、何谓创意写作

创意写作（creative writing）指原创性的写作，就是我们通常说的文学创作。创意写作涵盖虚构和非虚构领域全部文学形式的创作，包括小说、诗歌、戏剧创作和电影脚本以及其他有想象力的散文和回忆录等。经过两到三年的学习，研究生毕业前提交一部独立创作的文学作品或作品集，根据学习方向，可以是一部小说、一本短篇小说集、诗歌集、一部剧本等。经过答辩，可授予创意写作硕士学位（MFA in Creative Writing，MFA 的英文全称是 Master of Fine Arts，直译过来是美学硕士）。这是个终端学位，等同于文学、语言学或艺术等学科的博士学位。近年来，美国不少大学正在把这个学位提升为创意写作博士。

创意写作项目的主要目标是培养作家。提高人文教育，训练学生从事与文学相关的职业是第二目标。这个概念来源于美国。美国作家与创意写作项目协会（the Association of Writers & Writing Program，简称 AWP）成立于 1967 年，最初的发起者是来自 13 个创意写作项目的 15 位作家代表，之后发展迅速。根据 2011 年美国作家与创意写作项目协会发布的《创意写作项目主任手册》（AWP Director's Handbook，2011），美国作家与创意写作项目协会现有 500 个大学会员，34000 名个人会员。现在北美的 2400 个文学系中，绝大部分开设了创意写作课程。近年这个学位的录取比例很低，是个非常难以申请的学位。申请者除了和其他学位申请所有的资料以外，还要递交自己的作品。在英国和澳大利亚情况也基本相同。除了美国以外，英国、加拿大、澳大利亚、新西兰的研究生创意写作项目发展迅速，以色列、墨西哥、韩国和菲律宾的创意写作教育也正在蓬勃兴起。

创意写作的开展对美国文学的繁荣、创新能力的增强以及文化国际影响力的提升起到了巨大的推进作用。自 20 世纪 30 年代以来，美国文学在世界上的影响力迅速增加，原因有多方面。其中一个重要的原因是：其创意写作教育的普及造就了大量的、潜在的作家。很多人都具备了文学写作的能力。文学创新、思潮更迭的中心从欧洲转移到了美国，美国成为诸多新的文学技巧探索、新的文学思想的发源地。创意写作项目的兴起被认为是美国战后文学史的最重要的事件，关注文学成就与高等教育之间不断增长的密切关系成为理解美国文学动力和原创性的关键（McGurl Preface ix）。

二、美国创意写作的历史

创意写作由来已久，在美国经历了很长的萌芽、发展和壮大历程。创意写作的兴起原因众多。其中，高等教育改革，大学理念的改变，与大众教育的推广对创意写作的兴起起到了推波助澜的作用。美国高等教育对创新思维的重视，创意写作与美国民主体制和美国梦的契合，是创意写作能够在美国兴起的深层原因。而创意写作与文学教育、与文学批评理论，尤其与新批评更有直接关系。

美国创意写作的兴盛与其高等教育改革和教育观念的改变相伴而生。美国大学的创意写作教学的真正开始可以回溯到 19 世纪 80 年代哈佛大学开设的“高级写作”课，包含了现在所认可的创意写作的要素。这门写作课成为当时美国各大学写作课的主导模式

(Myers, 55)。[①]“创意写作”作为一个术语广泛应用于20世纪20年代。这主要得益于当时的进步教育运动(Progressive Education Movement)。运动倡导的是时任芝加哥大学哲学、心理学与教育系系主任、教育家约翰·杜威(John Dewey)的教育理念。杜威主张寓教于乐:“上课和背诵被后来为人所知的工作室模式代替。这种教学不是教学生记忆课本上已经讲过的内容,而是要他们说出自己的理解,不再把英语当成是一门事实陈列和语言学意义上的考试,而是成为一门通过表达自我的方式来促进个人发展的课程。英语课是为了表达自己,而不是为了显示学生对英语语言和文学概念的掌握”(Myers, 121)。这样,创意写作作为一门课程主要是为了摆脱传统教育观念的束缚,释放人的想象力,开发个人观察与记忆能力,让学生能够实践文学创作,体验独创性。

创意写作的繁荣伴随着高等教育的扩张。第二次世界大战后,美国大学招生规模成倍扩大。从1930到1957年,大学录取人数增加一倍多,由刚过100万人增加到250万,1960至1969年又翻番,录取人数达700万。率先设立创意写作硕士项目的大学有:约翰·霍普金斯大学(1946)、斯坦福和丹佛大学(1947)、康奈尔大学(1948)。到1970年,共有44个研究生项目,到1980年,超过100所大学设立了创意写作硕士项目。

爱荷华大学作家工作室是美国第一个创意写作学位项目,被认为是创意写作发展的摇篮。1936年,作家工作室开始招生创意写作研究生。诺曼·福斯特(Norman Foerster)在1930—1944年间担任爱荷华文学院院长。福斯特的贡献在于把英语系的重点从传统的对文学史的兴趣转移到了对文学批评的重视。“在爱荷华文学

① 《大象教学:自1880年以来的创意写作》书名中的大象比喻来自一则未经考证的逸闻:当年弗拉迪米尔·纳博科夫受邀到哈佛大学任文学教授时,语言学家、文学理论家罗曼雅各布森这样提出来他的反对意见:“下一步会是什么?难道我们将任命大象教动物学吗?”其言外之意有二。一是提出质疑:“文学/创意写作能教吗?”这个问题本身暗含的回答显然是不能教;退一步讲,即使文学能教,那么,下一个问题是:“如果能教,教什么?谁来教最合适?”

院，批评和创作携手共进。”爱荷华大学英语系不久就成为在文学理论领域中全国最负盛名的文学系之一（Wilbers，50－51）。保罗·安格尔（Paul Engle）是最早获得创意写作硕士学位的毕业生之一，他后来从1942至1966年负责创意写作项目长达25年，巩固和发展了爱荷华大学的创意写作特色和声誉。第二次世界大战期间，招生人数不过12名，战后几年内，招生人数扩大到百余名，主要分为小说和诗歌方向，享誉至今。创意写作项目和作家工作室在全国开始普及。很多这类项目都是参照爱荷华工作室，或者就是由爱荷华工作室的毕业生创办和任教。

由于不同的文学传统和教育理念，英国的创意写作的开展时间比美国晚得多。1970年，英国出现第一个创意写作硕士项目。第一个创意写作方向的“写作与出版”本科学位创立于1990年。英国的创意写作是在美国蓬勃开展之后才引进的，但是一旦引进，同样发展迅速，效果明显。在英国，创意写作被认为是进入大学课程的最新艺术形式，是具有独立的教学方法和教学原则的、又能被授予学位的学科。英国英语学科中心（the English Subject Centre）对英国全部135个设置了英语学位的高等教育机构进行了调查，其报告得出结论：“呈指数增长的创意写作课程已经对全国范围的文学状况产生了重大影响”（Gawthorpe，Forward）。

三、创意写作的争执与观念更新

创意写作教育自开始至今，一直存在争议。比如：作家可否培养，天才可否造就；创意写作是削弱了作家的个性，还是激发了作家的个性；创意写作使文学创作模式化，还是提高了文学的创新能力；创意写作败坏了文学的品位，还是提升了文学的水准？等等。这些争论带来了一系列的观念更新和理论拓展，产生了多方面的影响。

首先，创意写作启发了人们对天才与创造力的新理解。创意写作早期，最主要的争执在于文学创作是天才还是技艺之争。英美国家19世纪末文学产业的职业化产生了现代的职业作家。早期的写作指导书的目标读者是想当作家的人，而不是大学生。比如亨利·詹姆斯（Henry James）的《小说的艺术》（1884），奥斯卡·王尔德的《批评家作为艺术家》（1891），阿诺德·本内特的《作者的技巧》（1914）等。在这些早期著作中，一个不容置疑的主题都是写作小说需要天才。天才与生俱来，神秘而难以形容。

所谓Creative（创造性的、创意）在神学词源上的意思是上帝作为最初的创造者。到18世纪，创造和艺术有意识地联系起来。所有类型的文学作品都能被称作创意写作。自20世纪初，“创造性的”成为普遍使用的能力，强调原创性和创新。所谓创造性的能力，一方面指特殊少见稀有珍贵的天才天赋，另一方面指每个人都具备的创新性的潜力和禀赋，激励和发挥这一部分潜能和禀赋应该成为教育哲学和实践的中心（Williams，73）。所以，认为创意写作可以为文化创意产业服务，和文化创意产业一样，也是可以的。广告作者也称自己是创意性的。这是创意的另一种用法。

创意写作的广泛开展，使得越来越多的人认为，写作是一门艺术，和其他艺术一样，有自身的规律和法则。写作是一门技艺，可以学习，可以实践。即使天才不能传授，也可以发现和激励。到了20世纪30年代，这些观点赢得了普遍的共识。创意写作领域的经典之作《成为作家》表述的中心观点是：写作确实存在一种神奇的魔力，而且这种魔力是可以传授的。成为作家主要是培养作家气质（布兰德，16）。还有的作家认为，我们每个人的创造力都在某种程度被封闭了，所以必须要致力于创造性的重新发现。所以，写作就是一次精神的旅程，一次回家之旅，一次回归自己的朝圣（Cameron，203）。也有观点认为，所有的小说就是作者的个人传记。作家所写的必须是能够感受到的，但是这种经历可以在想象中完成而不必非要亲自经历。因而，创意写作倡导的阅读就是探寻作品背后的作家，而不是作品本身（Bell & Magrs，79）。有人提出，成为作家就是一种生活方式，一种观察、思考和存在的方式（Goldberg xiv.）。其他比较被普遍接受的关于写作的观点有，写作有助于个人发展、潜力开发，写作可以疗伤，等等。

其次，创意写作引发教育理念和教学方法的更新。创意写作带来了文学创作必须由专业作家来传授的理念，也因此以新的方式将作家带入校园。创意写作作为一个学科方向的定位及其与文学院系的关系以及作家工作室模式对传统大学课堂教学方法的挑战等，都在不同程度地引发了大学教育观念的改变、教学方法的更新和学科结构的调整。

创意写作丰富了学科结构。在美国，创意写作有自己独立的协会“美国作家与创意写作项目协会”（AWP），负责创意写作项目的规范和推广，并在师资遴选、学生录取、课程设置、教师待遇、项目评估等方面进行全方位的指导。协会每年举办盛况空前的年会。[①] 而语言文学学科，即传统的英语系的所有学科则隶属于美国的现代语言协会。

创意写作是对文学阅读方式的拓展。创意写作的兴起得益于新批评的文本细读的批评方法和新批评派批评家的无意推动。当时的文学批评主潮——新批评强调文本细读的批评方法，也助力于创意写作。这些批评家既是教师，又是诗人。他们的批评方法和作家工作室的阅读方法近似。通过在文学批评和创意写作之间的伙伴合作关系，他们共同开始了培养职业作家的事业，开启了一种新型的教学机制——研究生作家工作室的建立。

创意写作是对文学教学方法的改革。创意写作采用以作家工作室（workshop，一译“工作坊”）为核心教学模式，即以导师组织学生创作和研讨各自的作品为主。导师激发学生的创作热情，传授切实有用的创作经验，发展学生的创作个性是主要教学内容。教学目的是让学生创作出具有一定水准的文学作品工作室的工作方式类似同行评议。导师的角色既是写作指导教练，又兼具有经验的同

---

① 2007 年 3 月笔者到亚特兰大参加一年一度的美国作家和创意写作项目年会时，与会人数是 4900 人，绝大多数是创意写作的研究生和他们的导师。2011 年 2 月在华盛顿特区召开的年会与会人数达到创纪录的 9418 人，其中 2653 人是创意写作专业的学生。从与会人数也可以看出创意写作项目的迅猛增长和受欢迎程度。

行。气氛平等、民主，又有竞争，突出以作家为中心的阅读方式。创作工作室的人数在 11 至 20 人之间，理想人数不超过 15 人为宜，12 人效果最佳。① 强调学生的写作经验，课程安排上既注重文学课程学习，又强调文学技巧实践，尽量保持二者之间的平衡。任课教课也因此分为两类：常规的、学术研究型的英语系教师讲授文学课程，而有成就的作家教师主要提供不同文学形式的写作技巧和创作理论课程以及工作室和写作指导。

创意写作已经成为大学教育的重要组成部分。美国创意写作成为艺术与人文教育中最受欢迎的学科之一，创意写作课程是本科生中最受欢迎的选修课。与快速发展的创意写作相比较，作为所有学科中文科学士学位的一部分，英语学士从 20 世纪 70 年代的百分之七下降到现在的不到百分之四。由传统的英语专业（文学专业）承担的文学教育的任务部分转移到了由创意写作项目来承担。美国创意创作项目协会近期特别关注本科生教育。如果说创意写作硕士及博士项目旨在培养作家，那么，本科学位则提供更广的教育目的：（1）拓展了以实践为基础的文学教育的方式；（2）为其他专业提供了功能性的职业技巧以及文化就业的更广阔的前景。它为文化产业培养人才。所以，创意写作是大学文学课程危机的有效解决方法之一。在学术界和公共影响方面对恢复文学的重要性以及为文学培育新一代读者方面发挥着独特的作用。

再次，在理论上，创意写作拓展了文学批评的疆域，界定了文学创作与文学批评的新关系。创意写作作为一种以作家创作为中心的阅读策略与文本批评方法，“它重申了文本在课堂教学中的客体性，以及作者意图论和主体性在文学学习和研究中的重要性”。“相对于作者之死，它把作者放回了文本”（Wandor，5）。创意写作对文学研究的启发或引发的文学研究课题还包括：创意写作培养有潜力的职业作家；创意写作是一种具有治疗功能的自我表达；创

---

① 除了正规的大学学位教育，很多学校开办有面向社会的暑期写作工作室。写作工作室在民间也很受欢迎，招生人数更为灵活。

意写作是比较好的（甚至是最好的）学习和理解文学的途径；是解决文学危机的有效途径；它自己的“理论”就是写作诗学；它复活了文学批评；它指导文学批评教学；它鼓励阅读；它为提高文化水平提供了解决之道；它的教学方法（工作室模式）是独一无二的，是对传统大学教学方法的挑战；它为文化产业培养人才；它为作家提供了新的资助方式；它是大学文学课程危机的有效的解决方法之一；它是一种具有想象力的思维方法（Wandor，5－6）。

正因为创意写作引发的观念更新和理论拓展，在某种意义上可以说，创意写作挽救了当代文学理论，以出色的文学实践证明了解构主义所谓作者之死的虚妄。甚至可以说，创意写作重建了作者理论，重新界定了作者研究的领域和活力。

四、创意写作的启发

美国创意写作教育对于中国高等教育和文学发展有多方面的启发。开展创意写作教育，需要改变的是我们长久以来的关于作家和创作的观念。

第一，作家可以培养。文学创作有其规律及特点，可以对作家进行有针对性的培养。由于创意写作的普遍开展，创意写作学位项目成为青年作家成长的摇篮，多数知名作家在大学任教创意写作。这就形成了创作的传统和美国文学的特色，同时也保障了文学传统的有序传承和创作质量的较高水准。因为担任教授的人都是有成就的作家，他们对文学创作有切身的体会，对文学创作的规律、特点和技巧有专门的思考、研究和实践，所以，能够胜任创意写作教学，也能够培养作家。

第二，文学教育的改革势在必行。目前国内的中外语言文学专业并不教授文学创作，其重点都是在学术研究和文学批评上。现有的培养方向主要是把文学创作的爱好者培养成文学评论者。现在不少中国作家已经进驻校园，登台授课，而如何将个人经验上升到创作经验的传授和对文学传统的承传与总结，对于他们是新的挑战。

另一个问题是，作家一旦在大学任教，往往会根据大学的科研考核机制调整自己的思维方式和发表形式，对文学创作的热情主动压抑，而转为对文学史，或对自己创作的文体的研究，即把创作的热情转移到学术研究上。因为在大多数情况下，文学作品很难算作是或等同于核心期刊的学术论文或专著。而后者才是大学教师主要考评的依据和鼓励的方向。让作家或诗人讲授和研究文学理论、文学史或写论文有诸多不当之处。这说明，在现有的考核机制和专业设置下，文学专业并不能给作家提供如鱼得水的安身立命之所。这需要转变教育观念，改变考核机制。

第三，增加创意写作专业学位，可以完善目前文学专业的学科建设和课程结构，增加文学氛围。文学专业培养文学人才，当然应该包括文学创作人才。创意写作以培养文学创作才能为主要目的。师资由真正在文学创作上有成就的作家担任。对于作家来说，这样他们既可以在体制内继续生存，解决后顾之忧，有利于保持长久的文学创作生涯。另一方面，他们可以将自己的创作经验传授给青年一代，有利于文学传统的有序传承。对于热爱文学的人，也会更加切合他们最初进入文学专业的初衷。创意写作可以使他们梦想成真。

大学应该成为文学创作和文学传授的主要场所，大学应该成为文学潮流和新思想的发源地，应该成为文学市场的制衡者和有影响力的社会阅读风向标。作家的新作发布会、作品研讨会在大学里举办更有实际的内容和价值。通过培养大批普遍具有较高水准的文学创作者、批评者和鉴赏者，大学应该成为影响和提升社会阅读品位和风尚的引领者。

国内已经有大学开始正式招收创意写作硕士，还有的大学成立了国际写作中心和创意写作研究中心。这些都是有益的努力。①

---

① 据笔者所知，目前在文学院用中文开设创意写作硕士学位的学校有复旦大学、上海大学以及中国人民大学等。在外国语学院英语系用英文开展创意写作教学的学校有中国人民大学和中山大学等。中国人民大学外国语学院英语系自 2006 年在本科开设了创意写作课程，在研究生英语文学方向也开设了戏剧课程。中山大学外国语学院英语系在本科开设了创意写作。

第四，创意写作的开展有利于提升文学创作的水平和文学鉴赏能力，改善文学环境。如果从事文学创作的人能够主动探索文学创作的规律，磨砺自己的创作特色；对文学经典进行过系统的阅读，深刻地理解最优秀的文学作品；对作品风格和文学潮流有更敏锐的把握和了解，那么，就会对文学创作有更高的追求，文学创作就会有较高的起点。同时，对优秀的文学作品的判断标准能够比较容易达成共识，文学鉴赏水平会普遍提高。长此以往，文学传统就可以得到延续，整个社会的文学阅读和欣赏品位就可以维持在较高的水准上。更重要更长久的目标是解决文学创作的后备力量。

中国的创意写作教育与研究亟待开展，创意写作研究的中国化是值得努力的方向。当越来越多的人通过创意写作的学习，创作出自己的作品，提高写作的技艺和水准，实现了心仪已久的文学梦想的时候，关于创作的灵感，关于文学的天才，也许就成了我们这个时代为数不少的最后的神话。

引用文献

多萝西娅·布兰德著，刁克利译．成为作家．中国人民大学出版社，2011年．

Myers, D. G. *The Elephants Teach: Creative Writing since* 1880. Chicago: University of Chicago Press, 2006.

Wilbers, Stephen. *The Iowa Writers' Workshop: Origin, Emergence, and Growth.* Iowa City: University of Iowa Press, 1980.

Gawthorpe, Jane and Philip Martin. *Survey of the English Curriculum and Teaching in Higher Education*, Report No. 8. English Subject Center, October 2003.

Williams, Raymond. *Keywords.* London: Picador, 1976.

Cameron, Julia. *The Artist's Way: A Spiritual Path to Higher Creativity.* London: Pan Books, 1994.

Bell, Julia & Paul Magrs, eds. *The Creative Writing Coursebook.* London: Macmillan, 2001.

Goldberg, Natalie. *Wild Mind: Living the Writer's Life*, New York: Natalie Bantam, 1990.

Wandor, Michelene. *The Author is Not Dead, Merely Somewhere Else: Creative Writing Reconceived.* New York: Palgrave Macmillan. 2008.

McGurl, Mark. *The Program Era: Postwar Fiction and the Rise of Creative Writing.* Cambridge: Harvard University Press, 2009.

【刁克利，中国人民大学外国语学院教授、博士生导师】

试析当代西方批评理论在本科美国文学课堂的介入

——以《红字》与《白鲸》为例

范一亭

无论在全球化语境下谈文学教学抑或为学生日后研究生阶段的学习计，文学理论在本科英美文学课堂的介入都是相当有裨益的。目前，文学教师更多关注流行的和比较常见的一些文学理论（如新批评、女性主义、马克思主义、后殖民主义等）与个别经典篇目的关系，对当代最新的一些文化批评理论可能重视不够。当代文化批评理论更是可以帮助学生思考经典文本内在的张力、文学与现实的互动，最终或能借此培养学生的批判思维。本文拟从伊格尔顿和周小仪对文学理论、文化理论和批评理论的论述入手，以笔者本人在本科美国文学课堂的教学实践为基础，讨论文化理论介入美国文学课堂的实践意义，例如引导学生理解甚至批判《红字》中的“权力”、“规训”、“意识形态”问题和《白鲸》中的“想象的共同体”、“异托邦”等空间表征。笔者认为，如此将当代西方批评理论与文本的细读有机的结合能够有效培养高年级本科生的文学学习兴趣、文化思辨能力以及举一反三的理论应用能力。

一、批评理论与文学教学

长期以来，本科生的文学教学和研究生文学论文的写作一直在文学审美的特性和批评理论的关照之间徘徊和撕扯，争论亦很多，显然将二者结合应该是最理想的境界了，关键在于知易行难。这种联系要避免仅从整部作品的宏大主题上略作介绍、浅尝辄止，结果会让学生觉得理论和文本相互分离。笔者认为，在本科生英美文学教学的课堂上一方面可以文本的细读为重点和基础，另一方面不妨尽量细致地选取适当的文本段落来穿插介绍和联系当代西方文学和文化理论，亦即周小仪先生所概括的“批评理论”。因此，批评理论对文学课堂和文学文本的介入不仅仅是可有可无的，更应该加大力度，尽力融入文本的阅读和研讨之中去。

周小仪先生在2010年新著《从形式回到历史》中详细探讨了20世纪西方文论与英语学科体制和中国语境的关联；在该书中，他研究并多处讨论到特里·伊格尔顿（Terry Eagleton）关于文学理论和文化理论的论述，因此在讨论英美文学教学中引入当代西方批评理论的实践之前，有必要回顾和梳理一下伊格尔顿和周小仪二人对批评理论的意义的阐释，或许在理论上能帮助我们认识文学教学中理论介入的必要性。

在《现象学，阐释学，接受理论——当代西方文艺理论》（即1983年出版的《文学理论概论》）的前言中，伊格尔顿首先捍卫了学习和运用文学理论的重要性：“也有些学者和批评者声称文学理论‘妨碍了读者对作品的理解’。对这种看法的坦率反应是：如果没有某种文学理论——不论多么深奥和含蓄——我们首先就不知道什么是‘文学作品’，也不知道怎样去读它。对理论的敌对态度一般意味着对他人理论的反对，同时也意味着忘记了自己的理论”(2)。而在题为“结论：政治的批评”的全书末章中，作者进一步强调了文学理论的政治特性：“文学理论一直不可分割地与政治信仰和思想价值有着密切的关系……是用来观察我们时代历史的一种特殊的观点”（190－91）。由此可见，文学理论绝不是故纸堆里的故论玄虚，而是认识和剖析克罗齐式的当代史的武器，在文学课堂上引入理论才能理论联系现实，让年轻的学子对文学文本和更广阔的“社会文本”之间的深刻的联系有深刻的认识。伊格尔顿继而反对“靠‘聪明敏感’的‘直觉的’批评”，指出：“你所得到的模糊感觉和预感会依赖一种潜存的假想结构”；因而，批评者“似乎常常不能凭直觉了解文学中的思想意识价值的存在”（194）。作者还具体讨论了文化和政治联系最为紧密的四个领域，概括起来就是种族、性别、媒体和阶级四个方面。伊格尔顿认为所谓“自由人文主义批评”其实也在“利用文学来促进某些道德价值”，所以“实际上不可能脱离某些思想意识的价值，而且最终只能是某种特定的政治形式”（204）。由此可见，英美文学教学既然一定要涉及文学批评的基本概念和知识，更不可能远离文学理论和“脱离某些思想意识的价值”。从这个意义上说，文学教学也一定涉及对文学文本的“政治的批评”。

和伊格尔顿相类似，周小仪先生认为“批评理论不仅是一系列新颖的概念和研究方法；在政治思想和意识形态方面，它也是一次对资本主义体制的系统批判”（178）。周先生在他的文论和英语学科的关系史研究中讨论了“文学性作为文化实践的能指和转喻”以及“批评理论之兴衰”在中国语境下的思考，对我们定位新时代的英美文学教学和批评理论的关系颇有启示。周先生指出：当文学被理解为“我们生存的一部分”时，文学“从根本上说是一种物质现实，一种社会活动，一种话语实践”；而“西方马克思主义的意识形态学说为我们把文学理解为一种生活实践活动提供了理论支持”，因此，“我们也可以说，没有一个抽象的、永恒的、客观的‘文学性’，只有具体的、历史的、实践中的‘文学性’概念”（26，29）。因此，在“文学研究方法论”问题上，要追求“政治性与艺术性的统一”、“美学与历史的结合”，而且必须看到：“当今文化批评的驳杂性、多样性、跨学科、反传统等诸多特点的背后有其坚实的理论依据……借助这些新型理论工具与批评方法，文学研究终于可以走出传统形式主义的象牙塔，步入社会生活的十字街头”（54）。

最后，周先生又在该书“附录一　文学批评观念在现代中国的演变”中指出：

20 世纪 90 年代批评更具有文化研究的特色。文化研究对文学研究渗透的结果就是文学研究的范围急遽扩张并向跨学科方向发展。过去不为批评家注意的纯文学之外的文化现象，诸如广告、传媒、通俗读物、日常生活等均被纳入研究的视野……文学文本与其他社会文本形式的学术价值日见平等，而艺术性也不再是文学批评的唯一取舍标准。这一特点反映在当代批评和文学研究领域的各个方面（198－99）

综上所述可见，文学批评和文化研究领域的这些变化对于我们在全球化语境下进行英美文学的教学既是机遇又是挑战。首先我们有必要厘清文学教学的目标是什么？**笔者认为：文学教学不单单在教授文学史和文学作品的“事实”本身——互联网时代已经使得这个目标轻而易举——更要培养学生如何面对文本进行既尊重文学审美规律、又能联系甚至批判日常生活实践的独立思考，也就是上述周先生所总结的“政治性与艺术性的统一”、“美学与历史的结合”**（54）。写出细读典范的《西方正典》的布鲁姆（Harold Bloom）本身就是位杰出的解构主义理论大师，而艾布拉姆斯（M. H. Abrams）在其1989年作品《以文行事》（*Doing Things with Texts*: *Essays in Criticism and Critical Theory*）中则以亚里士多德的《诗学》为例感叹道：

优秀批评理论……以其新的洞察和辨别力量，将我们直观地带到单个的艺术作品面前，它强化了我们的辨识能力，让我们能欣赏艺术价值得以实际达成的个中关键。但是，作为好奇心强的生物，我们感兴趣的不仅是知道如何增强我们对这些价值的直接体验，还想要了解价值蕴藏其间的作品，包括作品与作品之间以及作品与其他人类追求之间的关系。(38；原文强调)

由是观之，从文学文本到文学学科都不可以故步自封、自足自立，回避当代西方批评理论对于文学鉴赏的价值已无可能，更无法实现伊格尔顿所倡言的“思想意识的价值”之探索。因此，很有必要在我们的文学教学中尽可能借鉴和运用这些文化批评理论，这样，文学批评的实践和文学教学的实践便走到了一起。

二、批评理论的课堂介入——从《红字》到《白鲸》

正是基于这样的理论认知，笔者在自己的本科美国文学课堂教学实践中尝试着将当代文化批评理论融入经典文本的细读过程之中。在下面研讨霍桑（Nathaniel Hawthorne）《红字》（*The Scarlet Letter*）的第 2 章和梅尔维尔（Herman Melville）《白鲸》（*Moby Dick*）的 41 章经典选段的教学案例中，教师（即笔者，下同）按照“细读选段—引导学生初步讨论—引入理论—文本与理论的分析和结论”的四部曲进行了教学实验：分别在两个选篇的讲解中涉及福柯（Michel Foucault）的“权力”和“规训”，阿尔都塞（Louis Althusser）的“意识形态”问题以及安德森（Benedict Anderson）的“想象的共同体”和福柯的“异托邦”等空间概念。

霍桑的名著《红字》第 2 章主要讲述女主人公海丝特·白兰（Hester Prynne）怀抱私生女珠儿（Pearl）从监狱一路走到集市上的刑台，被迫站台示众。教师将该选篇讲解的重点确定为学者格雷（Richard Gray）所说的“个人与社会的论争”（96）。在细读和自由讨论阶段，教师侧重讨论了“监狱”和“刑台”两处空间表征以及白兰作为一个女性个体在空间中的文化意义。学生的讨论大多停留在语义和认知层面上，认为白兰坚持追求个人幸福和自由，学生也能意识到白兰在和社会法则和宗教习俗对抗的过程中已经认识到自身犯下了罪恶。教师则要求学生思考监狱门口的“野玫瑰”和白兰胸口的“那个红字”的象征意义，而学生能够通过细读殖民地信众如何惩戒种种妄行的措施进一步认识到个人和社会宗教法则间的矛盾斗争。教师然后重新请学生关注以下两段文字：

【选段 1】The door of **the jail** being flung open from within, there appeared, in the first place, like a black shadow emerging into sunshine, **the grim and grisly presence of the town - beadle, with a sword by his side and his staff of office in his hand.** This personage prefigured and represented in his aspect **the whole dismal severity of the Puritanic code of law**, which it was his business to administer in its final and closest application to **the offender**. Stretching forth the official staff in his left hand, he laid his right upon the shoulder of a young woman, whom he thus drew forward until, on the threshold of the prison - door, she repelled him, by an action marked with natural dignity and force of character, and stepped into the open air, as if by her own free-will. She bore in her arms a child, a baby of some three months old, who winked and turned aside its little face from the too vivid light of day; because its existence, heretofore, had brought it acquainted only with **the gray twilight of a dungeon, or other darksome apartment of the prison**. (陶洁 29; 强调为笔者所加)

【选段 2】In fact, **this scaffold constituted a portion of a penal machine**, which now, for two or three generations past, has been merely historical and traditionary among us, but was held, in the old time, to be **as effectual an agent in the promotion of good citizenship, as ever was the guillotine among the terrorists of France**. It was, in short, the platform of the pillory; and above it rose the framework of **that instrument of discipline, so fashioned as to confine the human head in its tight grasp, and thus hold it up to the public gaze. The very ideal of ignominy was embodied and made manifest in this contrivance of wood and iron.** There can be no outrage, methinks, against our common nature, ——whatever be the delinquencies of the individual, ——no outrage more flagrant than to forbid the culprit to hide his face for shame; as it was **the essence of this punishment** to do. In Hester Prynne's instance, however, as not unfrequently in other cases, her sentence bore, that she should stand a certain time upon the platform, but

without undergoing that gripe about the neck and confinement of the head, the proneness to which was the most devilish characteristic of this ugly engine. Knowing well her part, she ascended a flight of wooden steps, and was thus displayed to the surrounding multitude, at about the height of a man's shoulders above the street. （陶洁31；强调为笔者所加）

教师进而引入福柯在《规训与惩罚：监狱的诞生》一书中提出的体现统治阶级权力的“酷刑”、“惩罚”、“规训”和“监狱”等概念。为了简明扼要，教师选取了《维基百科》上一段相对简单的文字来介绍福柯：

Foucault challenges the commonly accepted idea that the prison became the consistent form of punishment due to humanitarian concerns of reformists, although he does not deny those. He does so by meticulously tracing out the shifts in culture that led to the prison's dominance, focusing on the body and questions of power. **Prison is a form used by the "disciplines", a new technological power, which can also be found, according to Foucault, in schools, hospitals, military barracks, etc. The main ideas of *Discipline and Punish* can be grouped according to its four parts: torture, punishment, discipline and prison.** （强调为笔者所加）

通过初步介绍福柯的权力（power）和规训（discipline）的理论，教师又提醒学生注意原文上述两个选段中，黑色字体部分均体现出“规训与惩罚”（discipline and punish）的力量和细节，而下划线部分则体现出白兰作为女性个体的身体政治：一方面霍桑笔下的马萨诸塞清教殖民地的监狱、刑台和法国雅各宾派专政所用的刑罚无异（恰好福柯也以后者为其论述的例证），都是规训和惩戒的手段，也是“把个人既视为操练对象又视为操练工具的权力的特殊技术”(《规训与惩罚》,193);另一方面,女英雄白兰则具有一种悖论的特性——她既接受清教社会的戒律和对其所犯罪恶的惩罚(如选段2中的下划线),又以极具反叛性的个人主义姿态对抗象征着规训和惩戒手段的狱吏(如选段1中的下划线)。正是在这样的文化理论的介入下,学生开始对众多社会机构所代表的规训和控制个体的社会权力的“话语”(discourse)有了初步的理性和感性认识,从而很容易理解如文学史家格雷所说的“一个关乎律法与自由的问题”——小说探讨了“19世纪美国文学的核心论争——即在社会的规约与个人的需求、群体的义务与自足自立的精神之间”(Gray 95)。

此时,教师进一步引申扩展到阿尔都塞的“意识形态”学说中的一对概念——“意识形态的国家工具”(ideological state apparatus)和“压迫的国家工具”(repressive state apparatus),引用了戈登·马歇尔(Gordon Marshall)的如下阐释:

> [ISA is] A term developed by the Marxist theorist Louis Althusser to denote institutions such as education, the churches, family, media, trade unions, and law, which were formally outside state control but which served to transmit the values of the state, to interpellate those individuals affected by them, and to maintain order in a society, above all to reproduce capitalist relations of production. In contemporary capitalist societies education has replaced the Church as the principal ideological state apparatus. Among Marxists, the term is contrasted with the so-called "repressive state apparatus" of the armed forces and police, and is allotted a major role in securing compliance within developed capitalist societies.

如是观之,小说中的清教教堂和律法便成了ISA,而监狱和刑台当然应属于RSA了。二者互为补充,构成了不可或缺的社会权力运作和规训的图谱。学生从而对文学中个人与社会的关系既依存又斗争的辩证关系理解愈加深刻起来。

另一个笔者在美国文学课堂上介入文化批评理论的案例则是《白鲸》的 41 章。此章主要讨论了两点：大白鲸莫比·迪克成了捕鲸者行业纷纷谈论的“恶魔”，而前者更是“裴阔德”（Pequod）号捕鲸船亚哈船长的心魔，试图将携招募来的一干亡命水手（包括小说第一人称叙事者伊希梅尔在内）追寻大白鲸达到复仇的目的。梅尔维尔的文字艰涩难懂，句式颇有弥尔顿的风采，中国学生单就字面含义就很费周章了，所以教学中教师认为更要突出重点，借助安德森的“想象共同体”（imagined community）和福柯的“异托邦”（heterotopia）空间理论来勾勒出本章的两个重点——莫比·迪克对人类（以捕鲸业水手为代表）的威胁和亚哈船长统治下的“裴阔德”。在初步的细读和讨论后，学生基本上只能停留在语义层面，这时教师点出以下这些关键句：

【选段 1】It was hardly to be doubted, that several vessels reported to have encountered, at such or such a time, or on such or such a meridian, a Sperm Whale of uncommon magnitude and malignity, which whale, after doing great mischief to his assailants, has completely escaped them; **to some minds it was not an unfair presumption**, I say, that the whale in question must have been no other than Moby Dick…. In that way, mostly, the disastrous encounter between Ahab and the whale had hitherto been popularly regarded…. **those repeated disastrous repulses**, all accumulating and piling their terrors upon Moby Dick; those things had gone far to shake the fortitude of many brave hunters, **to whom the story of the White Whale had eventually come**. （陶洁，37；强调为笔者所加）

【选段 2】Nor did **wild rumors of all sorts** fail to exaggerate, and still the more horrify the true histories of these deadly encounters. For not only do **fabulous rumors** naturally grow out of the very body of all surprising terrible events, —as the smitten tree gives birth to its fungi; but, in maritime life, far more than in that of terra firma, **wild rumors abound**, wherever there is any adequate reality for them to cling to. And as the sea surpasses the land in this matter, so **the whale fishery surpasses every other sort of maritime life, in the wonderfulness and fearfulness of the rumors which sometimes circulate there.** （陶洁，37；强调为笔者所加）

【选段 3】**Forced into familiarity, then, with such prodigies as these**; and knowing that after repeated, intrepid assaults, the White Whale had escaped alive; it cannot be much matter of surprise that **some whalemen should go still further in their superstitions; declaring Moby Dick not only ubiquitous, but immortal**…. （陶洁，39；强调为笔者所加）

此时教师将上述三个重点选段中的黑体部分联系起来，结合下面这两段安德森关于民族国家国家意识起源的著名文字，学生便不难理解教师接下来的意图：

These print – **languages** laid the bases for national **consciousness** in three distinct ways….

They created unified fields of exchange and communication below Latin and above the spoken vernaculars…. **These fellow-readers**, to whom they [people] were connected through print, formed, in their secular, particular, visible invisibility, the embryo of the nationally **imagined community** （Anderson，44；强调为笔者所加）

如果说原文选段 1 在讲述一种类似安德森所说的人群之中的共同语言的缘起，那么选段 2 反复使用的“wild rumors”体现了在水手“共同体”内部流传的指涉白鲸的“语言”慢慢帮助捕鲸行业形成了一个无形的“想象共同体”。更加有意思的在于：选段3不仅强化了这个捕鲸共同体的存在，而且使读者明白这个“共同体”的“想象”核心就在于那头神秘的“莫比·迪克”。选段3中的“superstition”一词更是可以呼应理论文字中安德森所用的“fellow-readers”。虽然这里讨论的两个共同体产生的“媒介”有区别——一为印刷业的报纸，一为“谣言”与“迷信”，但学生通过这一空间文化概念的类比获得了对无影无踪的大白鲸对人类的心理世界尤其狂人亚哈的心魔的重要意义，学生也会在教师的引导下进一步思考大白鲸丰富而吊诡的文学象征意义。

然后，教师又从原文中找出以下两个关于捕鲸船“裴阔德”号的代表性段落：

【选段1】I, Ishmael, was **one of that crew**; my shouts had gone up with the rest; **my oath had been welded with theirs**; and stronger I shouted, and more did I hammer and clinch my oath, because of the dread in my soul. A wild, mystical, sympathetical feeling was in me; Ahab's quenchless feud seemed mine. With greedy ears I learned the history of that murderous monster **against whom I and all the others had taken our oaths of violence and revenge**. （陶洁，36-37；强调为笔者所加）

【选段2】The report of **his undeniable delirium at sea** was likewise popularly ascribed to a kindred cause. And so too, all the added moodiness which always afterwards, **to the very day of sailing in the Pequod on the present voyage**, sat brooding on his brow. Nor is it so very unlikely, that far from distrusting his fitness for another whaling voyage, on account of such dark symptoms, the calculating people of that prudent isle were inclined to harbor the conceit, that **for those very reasons he was all the better qualified and set on edge, for a pursuit so full of rage and wildness as the bloody hunt of whales**. （陶

洁，42；强调为笔者所加）

这两个段落将貌似真实存在的捕鲸船和同样怪异神秘的亚哈船长做了有机的关联。选段1描述了捕鲸船上一干水手变成以猎杀莫比·迪克为人生目标的狂热分子；选段2则凸显出亚哈的近乎癫狂的复仇心理，而一切都即将在这艘捕鲸船上达到悲剧的高潮。教师这时通过以下这段文字初步引入福柯的“异托邦”（heterotopia）空间理念：

First there are the utopia. Utopias are sites with no real place… There are also, probably in every culture, in every civilization, real places—places that do exist and that are formed in the very founding of society—which are **something like counter-sites, a kind of effectively enacted utopia in which the real sites, all the other real sites that can be found within the culture**, are simultaneously represented, contested, and inverted. **Places of this kind are outside of all places, even though it may be possible to indicate their location in reality**. Because these places are absolutely different from all the sites that they reflect and speak about. I shall call them, **by way of contrast to utopia, heterotopias**. （Foucault，24；强调为笔者所加）

因此，借助这个空间概念，亚哈和伊希梅尔这些人类所乘坐的捕鲸船便具有了异于寻常场所的独特“存在”——一种介乎于乌托邦和现实之间的空间能指，一个再现人类欲望与追寻、毁灭与自我毁灭的心灵史的“转喻”（trope）；这个“异托邦”空间使得梅尔维尔笔下的这艘大船摆脱了乌托邦的虚无和现实陆地世界的僵化，动态十足而又颇有暧昧吊诡之处。这样分析，理论一下子可以点燃文学的复杂性，帮助学生更深层次地理解和感悟经典文本的象征的丰富内涵，并可使以上两个空间概念互相有了因果关系，为更深层次的解读打下了基础。当然，由于第41章对捕鲸船描写并不多，而福柯这个“异托邦”空间理念也比较艰深，所以对于本科生可以适可而止，不妨引导他们感兴趣的话课下可进一步做研究和研讨。

三、问题与反思

如前所述，如能将当代文学文化的批评理论引入本科英美文学课堂，并加以灵活而适度的应用，必将有益于培养学生的批评意识和思辨能力，反过来亦可帮助他们加强对经典文本的细读上的理解，否则文学的解读容易停留在文字语义的表面，不得文学的珈蓝之门而入。笔者在实际教学过程中，对这种方法可能存在的问题也进行了深入反思，归纳起来主要有三点：第一，学生对于文本的语言层面的预习非常重要，可以节约时间，更能帮助他们明白理论如何适用于该文本，所以，如果学生不努力预习，理论的讲解就有可能使他们坠入云里雾里，因为文本的浅层次解读都难以为继，又何来更深刻的理论应用。第二，理论的艰深自不待言，教师要尽可能不要误读文本，切记牵强附会，尤其要保证理论的类比和应用需要建立在扎实的文本证据基础之上，学生方能理解、接受乃至举一反三，因此教师需要对批评理论本身有扎实的阅读和正确的研究，这样做同时能促使教师主动将文学教学和文学研究相结合，对教师本身的学术成长亦大有裨益。最后，批评理论的介入还要注意和作家作品本身的历史语境和写作风格相融合，不相融合则要给予一定的解释：前者可使学生对该作家的创作观有更深的领悟，而后者则可帮助学生理解作家的历史语境和当前的批评理论的语境之间的差距。

总而言之，尽管困难重重，但“沉舟侧畔千帆过”，文学教师必须铭记伊格尔顿和周小仪先生所述的理论论点，认识到理论武器的重要意义，在文学课堂上“大胆假设、小心求证”，必将能迎来理论联系实际、批评与细读相结合的文学教学的新时代。

参考书目

(美）艾布拉姆斯著：《以文行事：艾布拉姆斯精选集》，赵毅恒等译，南京：译林出版社，2010年1月第1版。

(美）哈罗德·布鲁姆著：《西方正典：伟大作家和不朽作品》，江宁康译，南京：译林出版社，2011年7月第1版。

(美）霍桑著：《红字》，胡允桓译，北京：人民文学出版社，1991年6月第1版。

(法）米歇尔·福柯著：《规训与惩罚》，刘北成、杨远婴译，北京：三联书店，2003年1月第2版。

陶洁主编：《美国文学选读》（Selected Readings in American Literature），北京：高等教育出版社，2011年6月第3版。

(英）特里·伊格尔顿著：《现象学，阐释学，接受理论——当代西方文艺理论》，王逢振译，南京：江苏教育出版社，2006年3月第1版。

周小仪著：《从形式回到历史——20世纪西方文论与学科体制探讨》，北京：北京大学出版社，2010年5月第1版。

Anderson, Benedict. *Imagined Communities: Reflections on the Origin and Spread of Nationalism*. Rev. ed. New York: Verso, 1993.

Foucault, Michel. "Of Other Spaces." Trans. Jay Miskowiec. *Diacritics* 16.1 (1986): 22-27.

Gray, Richard. *A Brief History of American Literature*. West Sussex: Wiley-Blackwell, 2011.

Marshall, Gordon. "ideological state apparatus." *A Dictionary of Sociology*. 1998. Encyclopedia.com. 8 Mar. 2012 <http://www.encyclopedia.com>.

【范一亭，北京科技大学英语系讲师】

英美文学课程实践教学体系构建

周　洁

摘要：英美文学课程在人才培养目标中的定位及课程设置等因素，决定了实践教学环节在课程教学过程中的重要性，山东省首门英美文学类精品课程山东财经大学英美文学课程构建了由读书活动、网上课堂、英语广播台、名作影视欣赏、排演英语剧、举办学术报告及讲座、学术论文写作等组成的英美文学课程实践教学体系，有效地提高了学生的学习兴趣、文学鉴赏水平和实践创新能力。

关键词：英美文学课程；定位；重要性；实践教学体系；成效

作为山东财经大学精品课程建设成果之一，英美文学课程始建于1999年，2006年被评为校级精品课程，2009年被评为省级精品课程，成为山东省第一门英美文学类精品课程。回顾十几年的课程建设历程，课程实践教学体系的构建在实现教学目标、提高教学质量方面起到了重要作用。

一、英美文学课程教学目标及实践教学体系构建的重要性

（一）英美文学课程发展历史沿革及在人才培养目标中的定位与课程目标

英美文学课程的建设始于1999年的英语专业（经贸英语方

向）选修课，2005 年改为英语专业三年级必修课，并为英语专业四年级开设选修课《当代英美文学》，为非英语专业学生开设《英美文学欣赏》以及《英语影视》、《英语诗歌》等细化课程。

根据《英语专业教学大纲》的规定，《英美文学》课程是英语专业本科生必修的专业知识课，教学目标是“培养学生阅读、欣赏、理解英语文学原著的能力，掌握文学批评的基本知识和方法。通过阅读和分析英美文学作品，促进学生语言基本功和人文素质的提高，增强学生对西方文学及文化的了解。”外国语学院一直注重学生专业发展方向研究，根据社会需求和学生兴趣，将专业方向分为英语语言文学、翻译和商务英语三个方向。为了保证全体学生综合素质的培养，《英美文学》课程是三个方向学生的必修课；为了保证学生的个性化发展，又在此基础上为英语语言文学方向的学生开设了《当代英美文学》（2 学分）的选修课。该课程体系设置既便于学生根据个人发展定位与所学知识的一致性，又保证了学生综合素质的培养和英语语言文学方向学生对英美文学知识的需求，有利于人才的培养和发展。

为非英语专业学生开设《英美文学欣赏》则符合《大学英语教学要求》的有关规定，保证了非英语专业学生人文素质、文学修养、英语水平及文化移情能力的培养与提高。

（二）构建英美文学课程实践教学体系的重要性

英美文学课程重点是英美文学发展的历史脉络和流派、主要作家作品的思想、主题、风格以及对经典文学作品的分析、理解和欣赏。本课程教学难点在于如何在有限的教学时间内尽可能全面、深入而细致地介绍主要作家的主要作品，并培养学生独立理解和分析作品的能力。

为了解决上述问题，本课程在教学内容的组织中，首先介绍英美文学史，要求学生先掌握英美文学的发展脉络，了解各阶段的历史背景、主要文学流派、各流派主要作家及其主要作品；在此基础上对各阶段主要作家及其主要作品进行选读，在选读中注重培养学生对文学作品的分析能力，传授用社会学、历史学、心理学、语言学等方法对作品进行分析的方法。在课程内容组织中试图体现教学以学生为中心的教学思想。

但是，单靠课堂教学远远不能满足需要，构建科学合理的实践教学体系尤为重要。本课程教学不满足于早先传统的“填鸭”式教学模式，先后尝试吸收国外“以技能为基础的”（skill-based）、“以反应为基础的”（response-based）文学教学方法和文学语言的研究方法（linguistic study of literature）进行教学方法改革。文学语言的研究方法（linguistic study of literature）基于英国诺丁汉大学英语学院的课程《探索文学的语言》，吸收英国语言学家的理论，用语言学、文体学、语用学等知识作为文学分析的工具，指导学生对作品进行分析，从而使学生领略到英语文学作品中的语言艺术精粹之魅力，全面提高学生的英语语言水平。

为保证多方位开展课程实践，英美文学课程建设队伍吸纳了英语专业阅读、听说、英语国家文化、英语写作、语言学、翻译及非英语专业大学英语等课程任课老师，保证了英美文学课程教学内容全方位的展开。

二、英美文学课程实践教学体系的构建

作为课堂教学的有益补充，英美文学课程实践教学活动从未开设英美文学课程的一、二年级开始，一直贯穿到三、四年级。英美文学课程实践体系的构建根据不同阶段设计了相应的形式和内容，以确保各项活动的实际效果，具体包括读书活动、网上课堂、英语广播台、名作影视欣赏、排演英语剧、举办学术报告及讲座、学术论文写作等环节。

实践教学活动的设计思想、形式及内容包括：通过一、二年级阅读课向学生介绍英美文学名著、欣赏英诗朗读及影视片段、看名作影视、举办学术报告及讲座、学术论文写作、排演英语节目、译作欣赏等，大大提高了学生的整体素质、艺术鉴赏力和科研创新

能力。

（一）视、听、读、说、写活动

英语专业学生三年级阶段才开设英美文学课程，非英语专业学生二年级以上才有机会选修英美文学欣赏，但是，英美文学课程在学生入校后便为他们安排了参与相关实践活动的机会，其中有面向全校学生的英语广播台有关名作朗读节目和电教室面向全校放映的英美名作改编的电影以及英语泛读课上老师推荐的英美文学名著阅读书单。

在学生未进入英美文学课堂之前，便通过上述视听及阅读途径接触英美文学作品，使英美文学作品在学生的记忆中储存下生动形象的印记，为提高学生的学习兴趣以及开课后的深入学习奠定基础。

由于学生在校期间经常参加学校组织的各种英语节目排演，由于英美文学课程教学及课程实践对学生耳濡目染，他们会在英语节目排演中准备英文诗歌朗诵、英语剧表演，参加英语演讲比赛的学生中有的因为接触英美文学视听及阅读材料，也会在演讲中使用一些名家名句或对经典作品略加修改而使演讲词增色。这些都是英美文学课程实践的说的内容。为保证类似活动中学生正确把握作品及人物，本课程教师在教学过程中，对于不同体裁的文学作品，使用适当的课堂组织方式，如，在诗歌教学中注意使用多媒体设备让学生听英国著名演员的朗读，并引导学生朗读，以加深理解，实现鉴赏的目的；在小说片段的教学中注意对叙述角度、人物特点、描写手法等的分析；在戏剧片段的教学中注意使用语用学知识进行分析。

由于学校对大学生学术写作能力做出了相应的要求，英语专业学生在第三学年需要完成学年论文，第四学年需要完成毕业论文。为此，英美文学课程实践教学便对英美文学方向学年论文及毕业论文给予指导，配合学术论文写作、英美文学论文写作课程教学，成为本课程建设任务的一部分。

（二）网上课堂

为了帮助学生理解作品、掌握方法，教师课上可专门安排时间让学生对课后思考题或其他问题进行课堂讨论活动，编写内容详细实用的课外阅读材料，力图做到教师课上引导、学生课下充分利用网上课堂开展自主学习。这对英美文学课程实践教学条件建设提出了较高要求。

《教育部关于启动高等学校教学质量与教学改革工程精品课程建设工作的通知》中提出："注重使用先进的教学方法和手段。要合理运用现代信息技术等手段，改革传统的教学思想观念、教学方法、教学手段和教学管理。精品课程要使用网络进行教学与管理，相关的教学大纲、教案、习题、实验指导、参考文献目录等要上网并免费开放，鼓励将网络课件、授课录像等上网开放，实现优质教学资源共享，带动其他课程的建设。"（教高〔2003〕1号）

根据上述通知、《教育部办公厅关于印发〈国家精品课程建设工作实施办法〉的通知》（教高厅〔2003〕3号）和《山东省关于开展高等学校精品课程建设工作的通知》（鲁教高字〔2003〕10号）等文件精神，山东财政学院制定了精品课程建设规划，自2003年至今建成了11门省级精品课程，51门校级精品课程。英美文学课程在文件精神和学校政策引导下，加强了网上学习资源建设和精品课程建设。

本课程教学队伍充分利用网络教学条件，逐年补充有关文学史、作家作品及赏析的资料，保证了学生的自主学习。自2004年6月14日，英美文学网上课程建成，网上资源逐年更新充实，包括课程申请、专家评价、学生评价、英美文学Ⅰ教学大纲、英美文学Ⅱ教学大纲、英美文学赏析大纲、当代英美文学教学大纲、学习指南、课程幻灯（含英国文学、美国文学、当代英美文学课程幻灯）、英国文学课程教案、美国文学课程教案（Frontpage形式）、课堂讨论、英国文学课程习题、美国文学课程习题、考研试题、文学评论（含课题组成员研究成果）、文学翻译、诗歌朗读（MP3文件)、英语听书馆、参考书目及推荐网址、书籍下载、在线答疑、教学效果（调查问卷）等。

2007 年，学校又建起了动态的网上课堂，本课程教学队伍充分利用这一方便条件，上传课件（word 文档、PPT、音频等)、开展网上讨论、解答学生疑问、布置并收取学生作业。在此期间，课程负责人主持完成了教学研究项目《网络环境下的英美文学自主学习》，推动了学生的自主学习，极大地调动了学生的学习积极性和主动性，提高了学生的应用和创新能力。

三、英美文学课程实践教学体系构建的成效

本课程建设的主要成绩在于学生人文素质和英语应用能力的提高。在历次的学校文化艺术节上，人们都能看到学生精彩的英语表演；在每月的外语广播台节目中，大家也能听到学生自编自演的英语节目；在每年一次的 CCTV 英语演讲大赛中，我校每年都选送 2 位选手参赛并获奖。在英语专业历年的学术论文大赛和英语专业学生毕业论文，获奖的文学方向论文越来越多，优秀毕业论文中 66.7% 由英美文学教学队伍教师指导、以文学为研究方向。在英语专业考取研究生的人数中，考取英语语言文学专业的学生人数比例逐年上升。网上课堂上非英语专业学生改写英语诗歌和英语专业学生创作的英语诗歌作品更展示了他们的英语语言文学功底和实践创新能力。

由于实践教学体系设计合理，本课程建设至今，已形成三大特点：一是课程体系设计合理，兼顾不同专业学生。以英语专业必修课为主干，分别为英语专业和非英语专业学生开选修课，保证学生个性化发展；二是以史带读，以读为重，经典与现代相结合。以文学史为主线，通过语言分析、讨论等培养学生对各文学时期作品语言、文化内涵的理解能力和文学艺术鉴赏水平；三是充分运用现代教育技术，实践教学效果好：通过计算机网络环境，扩展教学空间，补充教学内容，培养学生实践创新能力。

在英美文学精品课程建设中，网络环境的建设与利用起到了极大的推动作用。但是，根据有关专家学者的建议，精品课程是指“具有一流教师队伍、一流教学内容、一流教学方法、一流教材、一流教学管理等特点的示范性课程”（李辉，2007：69），精品课程网站的建设应该有一个涉及内容呈现及结构的基本标准（陈以海，2008：60）及质量监控体系（陈以海，2008：53）；应该进行“全方位的评价”（丁兴富等，2006：22－25）。在这些标准和体系尚未确立之前，对照国家级精品课程建设指标，本课程建设还有很多不足。2012 年本课程面临作为省级精品课程的建设验收，本课程组将不断探索建设和利用网络环境的更有效措施，以学生为中心，以技能、语言和反应为基础，加强教学队伍建设和教学方法研究，进一步完善课程体系，增加《英美文学赏析》和《文学评论》网上资源，切实全面提高学生的实践创新能力。在教学队伍建设上，充分利用山东财经大学外国语学院的师资力量，壮大本课程建设队伍，提高教师层次，为把本课程建成国家级精品课程而努力。

参考文献

Applebee, A. N. Literature instruction in American schools (Report Series 1. 4). Albany: National Research Center on Literature Teaching and Learning, State University of New York, 1990.

Chomsky, C. “Books on videodisc: Computers, video, and reading aloud to children”. In D. Nix & R. Spiro (Eds.) Cognition, education, and multimedia: Exploring ideas in high technology [C] Hillsdale, NJ: Erlbaum, 1990.

Langer, J. A. “Literacy and schooling: A sociocognitive perspective.” In E. Hiebert (Ed.) Literacy for a diverse society [C]. New York: Teachers College Press, 1991.

Zou, Jie, “Skills Training: an Important Aspect of Literature Teaching” [J], Teaching English in China, 1999 (6).

陈以海．精品课程网络资源建设质量监控保障体系的探索［J］．中国电化教育，2008（5）．

陈以海．精品课程网络资源共享现状分析与对策研究［J］．中国教育信息化，2008（7）.

丁兴富等. 北京市精品课程网上资源运行情况专题调研及主要结论[J]. 中国大学教学，2006（5）.

李辉. 网络精品课程现状分析及对策探究［J］. 中国教育信息化，2007（4）.

胡壮麟. 英语教学的个性化、协作化、模块化和超文本化［J］. 外语教学与研究，2004（5）.

周洁. 美国“多媒体与反应式文学教学法”的启示［J］. 外语电化教育，1999（2）.

【周洁，山东财经大学外国语学院教授】

“百年树人”：功利主义教育观冲击下的英美文学教学困境与出路

文培红

摘要：在实用主义和功利主义冲击下的“英美文学课程”因被某些人视为“无用”，其作为英语专业核心课程的地位正在被动摇，有日益边缘化的趋势。本文从以下四个方面探讨英美文学课程的教学改革：（1）教学重点：回归文学作品的本体地位，以“登堂入室”式的原著阅读体验和赏析为读者提供真正的心灵鸡汤，是教学的基础和起点；（2）教学原则：在作品赏析中，教师应始终把文学与人生、文学与社会、文学与学生本身的现实生活相结合，回答学生的现实关切，从而体现文学的“无用之用”；（3）教学手段：针对不同文类、不同体裁的文学作品，采用灵活多样的教学方法和课程设计，激发学生创新能力；（4）教材编写：英美文学教材编写者应与时俱进，及时吸收英美学术界的最新研究成果，对当代英美文学新的经典作品和新的文学理论进行介绍。

关键词：功利主义；英美文学教学；文本；教学方法

一、在功利主义教育观影响下的英美文学教学现状

早在十年前，国内几位著名的英美文学研究专家就以《意义的追寻：大人文观与英美文学教学》[1]为中心议题，探讨了英美文学教学的作用、意义以及如何应对转型时期的社会变化与发展等问题。而十年之后，虽经专家们的大声疾呼，社会和大学内部的环境对于英美文学课程来讲，依然是不友好的，甚至环境更为恶劣。在

当前的社会转型时期，身处中国高等院校的每个人，无论教师、学生，还是管理者，都会感受到来自不断加剧的社会竞争和生存的压力。高等教育的各个参与者在各种利益的裹胁下，身不由己，表现出明显的实用主义与功利主义倾向。

1. 教师：重科研，轻教学

高校管理者为了提高学校的学术地位，提高学校知名度和影响力，争取更多科研经费，实现从“教学型”向“科研型”转型的目标，就必然制定各种奖励条例，鼓励教师进行科研工作。于是，争取在更高级别学术期刊发表专业学术论文、跑项目和争取更多科研经费，几乎成了每个高校教师的生存之道。至于教学工作，特别是本科教学工作，虽然也会有学生评教，有同行评议的监督，但因为教学的评价指标很难量化，考核时几乎是忽略不计，长期以来不受管理者重视。如果把有限的时间和精力过多地投入教学工作，势必会减少用于科研的时间，教师将无暇搞科研，会使自己在专业职称、学术声誉以及随之而来的各种现实利益中受损。在巨大的科研考评和职称评定体系压力下，又有多少教师能够耐得住清贫与寂寞，恪守教书育人的职责，真正安下心来，认真备好每一节课，全身心投入教学工作，对学生无私付出，死而无憾呢？毕竟，高等学校并非远离功利主义侵蚀的一方净土。像淡泊名利、甘愿为学生付出所有时间和精力、深受学生欢迎却英年早逝的晏才宏老师这样的高校教师还是不多的。

2. 学生：重各种证书考试，轻专业知识学习

英语专业因就业情况不佳而屡次被亮红牌，高居就业最困难前三位专业，毕业即失业，成为很多学生的现实处境。学生的焦虑是一种现实存在，于是，很多英语专业学生一进校，就把大量时间用于准备各种职业资格培训和考试、公务员录用考试，长期忽略专业学习，他们从未树立起明确的专业学习的意识。各种证书成为学生就业的敲门砖，在不少用人单位看来，似乎证书多就等于素质高、水平高。学生们热衷于考各种职业证书，专业学习的动力不足，积极性不高，课内文学课程的学习得过且过，阅读文学原著成为相当

部分学生的“奢侈”和负担。即使报考研究生，被学生视为更加实用的翻译方向报考者众多，报考文学方向的却相对少得多。高等教育正变得日益功利。

3. 课程设置：重语言培训，轻文学熏陶

被很多人视为理所当然的“英语工具论”，认为英语不过是一种考试、升学、升职的工具。“为什么要学和教英美文学”这样的问题直接地对课程体系中的“英美文学”设置的合法性提出了质疑，在提问者看来，直接的、看得见的、立竿见影的“用处”就是任何课程设置合法性的标准和前提。如今，在很多高校，课程设置、教学内容等都围绕着是否有利于学生找到工作而进行。高等教育的功利主义和“英语工具论”直接反映在英语专业的课程表上。以“复合型人才”培养为幌子，各种名目繁多、名称时髦的“实用型”课程充塞了课程表，英美文学课程在很多高校课时被严重压缩，成为可有可无的点缀，从必修课变为选修课，甚至有被取消的风险。“英语语言文学专业”中的“语言”不断被强化，而“文学”却被弃之一边，其作为英语专业核心课程的地位正在被动摇，有日益边缘化的趋势。

因为课时少，英美文学教师常有“巧妇难为无米之炊”之感。想给学生分析的经典作品很多，但课时有限，拼命赶进度，完成教学计划，只能蜻蜓点水式地讲点文学史和文学常识、作家介绍，往往只能挑极少的经典中的经典来进行分析。再加上学生的课外文学阅读量小，把本应该细嚼慢咽式的文学赏析，变成了快餐式的文学常识压缩饼干，毫无趣味和营养可言。

二、关于英美文学教学的个人思考

在践行大学的人文理想、提高学生人文素质的过程中，英美文学课程教师责无旁贷。在课时少、任务重、学生兴趣不高、动力不足的情况下，教师自身的专业热情、教学智慧、思辨能力、创新意识、人文关怀、人格魅力往往是教学成败的关键。

（一）教学理由：不朽的文学经典引导灵魂往上走

关于文学的伟大与不朽，莎士比亚在其十四行诗第 18 首里这样明确而自信地向世界、向未来预言：“只要人类还会呼吸、眼睛看得见，/我这诗就活着，使你的生命绵延”（So long as men can breathe or eyes can see, / so long lives this, and this gives life to thee），莎士比亚认为：光阴是百代之过客，一切物质的美都会随着岁月的流逝而消失，唯一能与时间抗衡的是人的因素，是人所创造的精神文明，包括文学与艺术。而这正是“文艺复兴”时期人文主义思想的核心：歌颂人的无限潜力和创造力。历经岁月的文学与艺术是唯一永恒和有价值的，引领人类的灵魂追求高贵与力量。

文学来自作家的想象力和创造力，不是真实的，被很多人视为“阳春白雪”，不能“当饭吃”。但作为有思想、有感情的人类，难道就只满足于“吃饭”的基本需求？经典的文学作品似乎离我们的生活很远，但却离我们的心灵很近。英国 18 世纪著名的新古典主义作家亚历山大·蒲柏（Alexander Pope）在《批评论》（An Essay on Criticism）中说，好的诗歌就是 What oft（en）is thought, but never so well expressed，即“所思虽常见，妙笔则空前”或“人人心中皆有，人人笔下皆无”。因为优秀的文学作品反映了普遍的人类情感和经历，能够穿越时空与我们对话，所以我们现在仍然在读莎士比亚，在读彭斯的诗篇等数不清的伟大的中外文学经典作品。阅读经典，让我们的灵魂在日渐浮躁和功利的现实世界里找到片刻宁静，聆听自己心灵的声音，获得前进的力量，让灵魂往上走。

（二）教学原则：回归文学文本的本体

根据培训过海外英语教师（包括中国高校的英语教师）的学者观察，“战后海外背景下进行的英语文学教学的特征就是持续的‘飞离文本’（flight from the text）……非母语的英语教师或语言培训教师会倾向于讲授‘有关文学’的东西（about literature），（比如，告诉学生有关作者的生平，描述各种文学运动，小说或戏剧的情节介绍)，而不是讲授文学本身（itself)。”[2]

英美文学教学应该回归文学的本体，即作品（itself)，而非有关文学的背景、历史、文学史等（about it)。经典文学作品赏析(而非文学史)，这是真正的心灵鸡汤。为了使学生真切地感受到文学的魅力、继而真正喜欢上阅读，真切地感悟人生，“登堂入室”式的原著阅读体验（而非“隔靴搔痒”式的转述文学）是教学的重点，这是培养具有踏实学风、不浮躁、不人云亦云的创新人才所必须的条件。

培根（Francis Bacon）在《论读书》中对读书的方法曾做如下精辟的论断：“书亦可请人代读，取其所作摘要，但只限题材较次或价值不高者，否则书经提炼犹如水经蒸馏，淡而无味矣”（王佐良译)。笔者认为，经典文学作品就属于这类不能请人代读的书，即读者应直接从原著入手，去用心体验和感知字里行间的思想和情感，而不能依赖于文学批评或作家作品简介之类的东西，因为这些二手材料与鲜活的原作相比，就如同蒸馏水一样索然寡味。

正如济慈在其十四行诗《初读查普曼译的荷马史诗》（On First Looking into Chapman's Homer）里所描写的阅读体验一样：“有人时常告诉我眉额深邃的荷马/作为领地统治的一片广阔的太空，/可是直到我听见查普曼大声说出时，/我从未体味到它的纯净和明朗”（朱维基译)。这首诗非常真实地反映了“登堂入室”地阅读文学作品后给诗人带来的欣喜和敬畏之情。虽然诗人以前也多次听人讲起过荷马及其作品（about it)，但从未有机会真正地阅读荷马史诗（itself)，直到其老师克拉克（Charles Cowden Clarke，1787—1877）在1816年的一天邀请他到家里一起阅读查普曼译的荷马史诗，两人兴致盎然地一起读了一个晚上，而济慈直到黎明才离开老师家中，仅仅几个小时后，这首小诗就被送回到了克拉克家的邮箱里。诗人在诗中用了两个著名的比喻来表达阅读了荷马作品之后的欣喜与敬畏之情：“像一个占星家发现宇宙中的新行星，像探险家发现一个新的大洋一样。”济慈的这首诗真实地反映了文学作品阅读体验的奇妙。无论多少关于作家作品的知识和背景（about it)，都永远不及作品本身（itself）的阅读体验动人心弦，令人震撼。

笔者认为，教师应该用尽可能少的时间讲清文学史、文学流派、文学常识等内容，可以把这些死的知识点总结好作为教案，在第一节课就发给学生，方便他们课前课后预习和复习。而课堂上应该以作品赏析为主，文学原著的阅读体验（experiencing）和探寻（exploring)，是心灵鸡汤的吸取的过程，要鼓励学生自己去发现文学的精髓，而不是被动地接受现成的结论。

（三）教学过程：让文学的阳光点亮师生的人生

在作品赏析中，教师应始终把文学与人生、文学与社会、文学与学生本身的现实生活相结合，回答学生的现实关切，从而体现文学的“无用之用”。郭英剑教授指出“我们的文学老师不能只是语言的教授者，更应该是人文主义者。”[3] 他还多次谈及培养学生个性化阅读、批判性思维的重要性。笔者在“英美文学”的教学过程中，在培养学生批判性阅读的意识的过程中也做过如下一些尝试：

在学完“文艺复兴与莎士比亚”这个单元之后，笔者把其著名的独白“世界是个大舞台，所有的男男女女不过是舞台上的演员”（All the world's a stage, all the men and women merely players）发给学生，布置学生课后阅读后写读书报告，并事先提出问题让学生思考：“你是否同意莎士比亚的观点，为什么?”诚然，莎士比亚笔下的人生终点是很灰暗的，最后是“没有眼睛、没有牙齿、没有味觉，没有一切（sans eyes, sans teeth, sans taste, sans everything)”。结果，很多学生提出不同意莎士比亚的“人不过是舞台上的演员”的说法，他们说，人还可以是编剧，设计自己的人生之路；也可以是导演，掌控自己的人生之路。这样的阅读和思考方式有些出人意料，但显然，学生的个性化阅读和批判性思维得以彰显。

在学习了钦定本的《圣经·旧约》的“创世纪”后，教师就让学生查阅中国知网上的相关论文，找出希伯来、希腊和中国古代对宇宙的起源和人类的起源的不同的解释，并分析其文化含义。学生通过课外查阅相关学术论文，做成演示幻灯片，到课堂做报告，分享自己的心得体会，这样的中西文化对比就把课内的学习延伸到了课外。

教材中节选的爱米丽·勃朗特的《呼啸山庄》中第九章，这是小说情节的高潮及转折部分，主人公凯瑟琳正向保姆爱伦讲述自己答应画眉山庄的主人林顿的求婚后的矛盾心情。她一手指着自己的前额，一手指着自己的前胸，说："这里、这里，灵魂所在的地方告诉我自己错了。"这个情节集中体现了人类理智与情感（Sense and sensibility）、头脑与心灵（head and heart）的矛盾与冲突。在分角色朗读之后，教师开始请学生讨论主人公的选择。可以提出如下问题：如果你是凯瑟琳，你会听从你的大脑理智的声音，选择嫁给林顿，还是听从心灵的声音，选择嫁给希斯克利夫？如果你是希斯克利夫，面对爱人的背叛，你会怎么办，会选择报仇吗？学生对于这些关于金钱、婚姻、爱情、复仇等话题发表了各自的观点，他们从这段对话中真的意识到经典文学作品永远不会过时，会超越时空不断给我们启迪。

弗罗斯特（Robert Frost）的《未选择的路》（"The Road Not Taken"）中有关人生道路选择要慎重的问题，"因为路连着路，就像树枝会不断地分叉，你再也回不到起点"让人深思。从富兰克林的《致富之道》，学生们可以知道美国人所崇尚的勤奋、节俭、自我反省等核心价值观。从爱默生的《论自然》（"Nature"），可以学到超验主义的观点，让我们走进自然，倾听内心的声音，更好地认识自我和周围的世界。

通过一个个具体文本的分析，学生不仅可以学习到文学作品赏析的方法，还能对自己人生中的某些现实问题进行思考，认识到文学其实离我们的生活并不遥远，虽然是作家想象力的产物，但却能超越时空，与我们的心灵对话。人生是一个旅程，是一个天路历程，是一个心灵之旅。（Life is a journey，journey of the heart.）文学是我们心灵成长的滋养品。笔者认为，英美文学课程是给学生“输血”的课程。否则，仅仅只有语言培训的英语专业教学，是蹩脚的、贫血的、不完整的教育。很多学生感到只有当学完英美文学课程，自己才真正可以有底气地告诉别人自己是英语专业的学生。否则，没有这些专业知识课程的学习和相关训练，英语专业学生与同样学习听、说、读、写、译的公共英语的学生又有什么区别和特色呢?

(四) 教学方法：灵活多样　令人愉悦

英美文学课堂不一定就是死气沉沉的，而是可以通过多种由学生参与其中的活动，使课堂变得生气勃勃，让可能枯燥乏味的课程变得活力十足。以下三点是笔者在教学中的一些具体做法：

Ⅰ. **诗歌诵读：**在讲授英语诗歌时，必须先讲英语诗歌的各种音步和格律，并与汉语古体诗的格律相比较。然后就是请学生听由英国专业演员朗诵的诗歌，让学生模仿其节奏和押韵。通过大声朗诵，体会诗歌中的音乐感，让他们体会到“诗”与“歌”是不可分的。比如，讲苏格兰诗人彭斯（Robert Burns），笔者讲到有各种版本的歌曲（Auld Lang Syne）《往昔的时光》，特别是最新版的由英国达人苏姗·波伊尔（Susan Boyle）演唱的这首歌如天籁之音，一下把学生带到一个遥远的国度，一个古老的文化意境中。老师带着学生一起先唱英文的“Auld Lang Syne”，再唱中文的《友谊地久天长》，学生这才明白，在中国广为流传的歌曲，原来来自英国！他们一下就有了兴趣，并且在老师的提示下，在课下去看经典电影《魂断蓝桥》（Waterloo Bridge），在这部电影中，《往昔的时光》（Auld Lang Syne）是其贯穿始终的主题曲。

另外，让笔者惊讶的是，在学习和背诵了莎士比亚十四行诗第18首之后，有一位同学竟然自己谱了钢琴曲，并配乐演唱了这首诗。现场演唱的时候，同学们都沉醉其中，可以想见，这样的一次文学之旅、音乐之旅、生命之旅，必然会成为永恒的记忆，长久地留在师生的心中。

Ⅱ. **道具的使用：**英国17世纪玄学派诗歌的代表人物多恩

(John Donne）的爱情诗《别离辞》（“A Valediction：Forbidding Mourning”）中圆规的意象，早已成为文学史上著名的经典。在教学时，教师可以带一把画图的圆规到课堂，让学生观察，并根据自己几何课上画圆的经验，谈谈圆规构造上的特点，特别是圆心脚与圆周脚之间的关系等，由此类比婚姻中夫妻之间的关系，学生顿时感到此意象的奇妙，他们讨论的兴趣都非常高，也让学生更深刻地体会到玄学派诗歌的特点。

Ⅲ. 根据文字描写画人物肖像：华盛顿·欧文（Washington Irving）的短篇小说《睡谷的传说》（“The Legend of Sleepy Hollow”），约有40页的篇幅，是教材中最长的一个选文。为了督促学生课前预习，从小说的各要素出发，让学生在故事中划出描写自然环境的形容词。而其主要人物 Ichabod Crane 与他的竞争对手 Brom Bones 在外表、性格上差异巨大，作者笔下是夸张了的、类似卡通形象的人物。笔者要求学生课前认真对原小说进行细读，并要求每位同学根据小说中的文字描写，分别画出两个人物的画像，并在画像旁标注人物的外貌描写、性格等的相关形容词。到了快上课时，他们都很期待向别人展示自己画的人物肖像，也迫不及待地想看看别人画的画像，互相欣赏完彼此的“作品”，学生们都会开心大笑，一节似乎最艰难的文学课就在轻松的气氛中开始了。之后，教师将其中画得较好的图画扫描进电脑存为电子文档在课堂上调用。这样，学生一下子对人物的外表和性格上的差异有了非常直观的印象。期末课程结束后反馈意见时，很多学生反映《睡谷的传说》给他们印象最深，这样的画人物肖像的作业，给了他们更广的想象空间，培养起研读原作的浓厚兴趣。课堂上有互动环节的都会让人印象深刻。学习不再是压力（pressure）而有了愉悦（pleasure）的感受。

教师必须把学习任务细化，事先给出研究课题，让学生带着问题和任务去预习。为确保学生会认真预习，要求他们课前写好小说选段的情节概要，绘制小说人物肖像画。课堂授课时配合适当的音频、视频，通过做课堂报告和问题讨论等灵活多样的教学手段使学生高度参与课堂教学活动。书写文学评论，观看名著改编的原版电影，教师的监督与指导不可或缺。另外，要指出的是：看电影不能代替原著的阅读，要在阅读的过程中享受到发现和创造的快乐。

（五）教材问题：与时俱进，反映最新研究成果

现行的某些主流英美文学教材与践行大学的人文理想的实际需求相距甚远。其内容和观点数十年不变，局限于固化的“经典”，故步自封，没有对当代英美文学新的经典作品和新的文学理论的介绍，缺乏国际视野和当代意识。

国内的《美国文学》教材大都从“殖民时期”开始讲，这是从欧洲人开拓新大陆的白人视角来叙述的白人的美国文学史。但是，最新版的《哥伦比亚美国文学史》（Columbia Literary History of the United States）却增加了由当代著名美国印第安作家莫马戴（N. Scott Momaday）撰写的“土著的声音”（“The Native Voice”）[4]一节，介绍了在欧洲殖民者到达美洲之前的北美印第安人的口传文学和歌谣等，这是自民权运动以来，美国少数族裔文学蓬勃发展的一个结果。但是国内很多通用教材并未及时反映这种变化。比如吴伟仁主编的《美国文学史及选读》中谈论的最后一位作家是福克纳！而“二战”以后的美国文学只用了一个段落来介绍，更别说当代美国文学、多元文化背景下的美国文学介绍了。反之，罗经国主编的《英国文学史及作品选读》，在再版时分别增加了康拉德（Joseph Conrad）、奈保尔（V. S. Naipaul）等作家，笔者认为这个增补是非常必要的，体现了后殖民理论背景下英国作家对殖民主义的反思。教材编写者应及时吸收英美学术界最新的研究成果，新的诺贝尔文学奖、布克奖、普利策奖获奖者的作品选读，如《福》、《野草在歌唱》等，与时俱进、修订教材。此外，很有必要增加文学术语、选文的导读和思考题。再者，教材的编辑应负起责任，认真校对，避免一些误导学生的印刷错误。

结 语

“英语语言文学”本身是一个有自己独立的研究内容和研究方向的专业，当“英语语言文学”专业作为一门学科，“语言”与“文学”二者应该是相互依存、相互促进的紧密联系。多年以前，英语界的专家学者就曾指出：“要防止短视性、逐利性和盲目性对外语专业人才培养的不利影响。”[5]虞建华教授曾撰文指出“以是否实用为标准，实际上是将神圣的高等教育降格、贬黜、庸俗化了。重实用，轻意识，重技术，轻艺术，是急功近利的浮躁和实用主义的短视的表现。文学是一门‘致知’的学科。”[6]

对“为什么要教、为什么要学英美文学”这一关键问题的回答，就是回答大学教育的本质到底是什么的问题，即：大学到底是培养“工匠”的地方，还是“树人”的地方。我们要警惕功利主义与实用主义对高等学校人才培养的负面影响，重新树立“教书的目的是育人”的观念。大学应该是培养有独立思想、有批判意识、创新意识的人才的地方。

英美文学教学的改革应从教学的各个环节入手：重新审视科研至上的高校教师评价体系，体现教师创造性教学活动的价值；英美文学课程的教学重点与难点是文学本身，而非其他有关文学的文学史、作品简介之类的二手资料，只有“登堂入室”式的原著阅读体验才能给学生提供真正的心灵鸡汤；在作品赏析中，应始终把文学与学生本身的现实生活相结合，鼓励学生的个性化阅读和批判性思维，从而体现文学的“无用之用”；针对不同文类、不同体裁的文学作品，采用灵活多样的教学方法，促使学生积极参与课堂教学活动，使课堂充满生机与活力；英美文学教材编写者应与时俱进，及时吸收英美学术界的最新研究成果，对当代英美文学新的经典作品和新的文学理论进行介绍。

从“英美文学教学”到“英美文学教育”[7]，从教书到育人，回归了大学教育的目标与本质。而育人的目标不会一蹴而就。教师对学生、对专业持之以恒的热爱、坚守和付出才能换来学生的精神成长。

阅读经典，追求卓越；教授经典，润物无声；百年树人，任重道远。

参考文献

[1] 郭英剑等．意义的追寻：大人文观与英美文学教学［J］．郑州大学学报（哲学社会科学版）．2002年9月．5－13.

[2] Short, Michael H. & Christopher N. Candlin. "Teaching Study Skills for English Literature", *in Literature and Language Teaching.* [C] eds. Brumfit, C. J. & R. A. Carter. Shanghai: Shanghai Foreign Languages Educational Press. 2000. 89－109.

[3] 郭英剑．从文学理论的缺席谈起——文学教学的目的是什么？［J］郑州大学学报（哲学社会科学版）．2002年9月，5－7.

[4] Elliot, Emory. *Columbia Literary History of the United States.* [M] New York: Columbia University Press. 1988: 5－15.

[5] 高等学校外语专业教学指导委员会英语组．高等学校英语专业英语教学大纲［M］．北京：外语教学与研究出版社；上海：上海外语教材出版社．2000. 41.

[6] 虞建华．"致知"是一种最高的学习［J］．郑州大学学报（哲学社会科学版）．2002年9月．7－8.

[7] 林燕平，董俊峰．英美文学教育研究［M］．上海外语教育出版社．2006年6月．

【文培红，西南民族大学外国语学院英语系副教授】

大会发言小结（2）

中国人民大学刁克利教授在“创意写作和文学教育”的发言中，首先介绍了国内外创意写作发展状况，他认为，写作有利于个人的发展，写作是精神之旅，作家能够深入生活内部，用写作来疗伤。因此，大学教育的改革，学科结构的调整要增加创意写作课程，以workshop的模式为主，强调学生写作经验，通过文学课增加学生创意写作的实践。北京科技大学英语系范一亭老师在“试析当代西方文化理论在本科美国文学课堂的介入——以《红字》与《白鲸》为例”的发言中，介绍了批评理论和文学教育的关系。他以《红字》与《白鲸》为例阐明了将文学理论引入课堂可以让学生更具敏感性。因而，学习和使用文学理论是具有重要作用的。山东财经大学周洁教授的发言题目为“重视英美文学实践教学，培养大学生人文素质”。她分别从课程教学目标及实践教学体系构建的重要性、实践教学体系的构建以及教学体系构建的成效对该题目进行了论述。中南民族大学詹俐敏副教授在“培养学生的文学感受力——英语专业文学课探讨”的发言中认为，文学是语言，给语言提供各种材料。同时，文学也是内容的表达，有小说故事，戏剧情节，给我们提供了一个学习文化的平台。文学的功能是建立在语言教学模式基础上的。此外，我们也必须看到文学可以把学生从文学作品中带出来，感受整个世界文化。西南民族大学文培红副教授的发言题目是“‘百年树人’：英美文学课程与大学的人文理想”。她认为，对“为什么要教、为什么要学英美文学”这个关键问题的回答，就是回答大学教育的本质到底是什么的问题，即大学到底是培养“工匠”的地方，还是“树人”的地方。

精彩点评（2）

汪剑钊
（北京外国语大学）

汪剑钊教授指出，歌德认为理论是灰色的，生命之树常青。范一亭老师的发言告诉我们理论和创作学习的关系就是感情的关系。理论的学习可以促进对作品的理解，重点是怎么将理论贯穿到学生能理解的范畴当中。周洁老师的工作让我看到在非人文学科的学校如何进行文学教学。老师需要播种，洒下草籽。詹俐敏老师的发言让我们想到，语言和文学的划分未出现的时候，人们对文学和语言的理解可能更和谐一点，詹老师的教学实例非常值得大家借鉴和学习。文培红老师的发言让我们看到，文学从某种意义上而言就是甘泉，表面上看没有什么太大的功用，却可以起到极大的作用。张剑教授认为，在文学研究很热，研究教学却很欠缺的局势下，对文学教学的研究有很大的紧迫性。我们要将文学从边缘带入中心，文学课要有趣，有吸引力，要和学习者的思考进行结合。怎么将文学的价值传递出去，这是更紧迫更值得我们思考的问题。各位老师的操作方法中，感受比较深的是创意写作，因为文学不仅仅是接受，在创造中我们可以得到很多快乐。在创作中激发学生的兴趣，帮助他们解决心理问题，可以疗伤。此外，对于本科教学能否接受西方的理性思维，张剑教授建议，可以试着在本科阶段开设简化的文学理论课程，使学生在阅读文献的过程中更加理解所接触的材料。

第四部分

文学课程、文本阅读与英美文学教学

公费师范生英美文学课：思考与实践

张　颖　聂爱萍

摘要：英美文学课作为英语专业必设的课程对于学生专业知识和技能的培养具有十分重要的意义和作用。但英语公费师范生在考虑到自己的就业去向时，却认为这是一门用途不大的课程，因此忽略了这一课程的学习。英美文学课在公费师范生学习和就业中究竟有什么作用？笔者认为，英美文学课在公费师范生教育中的作用主要体现在两大方面，一是师范生个人能力素质的提高，二是为师范生将来从事英语基础教育打下坚实基础。那么，针对英语公费师范生的就业特点，英语专业应如何设计教学，师范生又需要什么样的教材？本文将结合笔者的教学实践以及现使用的教材对这些问题进行反思和思考，以便更好地指导和改进今后的英美文学教学。

关键词：公费师范生；英美文学课；教学；教材

改革开放使中国对外联系与合作日益频繁。英语教育也因此备受关注，尤其是基础教育领域需要更多的英语师范类毕业生。针对我国基础教育城乡发展不平衡和乡镇地区英语教师资源匮乏的现象，国家出台了公费师范生教育政策，以更好地促进县级以下地区教育的发展。

公费师范生在校期间免除学费和住宿费，由国家补助生活费，毕业必须从事基础教育工作。公费师范生入学前与学校和生源所在地省级教育行政部门签订协议，承诺毕业后回生源所在省区从事中小学教育十年以上，到城镇学校工作的，应先到农村义务教育学校任教服务两年。[1]由于就业选择具有明确的方向性和目的性，师范生基本都从事基础教育。笔者通过访谈东北地区唯一一所实行公费师范教育的高校东北师范大学外语学院的英语公费师范生了解到，大部分在校学生对自己将来的心理定位为高中教师，并进一步发现这一定位加上其生源所在地的高中采用的教育模式直接影响着学生在校期间的学习状态和学习态度。他们一方面非常重视英语基础课程的学习，努力夯实提高自己听、说、读、写、译等基本技能；但是另一方面却忽视英语专业课程的学习，如文学、语言学等，得过且过，认为文学这样的课程对于将来的教学工作没有实际帮助，因此出现了对文学课的“歧视”。

那么，英美文学课在公费师范生学习和就业中究竟有没有用？针对英语公费师范生的就业特点，英美文学课应如何调整教学？师范生又需要什么样的教材？这就是本文探讨的三个方面。

一、英美文学课在公费师范生教育中的作用

高等学校英语人才的培养规格对英语本科生的文学素养做出了明确的要求。新制定的高中英语课程标准对高中生文学素质的培养也提出了要求，新编写的高中英语实验教材也涵盖了较多的英美文学内容。这些要求和变化作为风向标无疑标志着文学知识在教师自身修养以及教育教学活动中的重要性。

首先，英美文学课可以满足高等学校英语专业人才培养的文学素质要求。

《高等学校英语专业英语教学大纲》（以下简称《大纲》）是对全国各类英语专业均有指导作用的纲领，是全国高校英语专业组织教学、检验教学成果和质量的主要依据。新修订的《大纲》明确指出 21 世纪的外语人才除了具备扎实的语言功底，还需要宽广的知识面，即英语专业知识和相关学科知识。“英语专业知识包括文学、语言学和相关国家社会与文化的知识”。[2]由此可见，文学知识是所有英语专业学生必须学习了解的，是其知识结构中不可或

缺的组成部分。课程设置上，《大纲》规定一般在高年级阶段（本科三年级和四年级）应当开设包含有关英语文学、语言、文化等方面的必修和选修课程。教学要求上，《大纲》按级划分，每学期一级，细致描述了各级的教学要求。在阅读部分五个级别的要求中，《大纲》规定，四级要求能读懂难度相当于 Sons and Lovers（《儿子与情人》）的文学原著，六级要求能读懂难度相当于 The Great Gatsby（《了不起的盖茨比》）的文学原著和难度相当于 The Rise and Fall of the Third Reich（《第三帝国的兴亡》）的历史传记，八级则要求能读懂英语国家出版的有一定难度的历史传记和文学作品。[3] 文学的学习贯穿整个大学英语学习的始终，放弃或者不重视文学的学习不仅会造成知识结构的严重缺陷，而且会导致英语综合能力的缺损。可以说，没有达到《大纲》规定要求的学生不是合格的毕业生。

其次，英美文学课也是师范生从事基础教育时贯彻高中英语《新课标》的必要知识储备。

新颁布的《普通高中英语课程标准》（以下简称《新课标》）主张课程多样化以适应学生的个性需求，鼓励学生提高自主学习能力，增进学生跨文化理解和交际能力，全面提高学生的人文素质。因而《新课标》在课程设置和课程目标等方面进一步明确了对高中生文学素质的要求。课程设计方面，高中英语课程采取必修课与选修课相结合的模式，选修课程分为两个系列，其中系列 II 为任意选修课程，包括语言知识与技能类、语言应用类和欣赏类。这其中欣赏类课程与文学的关系非常密切，例如：英语文学欣赏入门、英语戏剧与表演入门等。课程目标方面，《新课标》在“总体描述”一栏中指出，高中学生达到英语学科毕业要求时，应该能够读懂英语原著简写本及英语报刊。语言技能要求学生在阅读上能够欣赏浅显的英语文学作品之外，在写作上能够将课文改编成短剧；关于语言知识，学生不仅要了解英语诗歌中的节奏和韵律，还要熟悉有关文学艺术等方面的话题。[4] 这一设计思路说明文学已经成为高中英语教育不可缺少的一部分。既然如此，一个高中英语教师的知识储备中就必须包括对英语文学的基本把握。

再次，英美文学课可以为高中英语教材所要求的教学技能打下基础。

《普通高中课程标准实验教科书英语》是为了适应新形势发展的需要根据《新课标》的精神编写的，力求体现《新课标》规定的课程性质和理念，使学生的语言运用能力和人文素养进一步得到提高，增进跨文化理解和交际能力。在此指导思想之下，文学内容在新版高中英语教材所占比重较以往大有增加。如，必修教材共有五册，每册五个单元，每个单元共分九个部分围绕一个主要话题开展听说读写活动，从“阅读”（Reading）到“趣味阅读”（Reading for Fun）再到书后的练习册（The Workbook）均选用了较多的英美文学内容，体裁的选择也多种多样，包括了短篇故事、诗歌、戏剧以及人物传记等。选修教材中也出现了专门的文学类教材。针对选修课程系列 II 中的欣赏类课程设置要求，人民教育出版社联合麦克劳－希尔教育集团出版了《小说欣赏入门》一书，收录的六篇作品中五篇为英美文学中的经典短篇故事。[5] 教材内容不乏对主题内容、篇章结构、情节发展、人物刻画、叙事角度等文学基本要素的分析和学习。可见，高中英语教师若没有相当的文学知识，则无法胜任英语课程的教学，更无法引导学生进入到文学世界里进行简单的赏析和探讨。

综上所述，我们不难看出，英美文学课在英语师范生教育中的作用主要体现在两大方面，一是英语师范生个人能力素质的提高，二是为师范生将来从事英语基础教育打下坚实基础。

二、公费师范生美国文学课教改实践与反思

教学要因材施教，公费师范生自身的特殊性注定传统的以及适合其他学生群体的文学教学模式和方法无法突出其特点、顺应其要求，因此必须进行调整或转变。

首先，传统的英美文学教学突出的是学术性，选材以经典为

主，所选篇章往往在语言上颇具难度，在理解上构成了不小的障碍；课堂赏析又讲究横广纵深，并涉及文学批评的理论和方法的掌握运用，对学生的领悟能力要求较高。公费师范生录取的分数线、未来的职业需求和自身的英语基础等均与以往学生不同。因此，教学内容应当根据学生的具体情况进行设计与安排，适当地降低难度，突出实用性。

其次，针对英语公费师范生制定的教学大纲压缩了英美文学课时，由原来的各自两学期压缩为一学期，课时由 72 学时降为 36 学时。旨在使学生对文学基础知识及文学赏析形成基本、初步的认识。传统文学教学大信息量的灌输及横纵扩展在减少的课时内根本无法完成，必须做出相应的调整。

最后，公费师范生基本属于定向培养，大学毕业之后必须回到生源地的中小学任教。着眼于学生的职业定位和实际需要，文学教学应更多地与实践相结合，增加实际应用的比例，给学生提供一个学以致用、锻炼自我的平台，为其未来教学打基础。

针对传统英美文学课教学的不足，笔者在东北师范大学外语学院美国文学选读课上进行了教改。新的教学模式主要从以下几个方面进行了尝试。

在教学内容上，放弃了传统文学课使用的厚重冗长、艰深晦涩的作品，尽量选择语言简单通俗，内容清晰易懂，篇章长短适宜的作品。

在作品的讲解和赏析上，考虑到公费师范生的英语能力与水平，不再采用过去精而深的模式，处理得更加灵活轻松，旨在使学生从整体上把握作品的中心思想和写作风格，对细节则不作深究。

在教学模式上，为学生提供讲授文学的机会。讲授作品由教师从教材中指定，学生自愿分组报名，按照作品体裁分为诗歌组、小说组和戏剧组。每个体裁组又分三个小组，每小组三人，共同讨论准备，并推选一人上台授课。未能参与备课讲课的同学则需参与到模拟课堂中，以听课者和评课者的双重身份进行评论，最终形成书面报告。如此，讲课小组的成员真实体验了从备课到讲课的整个过程，而非讲课组成员则可以通过评课进行个人的教学思考和探索，因此每个学生在此实践中都会有所斩获。

在评价方式上，形成性评价体系的实施更注重学生平时的学习热情和表现，期末考试的比例缩减到 60%。平时成绩除了出勤和小考两个基本项外还包括课堂讨论的表现以及授课评课，且后两项在整个平时成绩中的比重达 63%。将评价的重心从期末的一纸试卷转移到平时的付出和表现。

在课程调整之前，我们在学生中做了问卷调查和前测，课程结束后，再一次做问卷调查以及后测。总结了问卷调查以及前、后测的结果，我们看到，调整后的美国文学课程通过将教学和考核评价的重心转移到学生课堂思考和参与的积极性以及教学实践能力的锻炼上，更好地体现了学生的主体性，也更加符合免费师范生这一群体定向培养的目标。由此，学生在课堂上能得到更多展示自己、锻炼自己的机会，提早进入教师角色，迅速地将所学的知识转化应用，实践能力大大增强。

三、对公费师范生英美文学教材的反思

英美文学课是高等院校英语专业本科阶段教学的主干课，包括必修课英美文学选读，选修课英美文学史及其他与文学相关的课程。朱小伟认为，英美文学课开设的目的有四：培养能力、掌握方法、提高基本功和人文素质、增强了解。[6] 对于公费师范生来说，还要培养他们在中学讲授文学作品和文学选修课的能力。要完成这样的教学目标，我们需要什么样的教材？一本符合公费师范生英美文学课教学实际的教材标准又是什么？

不同的教学目标，不同的教学理念，不同的教学任务，不同的课型，不同的学生，等等，要求的标准也必定不同。根据董明、桂弘两位学者的观点，从宏观角度看，一本好教材应具备以下特点：1. 好教材要同最终培养目标相适应。2. 好教材要充分体现、始终贯穿编者的教法思想和理念。3. 好教材要充分考虑教学对象的特

点。4. 好教材要有所创新。[7]

2004 年，顾弘、杜志卿两位学者对我国现有的本科英美文学教材做了调查与统计，得出以下结论：1. 1980 年以来，我国正式出版的英美文学教材有四十余种。2. 从调查问卷结果看，多数教师（约 80%）对其正在使用的教材不甚满意。3. 存在的问题包括编写体例陈旧，编写观念落后，史选分离，篇幅过大，学术性过强，等等。[8]另外，英美文学选读教材中所选的作品难度把握得也不够好。徐玲玲老师曾撰文指出：许多学生反映阅读原著时语言理解有障碍，特别是早期经典，涉及古英语，语言难度太大。而难度过大的作品显然会打击学生的积极性，使他们产生挫折感，失去对文学的兴趣。[9]

以笔者所在英语系美国文学教材为例，可以发现以上几位学者指出的问题同样存在。笔者所在系必修的美国文学选读课曾经和正在使用的美国文学选读教材主要有三种：杨岂深、龙文佩主编的《美国文学选读》、秦小孟主编的《当代美国文学概述及作品选读》以及李宜燮、常耀信主编的《美国文学选读》。三种教材长度都在二至三卷之间，存在篇幅过大的问题。编写体例大同小异，基本采用"作者介绍—作品介绍（题解）—作品—注释"的形式，有的教材前面有一些文学史背景介绍，后面有一些思考题。选入的作品大多以长篇小说选段为主，其中不乏艰深难懂的作品选段。而选修课美国文学史则另有教材，笔者所在系使用常耀信老师所著的《美国文学简史》。

笔者所在系公费师范生美国文学选读课在大三下学期开课，共计 36 学时左右。受教学时数的限制，美国文学选读课只能在"选读"中再选读。而且，有些长篇小说选段虽出自著名经典作品，但语言晦涩难懂，使许多学生产生畏难情绪。一旦学生丧失了学习兴趣，学习动力也就没有了，教学目标的实现就成了空话。英美文学史也是周学时两节，共计 36 学时，其中英、美文学史各占 18 学时，只能作简要介绍。

另外，这些美国文学选读教材的教学目标多以学术研究为主，以经典作品为主。对于公费师范生来说，一个重要的教学目标是学会在中学讲授文学课，而这一教学目标在以往的英美文学教材中几乎没有体现。

王乐忠先生在探讨教材的三个特点时曾指出教材的编写至少受到编写者的水平、学习者的基础和接受能力以及教学时数三个方面的限制。[10]从笔者对以上教材的分析看，这些教材显然没有充分考虑公费师范生作为学习者的基础和接受能力以及教学时数两个方面。

笔者所在英语系承担了国家特色专业（公费师范生英语教育）建设项目。针对以上情况，我系决定按照公费师范生英美文学课的教学目标，考虑学生的状况及需要，编写一套英美文学教材。《新编美国文学史及选读》（以下简称《新编》）即为其中一本。

在编写过程中，除了美国文学教材应该注意的事项，我们重点考虑了以下几个方面。

首先是适用性。编者充分考虑到英美文学课的教学目标，力争使教材成为实现教学目标的好帮手。以选读部分为例，《新编》对三个主要文学类型——小说、诗歌和戏剧的主要特点进行了概括性的介绍，并附有练习题，为学生独立赏析作品打下基础。在每一节都有学习提示，说明本节学习要点，使学生清楚本节的教学目的。每一个作品包括“题解”、“作品”、“注释”、“思考题”和“教学提示”五部分。同以往的教材相比，“教学提示”部分是本教材的创新之处。它的功效在于：既帮助学生掌握作品，了解理解这部作品应该注意什么，又帮助学生明了讲解这部作品的要点；如此，既培养了学生作为学习者的赏析能力，又为学生作为未来的教学者打下基础。编者还专门设计了一章，为学生独立赏析、讲解作品所用。

其次，狄淦之认为，师范院校的英美文学教材应该“精而又精”。在各个历史时期的重要流派、作家、作品中“筛选”出最具代表性的流派、事件、作家及作品。[11]《新编》也是这样做的。在文学史部分，注意知识的选择，突出重点，但不求面面俱到。在作品的选择上，注重典范性与可读性的结合。《新编》包括了美国文学中重要的代表作家及其作品，保证了教材的典范性；同时又注意作品的可读性。例如，霍桑是美国浪漫主义时期最重要的小说家之一，《红字》是其代表作，也是众多美国文学选读教材首选的作品。《红字》的确是学生不能不知的作品，但是其语言比较难懂，容易挫伤学生学习的积极性。考虑到霍桑的短篇小说相对容易，但同时又能反映作家的创作思想和写作技巧，《新编》采取了在文学史部分介绍《红字》，使学生了解这部重要作品，但在选读部分，编者选取的是霍桑的短篇小说。这样一来，《新编》就将典范性与可读性很好地结合起来，既实现了扩大学生美国文学知识面的目的，又可以保证不挫伤学生阅读原著的积极性。

最后，《新编》还具有一定的创新性，特别是在编排体例上不同于以前我们所使用的教材。其编排体例主要特点如下：其一，《新编》采用史与选读结合的方式，可同时为必修课"美国文学选读"和选修课"美国文学史"所使用。但它又不同于吴伟仁主编的《美国文学史及选读》。吴书采用的是史与选读完全结合的方式：史——作家——作品。而《新编》采用的是史与选读独立成篇的形式，方便于两门课使用。其二，其他选读教材采用的是编年史的体例，按照文学发展的历史，从殖民时期到当代。而《新编》在选读部分采用的是文类与编年史结合的形式。首先将作品按照小说、诗歌和戏剧的文学类型分章，突出各文学类型的不同特点，方便学生对不同类型作品的赏析。然后，在各章中，又以编年史的体例分节，可以使学生了解不同作家在文学史中所处年代。这样的编排体例达到了一石二鸟的目的，强化了学生对文学类型的掌握，又温习了美国文学的发展。采用文类的形式并不是《新编》的首创，清华大学罗选民教授主编的《英美文学赏析教程》也采取了这种形式。但如白雪莲老师指出的那样，该教材打乱了时间顺序，多少给学生带来一些不适应。[12]而《新编》采用的文类与编年史结合的形式就避免了这样的缺点。

以上是笔者在英语公费师范生英美文学教学中的一点实践及体会。公费师范生在某种意义上是一种新生事物，在校公费师范生的专业素质关系到未来基础教育的水平。面对这些学生，我们必须转换思维，适时应变，积极思考和解决实践中出现的问题。英美文学作为英语专业主干课自然任重而道远，还需要在改革的道路上继续努力探索。笔者期待能够抛砖引玉，使公费师范生英美文学课得到更多同仁学者的参与支持，让所有的英语公费师范生都能成为未来合格的中学英语教师。

参考文献

[1] 教育部等编写办公室．教育部直属师范大学师范生免费教育实施办法（试行）[Z]．http：//www. gov. cn/zwgk/2007 – 05/14. htm.

[2] [3] 高等学校外语专业教学指导委员会英语组编写．高等学校英语专业英语教学大纲 [Z]．北京：外语教学与研究出版社，2000 年，第 11、7 页．

[4] 中华人民共和国教育部制订．普通高中英语课程标准 [Z]．北京：人民教育出版社，2008 年．

[5] 英语课程教材研究开发中心编著．普通高中课程标准实验教科书英语——小说欣赏入门 [Z]．北京：人民教育出版社，2009 年．

[6] 朱小伟．谈广西高校英美文学教材选用 [J]．和田师范专科学校学报，2009（6）：78 – 79.

[7] 董明，桂弘．谈谈好教材的标准 [J]．语言文字应用，2005（9）：66 – 68.

[8] 顾弘，杜志卿．新世纪高校本科英美文学教材建设探索 [J]．河南大学学报，2004（2）：129 – 131.

[9] 徐玲玲．21 世纪英美文学教材探讨 [J]．吉林省教育学院学报，2009.（11）：72 – 73.

[10] 王乐忠．教材的三个特点 [J]．中国高等教育，2000（12）：38 – 39.

[11] 狄湓之．一本适合师范院校的文选教材：《英美文学选读》[J]．外国语，1986（2）：80.

[12] 白雪莲．英美文学教材建设的新尝试 [N]．中华读书报，2002 – 9 – 25.

【张颖，东北师范大学外国语学院教授；
聂爱萍，东北师范大学外国语学院讲师】

从剑桥大学英文系课程设置谈起

吴泽庆

摘要：本文主要以剑桥大学英文系 2011 年春季文学课程设置为蓝本，介绍剑桥大学文学课程设置的特点和特色。剑桥大学英文系提供了讲座、课堂授课和课堂研讨三种课型，除此之外，还提供了诗歌鉴赏和系列专题报告。本文所涉及的课程设置主要从 2011 年 1 月 20 日开始，到 3 月 16 日为止，各门课程及报告分为 4—8 讲不等，每门课的上课时间 60—120 分钟不等。笔者较为详尽地介绍了剑桥大学英文系课程设置情况，希望能对我国文学课程的设置有所启示，引发思考。

关键词：课程设置；剑桥大学；论文

剑桥大学英文系成立于 1919 年，是剑桥大学这座有着 800 年历史的世界一流大学里一个相对年轻的院系，也是英国第一个专门研究文学的院系。“追求学术性，培养有教养的人”是剑桥大学的办学理念，剑桥大学英文系“纯”文学的追求和坚持是剑桥大学的精神所在，剑桥大学无处不体现崇尚传统、尊重历史的精神。在几百年的发展史中，剑桥人默默地传承历史传统，而这种精神在融入每个细节之中，哪怕是每门课程的设置中。

一、文学课程设置情况

剑桥大学英文系 2011 年春季文学课程的基本情况。春季学期（Lent Term）时间为 2011 年 1 月 20 日开始，到 3 月 16 日为止。春季课程主要包括六个部分，即一般性课程（General）、论文Ⅰ（Part Ⅰ）、论文Ⅱ（Part Ⅱ）、研究生教学（Graduate Teaching）、研讨课（Seminar）、系列讲座（Special Event）。英文系所提供课程除某些特殊标注外，大多数课程对所有学生开放。其中“一般性课程（General）”下所设课程为“一次性的”，不是每年都有。其他课程的设置具有一定的规律性。学生可以根据自己的兴趣及自己的论文方向确定自己的所选课程。课程授课形式一般为报告（lecture，后文中缩写为L）、课堂教学（Class，后文中缩写为C）和研讨课（Seminar，后文中缩写为S）。

二、主要课程内容

主要课程内容分为六个部分，为“一般性”课程（General）、论文Ⅰ、论文Ⅱ、研究生教学、研讨会和系列讲座（针对本科生），具体如下：

（一）“一般性”课程（General）

“一般性”课程包括6门，分别是《英语文学研究的历史语境》（4L）；《研究与写作技能》（2L）；《文学与认知科学》（4C）；《圣经文化和基督教传统》（8L）；《关注结构：戏剧解读1890—2010》（4L）；《表演理论：小组阅读》（4C）。

《英语文学研究的历史语境》，主要为学生在撰写论文之前的准备而设计，学生撰写学术论文时需要阅读大量相关的文本和评论，需要相关领域的知识。课程旨在拓宽他们的知识面，为他们深入阅读打好基础，做好铺垫。这些知识对于学生准确理解文学十分重要。讲座概括介绍了撰写论文所涉及的政治、经济、文化背景，并提出新的研究视角。《研究与写作技能》为论文写作提供实际的指导，主要讲解如何使用参考文献，如何完成论文的撰写过程等。《文学与认知科学》将研讨认知科学理论领域的重要论文，认知科学理论是文学主题研究的重要方法之一，该课程旨在探讨科学家对人脑的发现如何影响着文学批评。《圣经文化和基督教传统》介绍圣经文化和基督教传统，从而丰富学生的文学阅读。教授从历史和神学角度概述圣经文化和基督教传统，分析圣经中的典故、基督教中的象征以及宗教艺术和文学中的神学色彩。《关注结构：戏剧解读1890—2010》主要涉及戏剧形式的问题，具体以20世纪的文学作品为研究对象，从社会、审美和政治的角度探讨不同形式的戏剧。课程进行大量的戏剧文本细读，进而研究戏剧文本与表演之间的关系，课程旨在为解读戏剧提供方法和技巧，讲授的剧作家包括Ibsen，Chekhov，Shaw，Brecht，Osborne，Beckett，Mamet，Crimp，Churchill，Tucker Green。《表演理论：小组阅读》中的每节课讨论一个文本，探讨现代艺术、戏剧性、再现和政治性等问题，主要针对视觉文化、现代戏剧专业的学生开设。

（二）论文I

论文I部分主要为学生撰写九个研究方向的论文而设置，每个方向论文有一位教授负责解答学生的各种问题，每个方向后分设不同门数的相关课程。九个研究方向的论文具体如下：论文1《中世纪早期文学及其语境》，论文2《英语文学及其背景1300—1500》，论文3《英语文学及其语境1500—1700》，论文4《英语文学及其背景1688—1847》，论文5《英语文学及其背景1830—现在》，论文6《莎士比亚》，论文7《文学批评》，论文8《欧洲语言与文学》和论文9《文学语言：1300到现在》

论文1《中世纪早期文学及其语境》包括6门课程，《中世纪早期戏剧》（4C）介绍1300年以前的戏剧，重点讲解其中的几个剧本，并概括当时戏剧的特点。《后征服时期文学概览》（5L）介绍诺曼时代概览，教育、学识和各类知识，女性，骑士和骑士精神，上帝之爱；其他4门为《1066—1350盎格鲁诺曼时期的舞台文本》（8C）；《中早期英语舞台文本》（8C）；《拉丁舞台文本》（8C）。论文2《英语文学及其背景1300—1500》包括7门课程。其中包括《圣体》（3L），主要讲解道成肉身（上帝之子耶稣由玛丽亚孕育并且耶稣是真正的神和真正的人的基督教教义），耶稣受难，圣体节，并且加设一节讨论课。《文学史 1300—1500》（1L）介绍文学文本所描述的悲惨灾难、阶级冲突的暴力性、异端邪说、政权更迭中的谋杀、国内外无休止的战争等。其他课程为《英语文学研究的历史背景》（4L）；《乔叟》（6L）；《梦想诗歌：非乔叟传统》（6L）；《高文和绿衣骑士》（7L）；《中世纪抒情诗》（4C）；《都德王朝早期作品》（4L）。论文 3《英语文学及其语境 1500—1700》包括 14 门课程，《菲利普·西德尼》（6L）讲解他的《爱星者与星》、《为诗而辩》和《阿卡狄亚》；《文艺复兴时期的歌曲》（4C）主要针对音乐系的学生开设，课程首先介绍背景信息，然后赏析代表性歌曲，探讨英语与欧洲大陆歌曲之间的关系；《本·琼森与 17 世纪的诗歌》（4L）主要讲述 17 世纪重要诗人本·琼森的讽刺诗、他的诗评、他对后世诗歌的影响以及与“骑士诗歌”的传统渊源，探讨 17 世纪中叶诗歌的社会功能，诗歌的偶然性、智性和严肃性；《多恩》（5L）是关于多恩与他的文学、政治、知识语境的课程，课程梳理了多恩创作的脉络，探讨了他在诗歌韵律上的创新以及他对信任的看法，他渊博的法律知识。通过对一个作家的详细研究，让学生深入了解文艺复兴时期各种文化相互交织、相互影响，具体内容为多恩、爱与性、发现之旅、宗教、如何阅读多恩等。《身体与文艺复兴》（6L）探讨文艺复兴时期身体在文学和文化中的演变过程，具体讲述 1500 至 1700 期间身体和自我之间的关系以及这些关系对现代主题的出现的作用，具体授课内容包括身体介绍、身体的主体与客体、语言与身体、悲剧身体、喜剧身体以及身体与灵魂。《文学与帝国 1590—1740》（6L）讲述帝国、诗学与殖民移民的形象与想象，续写种族、聚居区、冒险者、商业者与流浪者。讨论的作家包括 Milton and Marvell，Spenser，Anne Bradstreet and Edward Taylor，Behn，Defoe and Swift 和 Pope and James Thomson。《现代早期戏剧：语境与关注》（4C）通过戏剧文本来介绍现代早期戏剧的文化语境和重要的文学关注。《弥尔顿的修辞》（6L）介绍 17 世纪的修辞是一门严肃的研究和精致的艺术学，课程探讨 17 世纪的伟大作家如何在各种题材中对修辞的运用，其中包括弥尔顿诗歌和散文。《都铎王朝早期作品》（4L）探讨亨利七世和亨利八世时期的作品如何反映当时的人文主义、宗教改革和政治改革，这时期的文学适应急速改变的文化和政治状况，同时改变着中世纪的传统。《史诗、传奇和寓言》（6L）集中研究 16 世纪和 17 世纪文学中的重要作品，包括西德尼的《阿卡狄亚》、斯宾塞的《仙后》、莎士比亚和马洛的“史诗”剧、弥尔顿的《失乐园》，课程内容涉及民族主义、暴力与战争、历史寓言、诗歌的田园、叙事和视觉模式等。《法律与知识》（8L）涉及现代早期阶段的普通法中的概念和术语，这些概念和术语为文学家们提供一种语言去表述复杂的哲学问题与审美问题。托马斯·莫尔、托马斯·怀亚特、爱德蒙·斯宾塞、约翰·多恩、莎士比亚、本·琼森、托马斯·米德尔顿和约翰·韦伯斯特等人利用法律思想去回答解释学、自觉、道德行为和玄学等领域的诸多问题。课程通过文本细读，让学生领会到历史法律语境对加深理解当时诗歌、散文和戏剧的功能与作用；还有《文艺复兴传统》（4L），《文化战争 1631—1649》（4L）。论文 4《英语文学及其背景 1688—1847》包括 8 门课程。其中《雪莱和他的学派》（6L）讲述雪莱的作品及其思想，反映英国浪漫主义文学特征，同时也涉及拜伦、济慈等人的诗歌、戏剧和散文体小说。《1688—1847 文学背景》（1L）全面概述这个时期政治、社会和文化背景。《1798 抒情诗的语言与思想》（4L）探讨华兹华斯的 1798 年的抒情诗，华兹华斯借助于诗化语言和特有形式探讨他所处时代的主题。《抒情诗思想：从考利到丁尼生的颂歌》（8L）探讨最重要的 8 首颂歌，包括德莱顿、蒲柏、华兹华斯和雪莱的作品。其他课程为《反讽》（6L），《浪漫主义与重现》（8L），《从洛克到米尔的伦理思想》（4L），《文学与帝国 1590—1740》（6L）。论文 5《英语文学及其背景 1830—现在》包括 10 门课程，《维多利亚时期的诗歌：形式与主题》（8L）探讨死亡的意义、过去的声音、四季更迭主题，涉及维多利亚史诗、田园诗以及诗歌与小说间的关系等。《维多利亚时期的幻语和幻想》（4L）把幻语与幻梦联系起来，探讨幻语的使用及其产生的艺术效果，具体讲解查理·金斯莱的《水孩子》，刘易斯·卡罗尔的《爱丽丝梦游仙境》，爱德华·利尔的《胡诌诗集》。其他课程为《伦理家：米尔、阿诺德和罗斯金》（6L），《叶芝的诗歌》（4L），《当代诗歌》（6S），《战后小说的形式与内容》（6L），《詹姆斯·乔伊斯的尤利西斯》（6C），《贝克特的散文》（4L），《多萝西·理查森》（2L），《1910 年以来的诗歌》（6L）。论文 6《莎士比亚》包括 3 门课程，《莎士比亚的职业》（8L）探讨在他的戏剧中表现：场景塑造、话题转换、回音、比喻等，目的是更好地阅读剧本。其他课程为《莎士比亚、悲剧和表演》（4L），《规范五部抑扬格：一个狂想的历史》（8L）。论文 7《文学批评》包括 5 门课程，《文学批评：从柏拉图到约翰逊》（6L），《21 世纪批评方法》（6L），《抑扬格五步格诗：一个狂想的历史》（8L），《写作与无意识流派》（4L），《实践批评与批评实践》（6L）。论文 8《欧洲语言与文学》包括 2 门课程，即《翻译、理论与实践》（6L）和《古英语》（8C）。论文 9《文学语言：1300 到现在》包括 3 门课程，《文学语言：第一年课程》（6C），《文学语言：方式与原因》（8L），《抑扬格五步格诗：一个狂想的历史》（8L）。

（三）论文 II

论文 II 部分主要为学生撰写十二个研究方向的论文而设置，每个方向论文有一位教授负责解答学生的各种问题，每个方向后分设不同门数的相关课程。十二个研究方向的论文具体如下：论文 1《批评实践》，论文 2《悲剧》，论文 3《乔叟》，论文 4《梦想与幻想》，论文 5《英国文学：1500—1547》，论文 6《英国文学：1847—1872》，论文 7（a）《莎士比亚与表演》，论文 7（b）《文学、文化和危机 1631—1671》，论文 7（d）《现代主义与短篇故事》，论文 8《伦理学家》，论文 9《文学批评史和理论》，论文 10《后殖民主义文学》，论文 11《美国文学》，论文 12（b）《文学与视觉文化》和论文 12（c）《当代英文写作》。

论文1《批评实践》包括3门课程，分别是《文学语言：方式与原因》（8L），《抑扬格五步格诗：一个狂想的历史》（8L），《关注结构：戏剧解读1890—2010》（4L）。论文2《悲剧》包括4门课程，分别是《莎士比亚的职业》（8L），《文艺复兴》（6L），《莎士比亚、悲剧和表演》（4L），《关注结构：戏剧解读1890—2010》（4L）。论文3《乔叟》包括2门课程，《乔叟》（6L）借助于乔叟的文化背景、写作风格和语言，探讨其作品的不同主题以及他对爱、厌女症和宗教的观点。《乔叟研究》（6S）主要探讨乔叟的情感与道德、乔叟和他的创作源泉、性别与两性、乔叟的思想根源、喜剧与严肃剧和乔叟与神。论文4《梦想与幻想》包括2门课程，分别是《梦想与幻想》（6S）和《梦的诗集：反乔叟传统》（6L）。论文5《英国文学：1500—1547》包括2门课程，《1500—1547研讨课》（8S）和《都铎早期作品》（4L）。论文6《英国文学：1847—1872》包括3门课程，《英国文学：1847—1872》（8S）主要讲授威廉·梅克皮斯·萨克雷的《名利场》、夏洛蒂·勃朗特的《谢利》、查尔斯·狄更斯的《远大前程》、威尔基·柯林斯的《穿白衣服的女人》等。其他课程为《伦理学者：米尔、阿诺德和罗斯金》（6L）和《维多利时期的幻说与幻想》（4L）。论文7（a）《莎士比亚与表演》包括3门课程为《舞台上的莎士比亚》（4L），《表演中的莎士比亚》（8S）和《莎士比亚、悲剧和表演》（4L）。论文7（b）《文学、文化和危机1631—1671》包括4门课程，《文学与帝国；1590—1740》（6L），《文学、文化和危机》（8S），《弥尔顿的修辞艺术》（6L）和《文化战争1631—1649》（4L）。论文7（d）《现代主义与短篇故事》包括6门课程，《现代主义与短篇故事：概念与问题》（4L），《现代主义与短篇故事研讨》（8S），《欧洲短篇故事》（4L），《贝克特的散文》（4L），《现代主义与短篇故事系列讲座》（7L），《现代主义与短篇故事》（4L）。论文8《伦理学家》包括4门课程，《伦理学家：米尔、阿诺德和罗斯金》（6L）探讨米尔的实利主义，个体与文化；阿诺德的完美与最佳自我，道德、宗教与诗歌；罗斯金的具象与抽象。《伦理学家：卢梭、马克思、尼采、萨特与西蒙娜·德·波伏娃》（4L）探讨每个人对伦理的独特贡献，传达伦理思想的方法以及关于“自由”的不同定义，如卢梭的自由、理性和公民，马克思的资产阶级的“自由”幻想，尼采的自由精神，萨特与西蒙娜·德·波伏娃的存在主义自由与政治。另外两门为《伦理阶级》（6C）和《伦理思想从洛克到米尔》（4L）。论文9《文学批评史和理论》包括5门课程，《文学理论研讨》（8S）探讨崇高、诗的使命、法兰克福学派、解构主义、历史与物质、后现代主义、语言学与文学、语言、性别与表现。《德国美学和文学批评：从康德到西奥多·阿多诺》（8L）介绍对欧洲和北美文学理论和文学批评产生深远影响的传统。另外三门为《文学批评：从柏拉图到约翰逊》（6L），《弗洛伊德、拉康、福柯、克里斯蒂娃》（4L）和《哲学家：卢梭、马克思、尼采、萨特与西蒙娜·德·波伏娃》（4L）。论文10《后殖民主义文学》包括10门课程，《后殖民主义》（4S）探讨后殖民主义中的“国家”、“帝国”、“东方主义”、“种族”、“离散”和“后殖民主义”等概念，后殖民主义的历史文化背景。研讨艾米·塞沙勒的《论殖民主义》，弗朗茨·法农的《可怜的地球》，爱德华·赛义德的《东方主义》，恩古吉·瓦·提安哥的《殖民思想》。《南亚文学》（6L）主要概述南亚文学，尤其是英文创作的19世纪早期至今的印度文学，其中探讨甘地和甘地小说、隔离文学、世俗主义与地方自治主义等。《后殖民加勒比文学与文化》（4L）重点研究现当代加勒比文学、电影和散文中的代表性作品，探讨跨文化特征，加勒比文学的独特性，加勒比与欧陆英国、法国和西班牙之间的文化关联。还有《南非文学概览》（8L），《加勒比海诗歌》（4L），《澳大利亚小说：边疆与郊区》（2S），《澳大利亚文学》（4L），《魔幻现实主义》（8L），《后殖民主义文学》（8C）。论文11《美国文学》包括10门课程，《美国戏剧》（6C）探讨民族与种族、家庭书写、边缘声音、戏剧与政治、多音部美国与戏剧语言。《19世纪的美国文学与城市》（2L），《美国文学1835—1865研究》（4S）探讨艾默生、霍桑等作家，梭罗、梅尔维尔的世俗与精神之旅，斯托、惠特曼对美国内战的预想与现实等。《二十世纪美国诗歌》（8L）探讨威廉·卡洛斯·威廉和修饰，玛丽安·穆尔和移民，哈特·克莱恩和纽约，华莱士·史蒂文斯、玛丽安·摩尔与第二次世界大战，伊丽莎白·毕肖普的地图，弗兰克·奥哈拉的自我风格，苏珊·豪的不完美性，乔丽·格雷厄姆的时间。《哈莱姆文艺复兴》（3L）介绍20世纪20年代在哈莱姆兴起的文学思潮，包括小说、诗歌和散文，探讨种族、文化和国家认同等问题。还有《1865年以来的美国文学与语境》（8L），《美国文学与语境1835—1865》（8L），《战后小说的形式与道德》（6L），《弗兰克·奥哈拉》（4L），《早期美国文学》（6L）。论文12（b）《文学与视觉文化》包括3门课程，分别是《视觉文化：实践和方法论》（4C），《斯坦利·库布里克：文本与流派》（8L），《表演理论：阅读组》（4C），《库布里克与电影》（5L）。论文12（c）《当代英文写作》包括9门课程，分别是《当代写作研讨：主题与方法》（8S），《当代诗歌》（6S），《战后小说的形式与内容》（6L），《当代写作：地貌、空间和地点》（8S），《现代小说研讨》，《2000年以来的戏剧与诗歌》（4L），《现代小说研讨》（6L），《表演理论》（4C），《关注结构：1890—2010的戏剧》（4L），《魔幻现实主义》（8L）。

（四）研究生教学

研究生教学分为5个方向，具体如下：《1830年至现在研究生教学》、《十八世纪和浪漫时期文学》、《美国文学》、《批评文化》和《中世纪与文艺复兴》。

《1830年至现在研究生教学》只设置1门课程，即《1830年后的文学研究：主题与方法》（6S）。《十八世纪和浪漫时期文学》的3门课程为《论文专题》（4S），《文学与流行文化》（4S），《希腊与罗马》（4S）。《美国文学》的2门课程为《1915—1925年的文学》（4C）和《美国文学文本与语境1900至现在》（4S）。《批评文化》的5门课程为：《二战以来电影与文学的牺牲》（6S）探讨作家和电影导演如何塑造二战以来的政治冲突，越南战争、冷战和反恐战争被看作是对正义的牺牲。战争引发一系列相关主题，世俗与宗教间的斗争、各种形式的牺牲转换。其他课程为《文化与批评论文写作研讨》（6S），《后田园诗：1940 年后接近自然》（6S），《现代主义诗学》（6S），《文学与电影中的自然主义》（6C）。《中世纪与文艺复兴》的 4 门课程为《中世纪与文艺复兴时期的拉丁文本》（8C），《中世纪文学与历史》（4S），《古文诗学和书目专题讨论》（4S），《文学文本诠释》（6S），《文本、语境与方法》（6S）。

（五）研究生研讨会

研究生研讨会由五位教授负责组织，主讲人主要来自英国各个知名高校的博士研究生。研讨会按时间顺序分类，包括《中期英语文学研讨》（4S），《文艺复兴时期文学研讨》（4S），《十八世纪和浪漫主义时期文学研究研讨》（4S），《文论研讨》（4S），《复辟到改革 1660—1832 文学研讨》，《十九世纪文学研讨》（4S），《二十世纪文学研讨》（4S），《美国文学研究研讨》（4S），《后殖民文学研讨》（4S），《文本历史研讨》（2S），《批评与文化研究研讨》（4S），《戏剧研究研讨》（4S），《屏幕媒介研讨》（4S），《社会语言学研讨》（4S）。

（六）研究生系列讲座（针对本科生）

研究生系列讲座共七场，讲座探讨与本科生论文相关文学文本、作家及其主题，以不常见的作家作品为主，探索新的批评视角。讲座内容是讲座人的主要研究领域，其目的是为了更好地帮助本科生完成他们的论文写作。

三、课程的特点和特色

剑桥大学英文系课程设置在教学内容和教学形式上特色明显，课程既各成体系，又相互衔接。

在教学内容方面，有五个特点，1. 课程资源丰富，学生可选择性大：英文系所开设的主要课程方向包括：莎士比亚研究、文学批评、欧洲语言和文学、悲剧研究、乔叟研究、戏剧和视觉、文学与文化、现代主义与短篇小说、后殖民主义及其文学、美国文学等。课程涵盖了从中古世纪到后现代，从文本研读到理论探讨，从诗歌到戏剧小说的文学研读。2. 注重论文前期知识的铺垫和论文写作规范性的培养：整个教学非常注重论文写作的培养，注重论文前期知识铺垫，尤其是论文写作规范性上严格要求。这部分特点主要体现在“一般性”课程上。3. 针对性强，考虑学生的研究兴趣和需求：论文 I 和论文 II 的课程设置，特点明显，以 Paper（论文）研究方向为中心，设计课程，以一个中心点，向外辐射，形成一个扇面。强调学生的论文撰写能力，实行多导师指导学生的原则，包括课程论文导师、学院导师等。4. 博士生的积极参与（Graduate Teaching ，Graduate Seminars，Graduate Lecture Series）：博士生积极参与授课计划主要体现在课程设置的后面三个部分。这样的设置增强课程时效性，注重研究的前沿领域和拓展新兴研究点，博士生积极参与本科教学，采用研讨会形式。不同于国内研讨会主要是在硕、博士研究生层面，剑桥大学的本科生积极参与各类研讨会，充分发挥博士生研究生的引领作用，加强独立思考与创新，强调学生与学生、教师与学生之间的互动。承担教学任务博士研究生来自剑桥大学、牛津大学、爱丁堡大学等知名院校，能够互通有无，加强交流。5. 教学内容多样化（Poetry Reading，Drams Performance）：教学内容包括诗歌、小说、戏剧、文论的文本阅读，同时也包括文化、电影、语言等其他领域。在教学形式方面，有六个显著特征：1. 多种形式结合（Lecture，Class，Seminar，workshop）：教学采用报告、课堂教学、研讨会、系列讲座等方式，形式根据内容和授课对象进行变化。有些教学根据课程的特点在特殊的地点授课，如有关宗教课程增设在教堂授课环节。诗歌授课特别设置诗歌朗诵和欣赏环节。2. 注重上课时间方面的实效性：报告多以 60 分钟为一节课，以讲授为主，信息量大，知识面广。课堂教学和研讨会多为90分钟，少数研讨会为120分钟，研讨会鼓励互动。这样的时间安排符合不同课型的特点，可以最大限度地增强授课效果。3. 授课材料充分：讲授者需要有准备充分的授课讲稿，每节课发给学生的材料内容丰富，思路清晰，层次感分明。4. 注重培养独立思考和创新：研讨会主要以学生为中心，启发问题的提出和思考。5. 论文写作：以论文写作来激发学生课后阅读量，充分调动学生的主动学习性。论文写作可以促使学生对图书资源的利用，课堂教学与课后论文的结合能够很好地培养学生学术写作能力。6. 系列讲座上的"一点多面，多面一点"："一点多面"即多名教授对同一主题进行讲授，角度各异，殊途同归，学生在反复聆听中对知识理解透彻；"多面一点"一名教授对某个主题的多个方面进行阐发，普及基本文学知识，有限时间内最大限度扩展学生的知识面，培养学生基本的文学批评能力。

我国国内各高校英文系文学课程合理设置与授课方式会有各高校自己的特点和特色，然而和世界一流大学剑桥大学英文系文学课程的设置进行比较研究，寻找异同，将会更好地促进我们去思考如何结合自身的特点去完善文学课程的设置，真正做到取长补短。毋庸置疑的是，国内的文学课程资源是有限的，而学生的需求却是多元的；国内文学教学模式近年来虽然取得显著的进步，但是我们在文学授课模式的多样性上依然有很大的发展空间；在授课的时效性上，尤其在硕博研究生授课过程中，有关"互动探讨"式教学和"填鸭式"的争论有必要进一步的厘清，明其利弊，去短扬长；当然更为重要的是，我们现在所培养的学生的学术能力或学术水平究竟达到一个什么样的程度，尤其在学生论文写作上的培养是否达到应有的水平，也许我们需要亟待思考以下几个问题：1. 文学课程资源有限和多元需求；2. 授课模式的多样性；3. 授课实效的探索；4. 学生学术能力，尤其是学术写作能力的培养。

结 语

从剑桥大学英文系课程中，我们看到了它的“一般性的课程”对基本知识的强调，学生要具备良好的文学批评能力，首先应该懂得批评的基本知识和基本方法。论文（I 和 II）课程则充分满足学生对不同研究方向的需求，论文课程体系性强，或以时间为序，或以主题为纲。课程尽可能使每个学生都能找到自己的定位点。研究生参与的课程及研讨课则充分发挥青年学子的积极性，他们思维敏捷、视野开阔，增强了课堂教学的新鲜血液。

文学是剑桥大学英文系唯一的专业方向，近百年来不变的英语文学专业教学与研究，奠定了世界一流大学一流文学系的地位。剑桥大学英语文学的研究已不再局限于对文学作品的主题特点及作家创作风格和背景的所谓主流研究，而是更关注一些通常被认为是边缘的文学话题，文化、电影、舞台表现皆成为研究和教学的对象，而且，文学理论、哲学思想在教学中也占相当比重。“追求学术性，培养有教养的人”的剑桥精神在几百年世事变迁中从未改变过，在当今浮躁功利的社会风气影响下，高校英文系文学课程如何坚持自己的传统、保持自己的风格，凸显文学内在的价值，如何保持那份本真、那份平和、那份淡定与从容，值得我们进一步去思考。

【吴泽庆，中央民族大学外国语学院副教授】

英美文学教学中的文本细读

姚成贺

摘要：对文本的细读是英美文学教学过程中的重要环节。英美文学教学中的文本细读并非简单地回到新批评式的阅读中去，在新的文本定义下，教师需要重新思考细读对象的选择与扩展、细读的过程与内容。教学中的文本对象应具备完整性、经典性与关联性的特征，细读也需要结合文本理论对文本进行深度思考。

关键词：文学教学；文本细读；文学经典

学习过英美文学、研究英美文学的学生、学者对于“文本细读”都不会陌生，它更多地与“文学本体论”、“新批评”联系在一起。新批评理论中的“细读”模式要求读者仔细推敲词语、句子、意象和形式结构，细致而准确地研究分析作品的上下文及其言外之意，以便从中发现词句之间的精微联系，包括词语的选择和搭配、不同程度的意象等，而且要特别关注典故、意象和拟声效果等文学要素之间的密切关系（Murfin，61）。唯其如此，一部作品的艺术价值才能够被读者完全领悟。实际上，英美文学的教学同样离不开“文本细读”。我国高等学校英语专业教学大纲中规定，英美文学课程的教学目的在于“培养学生阅读、欣赏、理解英语文学原著的能力，掌握文学批评的基本知识和方法。通过阅读和分析英美文学作品，促进学生语言基本功和人文素质的提高，增强学生对西方文学及文化的了解”（《大纲》26）。从这段文字中可以看出，英美文学课程以“英语文学原著”为依托，以基本的文学批评方法为切入点，使学生在语言技巧与人文素质两个方面得到提升。因此，英美文学教学必然以文本为中心，必然离不开“文本细读”。国内已有教师、学者对以文本为中心的教学模式、新批评方法的运用进行过理论与实证研究，国外也有教师曾因自己教学方法的改变而被质疑“回到过时的新批评方法中去”（Cohen，1）。英美文学教学中的文本细读并非简单地回到新批评式的阅读中去，那么，何谓教学中的“文本”，教师如何操作教学中的“细读”就成为一个需要“细察”的问题。

一、定义文本

现有的“文本”与“书写”的定义尽管在理论方面涵盖了后现代主义文本理论的观点，但是对于教学而言，依然缺乏时代的气息。当今信息时代的文本已不再是传统意义上的印刷文字，而是包含着文字与图像的后现代互文本。90 后的学生成长于互联网时代，他们头脑中的文本概念是与计算机、网络、电子文本息息相关的。诸如剪辑、闪回、分屏幕、非线性情节、超链接、多结局等曾经令作家欣喜令评论家痴迷的符号学技巧对他们而言早已变得司空见惯，不再是令人心潮澎湃的热点词汇。卓桑（E. Dresang）总结了文学的地位在数字时代的三方面剧变：形式与格式，叙事视角，叙事边界（qtd. in Moula，104）。传统意义上的读者与作者之间的交流被烙上了图像与文本互动、迅捷、复杂的烙印。形象的使用挑战了书写的领域，使得文本不仅仅被视为印刷文字，而是文字与形象的结合，甚至是形象本身。新的文本定义对文学的教学提出了新的要求，也带来了新的途径。

信息时代的文本定义首先对教师提出了更高的要求。在信息量方面，教师需要经常查阅国内外的学术状况，了解新的文学动态、文学理论及研究方法，在掌握大量一手资料的基础上进行课堂教学。在课堂教学方面，教师要尊重学生的观点，可以布置开放性论题组织学生积极思考并讨论，或者给学生提供不同的评价角度，让他们就某一问题发表自己的见解。最后教师进行总结点评，形成教师与学生互动式的教学模式。带来文本概念变革的现代技术则为学生理解文本、拓展知识面以及教师和学生的交流开辟了新的天地。诸如精品课程网站、文学网站论坛、文学视频库、电子图书资源等与互联网相关的教学手段越来越多地走进了课堂，成为传统课堂教学的有益补充。这也要求教师积极利用现代网络技术与网络资源，在开放、共享、协作的环境中引导学生多角度地阅读、理解文本。

二、文本的完整性与经典性

文学是语言的艺术，无论是文学研究，抑或文学教学，最终都要回归“本体”，回归文本本身。因此，在教学中必须立足于艺术与审美的认知，强调文本的艺术性、弱化其实用性。作为审美体验基础的文本细读过程，在本质上是一场审美旅行，其目的在于提升学生的审美判断力与艺术情操。然而，文学长河，烟波浩渺，短短的文学课堂需要在有限的课时内完成审美之旅谈何容易，这就要求教师在选择文本的时候务必要慎重，将师生有限的时间投入到最值得阅读的文字中去。此时，经典性的作品无疑是最好的选择，经典作品经过时间的检验被证明是生命力最为旺盛、最值得花费时间与精力仔细研读的文本材料。以英国文学为例，虽然大英帝国的昔日荣光不再，英国的政治经济地位今非昔比，却因乔叟、莎士比亚、狄更斯等文学泰斗而永远自豪。如果不了解这些经典作家的作品，便无法了解英国的文化精髓与民族精神。同时，经典作品也是最具美学价值的文学作品，其艺术价值毋庸置疑，它们不仅带给读者无穷无尽的美的享受，还能够保证读者从文本细读中把握作品的整体艺术特征和历史语境特征。

审美旅行是一个自始至终连续性的过程，这需要文本内容的完整性，而不是截取片段去领悟与感受。但文学作品的篇幅长短不一，语言难度不一，内容深度不一，适合在课堂上深入完整欣赏的文本十分有限。针对这个英美文学教学中难以规避的问题，教师一方面可以考虑选择某位作家具有代表性的短篇小说作为细读对象，从而以斑窥豹，引导学生了解作家作品风格与思想的全貌。例如在讲解英国当代小说家多丽丝·莱辛的时候，碍于其代表作《金色笔记》的篇幅以及课堂讨论的组织，可选择莱辛的短篇小说《屋顶丽人》作为细读对象。由于可以在短时间内完成文本阅读，学生便拥有了大量深入思考的时间与精力，可以从女性主义的角度、男性对女性的凝视、金钱社会的阶级差异等方面进行讨论。还可由此及彼，对《金色笔记》的风格与主题加深了解。另一方面，在长篇小说中，尽量选择学生能够在一周时间内完成阅读和思考的篇幅，在课堂上可以选取经典的篇章细细赏味，但必须保证学生课前完成对整部小说的阅读，对作品已经有了一个整体的把握。例如在讲解弗吉尼亚·伍尔夫的意识流杰作《达罗卫夫人》时，可选取小说第一、二章作为文本细读对象，请学生在阅读整部小说的基础上细读此章，体会表现作品人物内心难以言表、难以名状之思绪的小说语言，以便课上讨论。

三、文本主题的关联性

文学作品虽无一成不变的规律可言，但是不可否认，作品与作品之间仍有其内在主题的关联性。这种关联性包括同一作家不同作品之间的关联，英美小说与中国小说的关联以及文本中虚构的世界与现实世界之间的关联。例如，荒岛文学是英国文学中一个独特而重要的主题，自《鲁滨孙漂流记》开始，英国小说以荒岛为背景的作品便层出不穷，19 世纪巴兰坦的《珊瑚岛》、当代作家戈尔丁的《蝇王》，一个个荒岛意象作为独立于现实世界的封闭空间，逐渐成为具有独特审美意蕴的文学世界。文学作品中的荒岛意象更可追溯至文艺复兴时期莎士比亚的《暴风雨》。据此，在讲解《鲁滨孙漂流记》的课堂上，在将这部小说作为阅读对象的同时，可以对其他荒岛主题的作品进行归类介绍，使学生对英国荒岛文学具备整体的把握。同样，《格列佛游记》一节也可以融入乌托邦创作主题进行讲解，使学生对《动物庄园》、《美丽新世界》等乌托邦与反乌托邦文学有所了解。此外，文本主题的关联性还表现在中外文本的比较理解方面。小说作为一种艺术形式并无国界之分，中西方不同文本的比较既可深化学生对文本理解，又能激发学生主动思考的热情。教师可在课堂上对相关作品进行比较式的解读，使学生在了解英美文化中思想观点的基础上，领悟中西方文化差异。

文学作品在不同程度上反映着现实社会。现实主义小说无须赘言，后现代主义小说同样践行着再现现实的努力，以所谓的后现代写作手法再现现实社会的破碎、荒诞、非理性。另一方面，自亚里士多德起，诗歌就被称为激发人类探求宇宙真理的文类，文学自此被认为具有认知价值。文学的认知功能一般指作品以其生动、具体的艺术形象再现生活，带给读者有关历史与现实生活的常识，丰富他们对社会、自然、人生的理解，充分交流彼此之间的感情，并净化心灵。以社会历史小说为例，它们是社会历史文化的存储和积累，读者从中可以看到特定社会历史环境中人们的风俗习惯、伦理观念、宗教信仰，可以看到社会盛衰、国家兴亡、时代变迁。它们融入了作家的主体精神，揭示一定历史时代、生活情境中人物的心理状态。读者可以通过阅读小说获得对于各种事物的不同知识，例如对某地地理、历史、风俗的认识，人们在生气、贪婪、嫉妒时的举动；还可以从小说中汲取技艺或实践知识，例如如何在野外生存，如何进行赛马，如何与某个土著民族交流，如何处理法律事务等。文学作品已成为人们认识世界的重要途径。因此，在解读文本的同时，也要顾及小说在学生认识现实方面所产生的影响。例如在阅读小说《在路上》的时候，学生颇有同感。身在首都北京的他们对于每天充斥着奔波在路上形形色色人物的城市，这个他们自己将来会义无反顾、成为在路上一员的城市充满了好奇、渴望、畏惧。这些感情的杂糅令他们困惑迷茫的同时又充满希望。《在路上》则为这种未知世界提供了一种可能，一种精神与情感上的寄托。在这节课的讨论中，可请学生结合个人游走城市之中的切身经历，并基于小说文本抒发自己对人生百态、社会现实的感慨之情。

四、文本细读与文学理论的结合

谈到文本细读，自然会联想到身兼小说家与文学教师双重身份的纳博科夫，他的《文学讲稿》可以说是运用新批评理论对作品进行具体分析的典型范例。纳博科夫崇尚的是纯粹的艺术，他将艺术视为文学创作中高于一切的元素，语言、结构、问题等创作手段和表现方式要比作品的思想性和故事性更为重要。他在教学中要求学生关注文本中不平凡的细节："作为一个优秀的读者，我们应当注意和欣赏细节"（1）。他认为读者的想象至少包括两种：一种属于较低的层次，只从书中寻找个人情感上的寄托，这种读者常常为书中某个情节所深深打动是因为它勾起了他对往事的回忆。他所希望的较高的层次是"不掺杂个人感情的想象力和艺术审美趣味"，这"需要在读者作者双方心灵之间形成一种艺术上的和谐平衡关系"（4）。这样一种和谐关系与客观中立的审美趣味需要读者带着某些科学的眼光去审视作品，而不能仅凭一知半解或感官印象来判断作品的价值。这不仅依靠阅读经典，还需要了解文学批评理论，从而赋予学生作为读者的审美与批评的能力。纵观英美文学发展历程，各种文学流派与思潮都伴有重要的文学理论贯穿其中，有些作家在创作的同时又不乏理论建树。20 世纪 60 年代以来，文学批评理论伴随着各种文学书写方式的风起云涌而层出不穷。从形式主义到接受美学，从新批评到结构主义，从阐释学到新历史主义，从后殖民到文化批评，目前的文学批评作为一门新的学科领域已被学术界普遍接受。因此，英美文学教学也应对各个时期主要的文学理论给予足够的关注，注意兼收并蓄。

在教学研究方面，文学理论已经为英美文学教学提供了许多重要的教学理念，如建构主义、后现代主义、后殖民主义和生态批评等理论对新形势下文学教学的启示。文学理论亦可帮助分析英美文学教学的各个重要环节，如形式主义、新批评、结构主义、解构主义等的文本解读方法；心理分析和接受美学对于师生两大主体的研究等。在课堂教学方面，文学理论可以指导学生对具体文本进行文学批评，以突出英美文学教学的专业色彩。

虚构的文学作品以审美的方式再现生活、表达真理。文学教学需要立足于艺术与审美，以经典文学的宝库为依托。以文学文本为中心的英美文学教学离不开“文本细读”，此中“文本”的选择与“细读”的要求都是值得教师思考的问题。文本之洋浩瀚，教学之路悠远，“文本细读”也必定是一个需要在教学实践中不断感悟、不断改善的环节。

参考文献

Cohen, Paula Marantz. “The Seduction”. *American Scholar*, Vol. 80, No. 1, Winter 2011.

Moula, Evangelia, “Teaching Literature within the Frame of Changed Cultural Conditions: The Change of Digital Era”. The International Journal of the Humanities, Vol. 8, No. 3, 2010: 101 – 110.

Murfin, Ross C., S. M. Ray. *The Bedford Glossary of Critical and Literary Terms*. Boston: Bedford /St. Martins, 2003.

高等学校外语专业教学指导委员会:《高等学校英语专业英语教学大纲》，上海: 上海外语教育出版社，2000 年。

纳博科夫:《文学讲稿》，申慧辉等译，上海: 上海三联书店，2005 年。

【姚成贺，首都经济贸易大学外语系讲师】

跨文化、跨学科的 19—20 世纪英美文学教学模式

——从文学性向音乐性的微妙转向

张　磊

摘要：随着文学与包括音乐在内的艺术学科之间互动性的日益加强，当今英美文学的教学模式有必要有意识地借鉴这一兄弟学科的特点，以发挥两者的优势，达到最大合力。就 19—20 世纪的英美文学，尤其是小说而言，彼时的不少重要作家（如奥斯汀、爱略特、哈代、王尔德、詹姆斯、帕切特，等等）往往将各种音乐或声音意象（包括无声）巧妙地引入小说中。这些音乐或声音话语的在场，或使小说的叙事结构本身充满强烈的“音乐性”，或成为指涉性别身份、阶级身份、人物深层性格的“主题动机”、“固定乐思”，对于小说文本的建构、生成、阐释具有不可忽视的重要意义。在教学中，如果教师有意识地引导学生去“聆听”（而不仅仅是被动地“阅读”）这些文本，挖掘它们丰富的“音乐性”（而不仅仅是传统的“文学性”），不仅能激发学生强烈的阅读兴趣，更能启发他们拓展文学阅读、批评的维度，大大加强文学批评常常缺乏的创新性思维意识。

关键词：文学；教学模式；音乐性；跨学科；创新性

随着国际化进程的加快，我国在教育话语权领域的竞争也在日益加强。然而，我国在这方面的优势明显不足。具体到英美文学教学领域，我国高校的教学模式长期处于僵化和单一化的状态，过于局限在纯粹的“文学性”本身。随着文学与包括音乐在内的艺术

学科之间互动性的日益加强，英美文学教学有必要打破单一性的模式，有意识地借鉴兄弟学科的特点，发挥两者的优势，达到最大合力。为21世纪的英美文学教学注入新的活力，开拓更加广阔的发展空间。

一方面，文学与音乐之间的互动与互鉴确实具有充分的同质性基础。虽然音乐与文字表意的方式分别是音符与文字，但它们都是人类文化不可分割的组成部分，都直接或者间接地反映各个时代的社会现实，展现其复杂多样的声（色）谱，而且本身亦参与到所在的社会现实当中，进行重要的文化实践，与社会现实产生一种互相制约、互相影响的对话关系。因此，不论是借用音乐的角度来解读文学，还是借用文学的方式来解读音乐，都是具有可行性的。

另一方面，文学与音乐之间的互动与彼鉴也已经有颇久的传统。从一开始，这两种文化样式就不是楚河汉界、泾渭分明的，它们彼此之间的交融由来已久，尤其是将音乐适当地移植到小说文本之中的互文的呈现方式，往往为文学大师们所采用。

事实上，人类最古老的诗歌里便充满了音乐的意象，诸如风吹竖琴产生的音响、吟游诗人的引吭高歌，等等；而且，诗歌的节奏、韵律与音乐的节奏、旋律亦有相似之处。这个音乐—诗歌传统到了19世纪浪漫主义时期得以发扬光大，这个时期的诗歌大多可以配上朗朗上口的曲调加以演唱。

而小说自18世纪兴起之时，便与音乐之间形成了紧密的联系。音乐在其中占据一定话语权的小说，从英国的小说家菲尔丁那里便开始出现了。随着小说的逐渐发展、成熟，音乐在其中的话语权地位也在不断提升，在19—20世纪达到了高峰。不论是奥斯汀、爱略特、哈代、王尔德、詹姆斯，还是帕切特，都成功地将各种音乐或声音意象（包括无声）巧妙地“嵌入”小说中。

这些音乐或声音话语的在场，或使小说的叙事结构本身充满强烈的“音乐性”，或成为指涉性别身份、阶级身份、人物深层性格的“主题动机”、“固定乐思”，对于小说文本的建构、生成、阐释具有不可忽视的重要意义。如果教师能充分地启发、引领学生注意这些重要的声音元素，从纯粹的“文学性”阅读走向“音乐性”阅读，便能从另一个维度深入解读这些文本。

从形式上来看：

第一，小说中的音乐可以像电影中的配乐一样，作为有用的背景音乐（incidental music），有效地营造、烘托一种特定的气氛、特定的情绪、特定的“音场”（soundscape），其“诉说”的效果常常要远胜于人物间的文字对白或者叙述者从外部所做的直接叙述，可谓“此时无言胜有言”。譬如，亨利·詹姆斯在受爱略特《丹尼尔·狄隆达》影响后所写的《一位女士的画像》这一小说终稿中，让梅尔夫人演奏的是舒伯特，而不是初稿中的贝多芬，就是为了借用舒伯特音乐中的特质营造一种虚假的温馨感、室内感，以达到欺骗天真的伊莎贝尔·阿切尔之目的。再譬如，爱略特小说《弗洛斯河上的磨坊》第一部第五章《汤姆回家了》里，也有这样高度“氛围”化、充满音乐性的声音描述，比言语更恰切地表达了麦琪的心情：“她听着浮着水面上来的鱼又沉下去的轻微声音，树木柔和的飒飒声，就像柳树、芦苇和水也在愉快地低声交谈似的。这时候，她在这种低语和梦幻般的寂静中，感到了莫大的快乐。”（爱略特，2008：35）

第二，音乐中常见的曲式，即奏鸣曲式（sonata form）——呈示部、展开部、再现部、尾声部，同样可以被小说家模仿，作为其小说情节展开的模式（pattern）。在这方面，德国作家托马斯·曼著名的中篇小说《托尼奥·克勒格尔（Tonio Kröger）》成为后来不少英美音乐小说模仿的标准范例。它采用了典型的奏鸣曲式结构，首先呈示了汉斯·汉森和英格波·荷尔姆两个对克勒格尔极为重要的主题人物；展开部则通过克勒格尔与丽莎维塔·伊凡诺芙娜的对话，详细地说明了这两个主题人物对克勒格尔性格、人生的重要意义；再现部则通过克勒格尔旧地重游，回想起与汉斯曾经共同散步的情景，再现了第一主题；在接下来的几天，克勒格尔在小店的舞会中又再见了英格波，再现了第二主题；最后，克勒格尔给丽莎维塔的信则作为尾声，总结了整个故事。

第三，音乐的复调形式——“两个或多个声部（旋律）同时展开，虽然完美地结合在一起，但却仍保留各自的独立性”（昆德拉：92），在“对话体”小说（或者叫作“复调小说”）里得到很好的体现。苏联理论家巴赫金在托斯陀耶夫斯基的小说里便发现了这个重要特征，而在乔治·爱略特等典型的维多利亚小说家的作品里，也常常出现“众声喧哗”的情景。譬如，《米德尔马契》一书的两条主线：多萝西娅失败的婚姻和理想，与青年医生利德盖特失败的婚姻和事业，便在对比、对称、平行和重复的过程中，互相对话、评价着（包括感叹和同情），形成一种二声部的“共鸣”，但与此同时，二者又彼此相互独立、不互相交缠。这就是一种很明显的“复调”形式。

第四，音乐（包括乐谱和乐器）可以作为调节叙事节奏、推动情节发展，或者设置悬念的重要线索，或者作为一个不断重复、变奏的“主题动机（leitmotiv）”，“以一种简短的表达方式让读者回忆起一整套的、往往具有复杂性的想法、人物或者情景”（Brown：217），使一些看似结构散漫的作品变得有内在的结构性。奥斯汀《爱玛》中引发爱玛不可靠叙述的简·费尔法克斯的钢琴馈赠之谜，或者萨克雷《名利场》爱米丽亚失而复得的钢琴的馈赠之谜，都是很好的例子。在爱略特的《弗洛斯河上的磨坊》中，音乐起到的“主题动机”作用则更大。事实上，在这本小说中，正是两个重要的母题、动机（motif）将麦琪一生的传奇遭遇贯穿起来，即音乐和天堂（Paradise，或 Eden，有时也翻译成“乐园”）。麦琪从小到大，和汤姆、费利浦、斯蒂芬三人的感情纠葛，其实没有一处离开过一系列音乐“天堂”的隐喻：麦琪与汤姆小时无忧无虑的生活、歌唱，就像是在未沾染尘世的伊甸园；长大后麦琪遇到会唱亨德尔歌剧《阿西斯与加拉蒂亚》（Acis and Galatea）的费利浦时，就像“穿过了黄金的门”（爱略特，2008：171）；而麦琪和斯蒂芬初见时，听到他与自己表妹露西唱的也是海顿清唱剧《创世纪》里的《天堂二重唱》；陷在与斯蒂芬、费利浦、露西多角关系恋爱的困扰中，最后淹没她肉体的大洪水其实是拯救了她的灵魂，让她重新返回到理想的天堂，也在结构上完成这一音乐“天堂”的叙述。

第五，小说家有时候会把某种特定的音乐和特定的人物、特定的性格联系在一起，成为辨认其身份的“主题动机”、“固定乐思”。通过这些人物亲自演奏或者欣赏的音乐，读者便可以试图判断演奏者或欣赏者“内在、真正性情的一个重要方面”（Solie，153）。福斯特在《小说面面观》里提到的“扁形人物”（用音乐的术语来讲，就是“始终固定在一个调性上”），便是最好的例子。譬如，柯林斯小说《月光宝石》里的反面人物福斯克伯爵，代表他的主题音乐便是作曲家罗西尼的歌剧。罗西尼擅长在歌剧中创造音乐的风暴和渐强的顶点，而福斯克在狞笑着自弹自唱罗西尼的《摩西在埃及》、《塞尔维亚的理发师》等作品时的表现则达到了类似效果，对听者，尤其是劳拉产生了一种巨大的威胁感和压迫感，清楚地感受到他内心的某种邪恶和阴暗。福斯克的触键能让钢琴震颤、让茶杯拼命地摇晃不止，而他如洪钟般的低音、在踏板上踩出的重音更加深了他的恐怖形象。

从主题意义上来看：

第一，作为一种不可充分翻译、不可直接说出、只能以抽象、隐喻的方式去体会的“绝对语言”，音乐可以为小说中的某些人物提供便利，成为其表达隐秘思想、情感的手段，尤其在文字语言表达不合适的场合。譬如，维多利亚时期的很多小说中都有用音乐“合法”调情、求爱的场景。而王尔德《道林·格雷的画像》中的格雷更是用音乐这种特殊的“暗号”来对特定的对象“说出”（articulate）自己隐藏的同性恋欲望，只有特定的对象才能成功“解码”。

第二，乐器（尤其是钢琴）的占有、音乐的类型、音乐的演奏场所都“与家国意识形态紧密相关”（Leppert，155），可以用来指涉社会差别，充分反映出演唱（奏）家和听众经济、政治地位的不同。

先来看乐器（尤其是钢琴）的占有这一点。在萨克雷的《名利场》中，钢琴的得失便在很大程度上标志着爱米丽亚一家社会地位的浮沉。而爱略特更是成功地把钢琴和钢琴的意识形态属性写到了多部小说里。譬如，《米德尔马契》里的罗萨蒙德在演奏时，其实根本没有真正用心去理解钢琴音乐的含义，但是因为她家庭条件好、又有借此寻找“金龟婿”的野心，所以有机会专门学习这一门“技术活儿”以装饰自己。她的演奏即使没有任何出彩之处，至少也能模仿曲谱上的音符流动，达到虽表面却也无法被轻易指责的层面（即回声式、“鸡肋”式的演奏，没有融入任何个人的、具有创见性的理解）。毕竟，作为炫技之用，这种层次已经足够了。

音乐的类型、音乐的演奏场所，在小说中同样不是空洞的能指。爱略特《米德尔马契》中的布鲁克先生虽然没有什么真正的艺术鉴赏力，但在强大财力和精力的基础支撑下，便可以骄傲地扬言自己“听过最好的音乐——我到过维也纳（而不是别的什么地方），看过歌剧（暗示这不是其他的通俗玩意）：格鲁克，莫扎特，什么都见识过”（爱略特，1987：62）；在爱略特的《丹尼尔·狄隆达》中，名伶阿尔切瑞西也常常表示出对那些不能来音乐厅观看她演出之人的蔑视。不仅如此，对能来音乐厅的人，她也会划定三六九等，只与那些最具有利用价值的社会名流交往，比如那位最后娶了她的沙俄贵族，还有暗恋她却毫无结果的雨果爵士。

第三，小说里常常出现的音乐的听觉性与视觉性之并置，亦可以反映权力对性别身体的控制和僭越。音乐中的视觉部分可以“转变为性之展示或艺术的商业化”（Clapp－Itnye，42）。譬如，在爱略特的小说《丹尼尔·狄隆达》中，极力追求自我的前歌剧名伶阿尔切瑞西在曾经看似“光彩照人”的演艺生涯背后身心也付出了沉重代价，不仅在演艺生涯中被不断“合法”凝视和鄙视，最后亦不得不在自己面临“失声”危机之时下嫁于权贵，成为权贵玩弄的对象；而被大音乐家克莱斯默称作真正的“音乐家”的米拉之所以坚决拒绝在音乐厅一类的地方公开演出，也是因为她在离开父亲控制之前对男性权力僭越女性歌者所留下来的创伤记忆所致。

总之，在教学中，如果教师们有意识地引导学生去“聆听”（而不仅仅是被动地“阅读”）这些文本，挖掘它们丰富的“音乐性”（而不仅仅是传统的“文学性”），不仅能激发学生强烈的阅读兴趣，更能启发他们拓展文学阅读、批评的维度，大大加强文学批评常常缺乏的创新性思维意识，对于学生未来的科研发展必然大有裨益。

参考文献

米兰·昆德拉：《小说的艺术》，董强译，上海：上海译文出版社，2004。

乔治·爱略特：《弗洛斯河上的磨坊》，祝庆英、郑淑贞、方乐颜译，上海：上海译文出版社，2008。

乔治·爱略特：《米德尔马契》，项星耀译，北京：人民文学出版社，1987。

Leppert, Richard. *The Sight of Sound: Music, Representation, and the History of Music.* Berkeley: University of California Press, 1993.

Brown, Calvin S. *Music and Literature: A Comparison of the Arts.* Athens, Georgia: The University of Georgia Press, 1948.

Clapp – Itnye, Alisa. *Angelic Airs, Subversive Songs: Music as Social Discourse in the Victorian Novel.* Athens: Ohio University Press, 2002.

Solie, Ruth A. *Music in Other Words: Victorian Conversations.* Berkeley: University of California Press, 2004.

【张磊，中国政法大学外国语学院讲师】

大会发言小结（3）

东北师范大学外语学院张颖教授在“关于公费师范生美国文学课教学与教材的思考”的发言中首先指出了师范大学的学生对英美文学课不太重视的原因，进而提出公费师范生文学课程设置要符合实际，从教学内容、教学模式、教材选择上做相应的改进。北京外国语大学潘志明教授在“语言、知识、思想——英美专业英美文学课程教学体会”的发言中，从语言、知识、思想三者的内在联系中阐发自己对英美文学课程教学的思考，强调思想的重要性，呼吁在教学培养方案中加强思想内容的培养，并做好三者的有机结合。中央民族大学吴泽庆副教授的发言题目为“从剑桥大学英文系文学课程的设置谈起”。他以在剑桥大学访学时的第一手材料为研究对象，详细介绍剑桥大学英文系文学课程设置的特点和特色，尤其强调剑桥大学对学生论文写作方面的重视。中国政法大学张磊老师在“跨文化、跨学科的19—20世纪英美文学教学模式——从文学性向音乐性的微转向”的发言中认为，诸多作家都将音乐的意象引入作品。因此我们也应走向音乐性的教学模式，尤其是在小说中，音乐是非常重要的音素之一。对作品音乐性的挖掘不仅能激发学生的阅读兴趣，更能拓展他们的文学阅读和批评维度，大大加强文学批评所缺乏的创新性思维意识。

精彩点评（3）

梁孙杰
（台湾师范大学）

梁孙杰教授首先用“当我们遇到他者”为题对这一组的发言概括总结。他认为，张颖老师谈到公费师范生，是时势所趋。文学在大环境中有所撞击，才能让我们发现本身的欠缺之处。吴泽庆老师所谈剑桥大学的经验和我们本土的英美文学教学是一种碰撞。这些撞击可能愉快，可能痛苦。在这个过程中我们需要更加开放，接受他者。潘志明老师的讲话谈到从语言知识到思想的转变，这是非常重要的一点。张磊老师从音乐性探讨，又反过来看到音乐性对文学教学的裨益。因而，我们可以看到，在这个从单一到多元、从同质性到复杂性众声喧哗的时代，我们必须容纳他者，将主体性跟他者之间建立起某种关系。

第五部分

英美文学教学方法的改革与创新

多维度课程内容设计体系下的英美文学教学

吕红兰

摘要： 英语专业英美文学教学面临着诸多困境，如何从课程内容设计着手去改变英美文学的教学现状是一个值得深思的研究课题。本文从课程体系改革、ESP教学理论、任务型教学法理论和多媒体网络语境入手探讨了英美文学的课程内容设计，为提高英美文学教学质量、开创英美文学教学的新局面进行了有益的探索。

关键词： 多维度课程内容设计；英美文学教学；ESP教学理论；任务型教学法

目前我国高等教育的外部环境和内部环境都在进行着变革，外向型经济的迅速发展使得大学生就业转向了市场选择型，本科教育也由原来的专才教育转变为现在的通才教育，曾经是英语专业主要支柱课程的英美文学教学也面临着越来越大的挑战。与市场关系较大和就业密切联系的外贸英语、商务英语、法律英语和旅游英语等实用课程的增添，使得英美文学课程受到冷落的现实已经不可回避。同时，由于英美文学课程涉及英国和美国的历史文化背景、英美文学发展历史、原著赏析以及复杂的文学理论，内容较为庞杂，在教学过程中，为了让学生能够在较短的时间内学习更多的内容，教师难免会采用“满堂灌”、“点到为止”或是“一带而过”的教学方法，而这种教学方法往往使学习者缺乏对英美文学的学习兴趣和主动性。英美文学课程内容该如何设计才能使英美文学教学突破目前面临的瓶颈也是迫在眉睫需要解决的问题。

一、课程设计改革体系下的英美文学课程内容设计

1. 确立明确的教学目的

《高等学校英语专业英语教学大纲》中提到英语专业文学课的目的是“促进语言学生的语言基本功和人文素质的提高以及增强学生对西方文学及文化的了解”，因此英美文学课程改革应该建立在以学生为中心的基础上，把语言与文学结合起来培养学生英语语言技能，发展学生创新思维，促进学生人格健康发展。在课程内容设计中，教师应该关注文学教学方法的使用、课程内容设计方法的采纳和课程内容设计标准的把握等因素。

2. 精选教学内容

英美文学教师需要精心选择和优化教学内容，从而提高学生的学习兴趣；综合运用各种教学方法，努力提高学生文学课的参与性；充分运用现代教育手段，提高文学课的趣味性；积极开展实践教学，提高学生文学学习的主动性。同时在教材内容的选择方面要注意把握课程内容的难易度应该符合本学校大多数学生的英语水平，课程内容尽量接近现代，与学生生活、情感、经历有所关联，以便激起学生的共鸣。按照《大纲》的要求，结合专业特点和地域特点，教师要对英美文学教学内容进行适当调整。

3. 划清英美文学学期

为了扩大学生文学知识阅读量，英美文学课可以分为两个学期，英国文学和美国文学各设一个学期，鉴于英国文学史较长和作家偏多的原因，可以将英国文学设为每周四节课，美国文学每周两节课。

4. 选择合适教材

选择教材时要考虑内容简单和选读内容丰富的教材，如王守仁教授主编的《英国文学选读》和陶洁主编的《美国文学选读》。这两本教材都在前言中对英国文学的发展史和美国文学的发展史作了汉语介绍，改变了以前英美文学选读课本中缺乏对英美文学史发展

的总体介绍的状况。在对英国文学和美国文学的整体发展历史做了一个梳理的过程中，直观地展现了文学发展的历程，给予学生一个自主阅读文学作品的参照体系。由于文学创作的独特性、复杂性和多义性以及文学发展史的相对模糊性，对文学史进行横切面分类十分必要。以 17 世纪英国启蒙时期文学为例展示了这个时期英国文学发展的简单历史，同时也展示了这个时期出现的著名作家及其主要作品，这样学生便于自主研究个人感兴趣的作家和作品，避免了教师在课堂教学中由于个人的好恶而漏讲的文学作品，从而缩小学生的文学视野的弊端。同时，教材中作者简介和选读内容提要均采用汉语介绍的方法，降低了学习的难度，增添了学生自主学习的积极性。作品选读内容长度的相对缩减，汉语注释的采用都使以往英美文学教学内容阅读偏难使学生望而生畏的情绪降低，课后较为简单的英文思考题的增添，也增强了学生对所学文学内容的创造性思考的能力。课后多个网站的提供拓宽了学生的文学阅读视野。

二、ESP 教学理论下的英美文学课程内容设计

ESP（English for Special Purposes）是英语语言教学的一个分支，是相对于 EGP（English for General Purposes）而言的。ESP 教学在英国大学教学中颇为重视，比如阿伯丁大学，在这种理论下进行课程设计可以促进教师教学行为转化，能够丰富教师角色的内涵。ESP 是与某种特定职业、学科或目的相关的一种英语语言的变体。[1] ESP 教学的特点是建立在对学习者需求分析（needs analysis）之上的，可以根据学习者的需求确定教学目标，选择教学内容和采纳灵活多变的教学方法。Dudley Evans & St. John（1991）指出，合格的 ESP 教师在教学中应该具备六种角色功能：1. 合格教师（qualified teacher）；2. 课程设计者（course designer）；3. 教学材料的提供者（materials provider）；4. 学生的合作伙伴（collaborator）；5. 教学研究人员（researcher）；6. ESP 的测试和评估者（evaluator）。[2] 英美文学课作为英语的专业课程有着特殊的教学目

的，和其他基础英语专业课程在课程设计方面有所不同，它的课程设计符合 ESP 教学理论要求。英美文学教师有必要在教材的基础上进行符合教师自我和学生水平的课程内容设计，在教学中努力做到符合 ESP 教学要求的六种角色。首先英美文学教师必须具备专业知识，有着良好的文学素养。在课程内容设计中不拘泥于教材，能够根据学生的实际水平，灵活处理教材中的内容。作为教学材料的提供者，能够利用各种现代化手段及时为学生提供更多的具有丰富的相关教学内容的英美文学知识阅读材料，如通过多媒体课件展示丰富阅读材料、提供相关网站的名称、提供有关作品改编电影的 DVD 光盘等。在课程设计中，尤其是教学任务设计中，把学生当作合作伙伴，如给学生机会以 PPT 展示作家生平和写作背景、介绍作品、参与和学生讨论作家及其作品等。在课余对英美文学教学方法进行研究，并能够以 ESP 理论去测试和评估学生学习能力。

三、任务型教学法理论下的英美文学课程内容设计

印度的勃雷泊（Prabhu）（1983）提出了 Task - based language teaching 即任务型语言教学法，是指教师通过引导语言学习者在课堂上完成任务来进行的教学。[3] 任务型教学法以任务组织教学，在任务的履行过程中，以参与、体验、互动、交流、合作的学习方式，充分发挥学习者自身的认知能力，调动他们已有的目的语资源，在实践中感知、认识、应用目的语。语言学家斯温纳（Swain）在 20 世纪 80 年代后期提出的输入假说强调了学习者不仅需要“可理解的输入”，更需要“可理解的输出”。[4] 任务型教学的基本特点是：1. 通过完成任务来学习语言，鼓励课题教学活动之间的联系。2. 强调以学生为中心而不是以教师为中心，使学生的主体作用得到充分的发挥。3. 加大语言实践的活动量，鼓励学生创造性地使用语言。4. 强调学习活动和学习材料的真实性。5. 在现实性的交际活动中，在完成语言任务的过程中，语言表达的流畅性重于表达的准确性。英美文学教师在课程设计中，可以利用任务型教学法，

结合英美文学课程的特点，对学生进行需求调查、需求分析是课程内容设计的重要环节，有利于教师了解学习者所需求的语言知识和技能、判断现有课程内容能否满足学习者需求和了解学习者在学习中遇到的问题。王守仁（2000）教授认为，英美文学课程是一门素质培养课程。学生通过阅读英美文学作品，主动参与文本意义的寻找、发现、创造过程，逐步养成敏锐的感受能力，掌握严谨的分析方法，形成准确的表达方式。这种把丰富的感性经验上升到抽象的理性认识的感受、分析、表达能力，将使学生受益无穷。[5]任务型教学能够充分体现以学生为主体，以人的发展为本的教学理念。在英美文学教学过程中，根据不同层次学生的水平，根据不同的文学题材设计不同的教学任务，让学生通过与学习伙伴合作协商去完成任务，同时让学生在学习的过程中反思、顿悟和自醒，从而最大限度地调动学生学习内因，让学生在完成任务中体验成功的喜悦，增添对文学美的鉴赏能力。如表1：

表 1

选读题材	任务类型			
诗歌	听英语原文朗诵	分组朗诵	分组背诵	分组讨论主题思想
散文	听英语原文朗诵	分组朗诵	分组背诵	分组讨论主题思想
戏剧	观看戏剧改编的电影	分角色朗诵戏剧对白	分组模拟戏剧对白	分组讨论主题思想、分析人物性格、课后写作品评论、人物评论
小说	观看原著改编的电影	分组进行段落分析、分组进行模拟电影配音	分组讨论作品主题思想、分析人物性格特点、PPT介绍作家和作品	分组讨论主题思想、分析作家写作特点、课后写人物评论、作品评论、电影观后感

英美文学课堂教学相关的任务，都要进行详细周密的筹划，通过这种教学法来激发学生的学习兴趣，在设计任务时可以根据中国课堂教学中学生人数较多的实际情况，对学生小组活动的安排分成几种形式：学生单独完成任务，两人小组、四人小组、八人小组、和以班级为小组的形式来进行。这样有利于培养他们的英语综合能力、沟通能力、团队合作能力、创新能力，等等。参加课堂的小组讨论能够发展学生的创造性思维和健全学生的人格发展，背诵英文诗歌和模拟英语戏剧对白有利于培养学生的英语语感；进行有关文学的写作练习不仅提高学生的英语写作水平，同时可以提高学生的分析能力和进行科研的能力。

四、多媒体网络语境下的英美文学课程内容设计

信息技术的迅速发展，特别是多媒体和网络教学的兴起，使学生在英美文学课堂上获得大量真实语言资料成为可能，使得英语教学受时间和地点的局限性缩小，学生可以利用多媒体和网络资源进行个性化和自主式学习。如今各高校的多媒体教室基本上都能够支持播放教师制作的各种教学课件、各种音频材料、视频材料，有的还可以直接链接网络进行网站搜寻和播放及时所需的教学内容。根据英美文学课程的特点，英美文学教师在课程内容设计时要充分发挥多媒体教学和网络技术的优势，使英美文学教学变得有声有色，由平面走向立体。“博客”和 QQ 作为网络交际工具，为现代外语教学的开展提供了一个很好的平台，它的很多特点与英美文学教学的诉求不谋而合，可以有效地进行利用。教师可以建立自己的英美文学博客以及和学生互动的 QQ 群，在博客中介绍一些学生缺乏的文学理论常识，教师也可以根据学生的提问在 QQ 群中进行回帖解答。对于这些问题的解答则可以供所有阅读博客的学生和在 QQ 群中的学生共同分享。因此博客和 QQ 群的交流方式具有开放性、互动性的特点，同时，教师可以充分发挥博客在文本与多媒体可交互使用方面的特点，在保证英美文学电子文本材料输入的基础上，结

合图片、视频、影视等多媒体辅助手段，一方面可克服纯文本材料枯燥无味的不足之处，另一方面在增强学生视觉和听觉的前提下，极大地增加他们了解相关文学作品及相关背景知识的兴趣。教师可以根据教学及学生的需要，在博客和QQ群中提供某些链接和网址。学生可以依照博客中提供的链接、网址，浏览、阅读相关的内容。而教师则可以进一步根据博客中学生所反馈的信息，不断更新博客中的链接与网址及相关文本、多媒体资料，从而可大大提升学生英美文学学习的积极性与主动性。教师可根据不同的文学题材，利用多媒体和网络的便利设计英美文学课程内容。如表2：

表2

选读题材	多媒体和网络利用形式			
诗歌	播放MP3英诗原文诵读	PPT教学内容制作：有关诗人肖像、故居和诗歌的插图插入	网络搜寻更多诗人信息、更多诗歌赏析信息	通过博客、QQ群和学生进行文学探讨
散文	播放MP3英语散文原文诵读	PPT教学内容制作：有关作家肖像、故居和诗歌的插图插入	网络搜寻更多有关作家信息、更多散文赏析	通过博客、QQ群和学生进行文学探讨
戏剧	播放由戏剧改编的电影	PPT教学内容制作：有关作家肖像、故居和戏剧的插图插入	网络搜寻更多有关作家信息、更多戏剧赏析信息	通过博客、QQ群和学生进行文学探讨
小说	播放由小说改编的电影	PPT教学内容制作：有关作家肖像、故居和小说的插图插入	网络搜寻更多有关作家信息、更多小说赏析信息	通过博客、QQ群和学生进行文学探讨

五、结束语

作为英美文学课程内容的设计者和实施者，教师自身的教学理念、创新意识、知识结构和实践能力也是制约课程内容设计成功与否和实施效果的关键因素。英语专业的英美文学课程内容设置要从学生的需求出发，注重培养学生的理解力而非记忆力，注重增强学生主动探索中西文化差异性的能力，注重在文学欣赏中发展学生创新思维能力。把语言学习与文学学习结合时，还要加强学生语言技能的发展，增强学生对英美国家文化的了解。

参考文献

张琳琳．澳大利亚商科课程设计在中国高校 ESP 教学中的应用．陇东学院学报，2010（2）：124－126.

Johns Ann M. Dudley － Evans，Tony. English for Specific Purposes：International in Scope，Specific in purpose，TESOL Quarterly，1991，25（2）：297－314.

涂敏．任务型教法在高校英语专业综合英语课堂上的运用．湖北广播电视大学学报，2012（4）：120.

王烈琴，李建魁．克拉申的输入假设与斯温纳的输出假设的比较研究．宝鸡文理学院学报，2009（2）：87－88.

王守仁，虞建华．英美文学研究论丛［M］．上海外语教育出版社，2000.

【吕红兰，河南科技学院外语系副教授】

全球化与功利主义时代的中国英美文学教学现状与对策

田俊武

摘要：本文从全球化和功利主义的语境出发，分析了我国当下英美文学教育的困境。在回顾西方理性主义教育和民国时期外国文学教学经验的基础上，提出我国英美文学教学摆脱困境的迫切性和具体的对策。

关键词：全球化；功利主义；英美文学；教学改革

随着世界经济一体化进程的加快和互联网的出现，整个世界进入了全球化和信息化时代。具有反讽意味的是，当全球化和信息化革命在20世纪末进入中国的时候，功利主义也接踵而至。两股思潮对我们中国的大学教学尤其是英语专业的英美文学教学带来怎样的影响，我们如何应对两种思潮对英语专业中的英美文学教学带来的挑战，这是当下从事英美文学教学和研究的中国学者们所关心的问题。

一、全球化与英美文学教学的便利条件

全球化是当下人们广为探讨的话题。美国社会学家安东尼·吉登斯认为，全球化就是“某个场所发生的事物受到遥远地方发生的事物的制约和影响，或者反过来，某个场所发生的事物对遥远地方发生的事物具有指向意义；以此种关系将远隔地区相互联结，并在全世界范围内不断加强这种关系的过程”（Giddens，1990：64）。

也就是说，在当今的时代，全球范围内任何一个空间点所发生的事情都与其他空间的人与事发生着千丝万缕的联系，世界的五大洲和四大洋已经浓缩成一个信息和资源共享的地球村。促使世界走向这种信息和资源全球化的一个重要载体是互联网技术。以 Internet 和 Google 搜索引擎为代表的信息传播媒介将世界各国的信息元素以万花筒般的方式呈现在全人类的面前。

就英美文学的教学和学习而言，坐在中国某个大学教室、图书馆甚至寝室的一个学生只需要轻轻地点一下鼠标，就可以轻松地通过视频聆听哈佛、耶鲁、牛津、剑桥等世界名校的英美教学讲座，查阅这些名校图书馆里关于英美文学研究的资料，通过 e－mail 与这些大学的知名教授探讨英美文学研究的观点，通过 Google 搜索到世界各地出版的英美文学研究专著和论文。全球化时代中国大学生学习英美文学课程的便利条件，是 20 世纪初的民国时代大学生和讲授西方文学的大学教授们想都想象不出来的。在民国时代，开设西方文学课程的主要有北京大学、燕京大学、清华大学和后来的西南联合大学等。在这一历史阶段，资料的匮乏、通讯交通的不畅曾经严重影响了西方文学的教学。比如清华大学西语系的英美文学教授要与剑桥大学的教授通讯探讨一个学术问题，那么这封信恐怕要走好几个月才能到达对方那里，一来一回恐怕要大半年时间。在西南联合大学时代，战争的炮火使得中国的英美文学教学更是雪上加霜，更不要说对外的信息交流了。

二、功利主义与中国当下英美文学教学的困境

但就是在那信息闭塞和战乱蜂起的时代，民国时期的西方文学教学却给我们培养出像季羡林、钱钟书、王佐良、陈嘉、许国璋、李赋宁等学贯中西的重量级人物。与此呈反讽性悖论的是，在全球化时代，我国当下的英美文学教学非但没有培养出一个具有世界级影响的人物，反而使我们的英美文学教学被严重地边缘化，成了外语院系课程设置中一个可有可无的摆设。在教育部颁布的高等院校

英语教学大纲中，英美文学的课时和内容被大大地压缩，外语院系的领导们认为英美文学课无助于培养学生的英语表达能力，当代的大学本科生认为学英美文学课程不好就业。于是乎，这种自上而下的合力将英美文学教学置于一种濒临灭亡的境地。

造成这一现状的根本原因是我国当下盛行的功利主义思想。功利主义作为西方的一种价值观学说，在其创立之初，本来有其积极的意义。功利主义思想家边沁认为："功利原则指的就是：当我们对任何一种行为予以赞成或不赞成的时候，我们是看该行为是增多还是减少当事者的幸福；换句话说，就是看该行为增进或者违反当事者的幸福为准"（宋希仁，2004：286）。这种以幸福作为衡量人类一切行为评判尺度的哲学观在后来的发展中，竟演化成将功利和效用作为衡量人类一切活动评判尺度的庸俗功利主义思想。功利主义思想对我国教育的影响，早在1952年的全国院校调整中就初见端倪。国家过分强调开设能在短时期带来科技、经济、政治、军事效益的学科，大量压缩人文学科。在外国文学教学中，推崇苏联的社会主义现实主义文学，拒斥英美国家的浪漫主义和现代主义文学。在幸存的英美文学教学中，也是过分推崇狄更斯、斯坦贝克、德莱塞、O. 亨利等揭露资本主义黑暗的英美作家，而将英美文学中的其他精华拒之国门之外。到了当下，功利主义思想犹如一股毒物，蔓延到中国社会的各个角落，尤其使中国的大学教学深受其害。教育部将大学的专业和就业率挂钩，一个专业连续三年就业率低于教育部规定的比例，就要砍掉这个专业。外语院系为了使自己培养的学生在就业市场上受欢迎，突出学生的听说技能的培养，就给英语专业的学生额外传授一些外贸、经管、科技等方面的知识，美其名曰培养复合型人才。而英美文学，这种提高人才基本素质、像老酒一样潜移默化地发挥效力的课程就被忽视甚至人为地给边缘化了。1998年在教育部的授意下，来自北外、华东师大、南京大学等高校的英美文学教学第一线的教授起草了一份文件，这份《关于外语专业本科教育改革的若干意见》的文件认为："我们应当清醒地面对这样一个现实，即我国每年仅需要少量外语与文学、外语与语言学相复合的专业人才，以从事外国文学和语言学的教学和研究工作，而大量需要的则是外语与其他有关学科如外交、经贸、法律、新闻等结合的复合型人才，在他们的工作中外语是一种工具。培养这种复合型外语专业人才是市场经济对外语专业教育提出的要求，是新时代的需求”（何其莘等，1999：24－28）。在这一“若干意见”的指导下，曾经有某些外语院系主张彻底砍掉英美文学教学，只是在刘象愚等老一辈英美文学专家们的呼吁下，这一行为才得以遏制。在这种从国家到大学的功利主义教育思想的影响下，当下的大学生在选择专业和课程的时候，自然也具有功利主义的考虑。大学生在选择专业的时候，英语专业大多不是自己的第一志愿。曾听北大英语系的教授讲，即使像北大这样的以文理见长的国内名校，第一志愿报考英语系的大学生也不足三分之一，英语系三分之二以上的生源主要从报考北大考生中的第三、第四志愿中调剂过来。在清华、上海交大、华科大等著名理工科大学，第一志愿报考英语系的考生几乎为零。那些勉强被调剂到英语系的大学生们，在选择自己的课程时，也大都选择语言知识、翻译、科技英语、商贸英语之类的课程，来为他们未来的就业增加筹码。英美文学课程是他们很少主动选学的课程。即使作为必修课来被迫选择，逃课的现象也是家常便饭（程爱民，2002：17）。

当然，造成中国当下英美文学教学如此困境的原因，除了国家、大学和学生们的功利主义思想以外，讲授英美文学课程的大学教师自身的素质和功利主义行为也是导致英美文学教学被边缘化的一个重要原因。民国时期没有我们当下的多媒体等现代化教学手段，北大的叶公超、清华的吴宓、南开的柳无忌等知名教授，仅凭一根粉笔和一份讲义，就能把英美文学课程讲得深刻生动，让学生听得如痴如醉。而我们当下某些讲授英美文学课程的大学教师，他们自身的口语水平和文学素养不足以支撑他们把英美文学课程讲好。他们所能做的，就是把丰满多彩的英美小说、诗歌、戏剧和散文及其这些作品里蕴藏的人生寓意化为僵死的PPT，化作对文学时代、作家生平和作品的简单罗列，这当然会使处在信息爆炸时代的青年大学生们感到索然寡味。其实，英美文学中丰富的语言、生动的故事情节、深刻的人生哲理，本来会使这门课程比计算机、财会、外贸等课程更能引起学生们的兴趣的。但是我们的某些讲授英美文学课程的大学教师却不屑于将这门课程上好。为什么呢？功利主义作怪也。在我们当下的大学评价体系中，发文章和取得国家科研项目是职称晋级的主要条件，而教学效果却并不被看重。当下的教师们面临的选择不是 teach or perish，而是 publish or perish。上海交通大学电信工程学院的晏才宏把一门基础物理课讲得炉火纯青，甚至吸引许多文科系的学生前去旁听，但他在 57 岁去世的时候还是个讲师，因为没有科研成果。浙江大学哲学系的朱淼华，把一门枯燥的科学技术哲学史讲得神采飞扬，但在 43 岁的时候却被浙江大学解聘，因为没有科研文章发表。这种功利主义评价体系迫使我们的英美文学教师去埋头写文章、搞项目，而不注重英美文学课堂教学。课堂效果不好，自然就不会吸引学生。

三、改变我国当下英美文学教学困境的思路与对策

要改变我国当下的英美教学困境，首先，要肃清我国大学中盛行的功利主义思想，如果这个大气候不改变，外语院系中轻视英美文学教育的小气候也改变不了。我们的大学，不应功利主义地办成职业培训所，而应该像西方那样将大学办成“探索普遍学问的场所。”早在 19 世纪，英国理性主义教育家纽曼就提出了关于大学的理念，认为大学“是所有知识和科学、事实和原理、探索和发现、实验和思考的有效保护力量”（Newman，1987：438），是“智慧之府，世界之光，信仰的使者，新生文明之母”（Newman，1987：473）。根据纽曼的办学思想，只要是有利于培育“智慧之府、世界之光”的课程，我们都应该开设，而不要考虑它与未来的就业方面的联系。英美文学课程，就是英语系里进行这种知识通识教育的重要课程。在这方面，民国时期清华大学对外文系的教学定位很符合纽曼的办学思想，值得我们学习。当时的清华大学外文

系的定位是培养“博雅之士”。所谓“博雅”，就是“熟读西洋文学之名著”，“了解西洋文明之精神。”要达到这种“博雅”，英美文学教学是最理想的手段。为此，清华大学要求学生必须选修“属于全体之研究”的“各时代文学史”，“以求一贯之博通”；学生还要“专治一国之语言、文字、文学，而为局部之深造。”当时燕京大学、北京大学外文系的教学定位，大致如此。清华外文系在教学中注重西方戏剧教学和研究，结果为中国培养出了像洪深、李健吾、曹禺、英若诚等那样的著名戏剧家；清华大学外文系开创的中西比较文学教学，培养出了季羡林、钱钟书、李赋宁等学贯中西的大师。对于民国时期清华大学外文系的教学思想，王佐良先生深有感触地说：“通过文化来学习语言，语言也会学得更好。语言之有魅力，风格之值得研究，主要是因为后面有一个大的精神世界：但这两者又必须艺术地融合在一起，因此语言表达力同思想洞察力又是互相促进的”（张西平，2007）。我们当下的外语教育虽然囿于时代的变化不能全盘复古，但民国时期的外语教育思想，还是值得我们好好学习的，在英语教学中如果舍弃或削弱了英美文学教学，那么我们的英语教学将陷入灾难性的境地。

如果我们的英语教育，连英美文学都不教，还奢谈什么跨学科教育？早在20世纪初，蔡元培先生主政北京大学时，就提出了跨学科教育的理念：“破学生专己守残之陋见……治文学者，恒蔑视科学，而不知近世文学，全以科学为基础；治一国文学者，恒不肯兼涉它国，不知文学之进步，亦有资于比较；治自然科学者，局守一门，而不肯稍涉哲学，而不知哲学即科学之归宿，其中如自然哲学一部，尤为科学家所需要；治哲学者，以能读古书为足用，不耐烦于科学之实验，而不知哲学之基础不外科学，即最超然之玄学，亦不能与科学全无关系”（蔡元培，1980：59）。许国璋先生虽然不是北大毕业的，但他当时所在的清华大学外文系同样注重跨学科教育。所以，许先生不仅成为我国的语言研究大师，也是我国早期研究英国浪漫主义诗人雪莱的专家。反观我们当下外语教育培养出来的教授，有几个能同时精通语言与文学呢？在当今世界，跨学科学习和研究已经成为一股不可阻挡的潮流。比如“法律与文学”运动的领军人物里查德·波斯纳，他的本科是在耶鲁大学的英国文学系就读的，对“新批评”、接受美学、读者反应论、解构主义文学等批评理论耳熟能详。欧美文学作品，无论是诗歌还是小说，也无论是古典的还是现代的，对于波斯纳来说更是熟悉到脱口而出的地步，而且总能运用得恰到好处。我们所熟知的“读者反应论”的代表人物斯坦利·费什，本身还是一个著名的法学教授。再回头看我们中国当下的英语教育，英语语言与英美文学本来是毛与皮的关系，离开英美文学，英语语言还怎么存在？但就是同一学科内部的两个分支，我们还不想兼跨，天知道我们的英语教育能培养出什么人才。比如说，离开英美文学，你能搞好英语翻译尤其是笔译么？让莫言的作品走向世界的，不是我们自己的外语教育培养出的翻译家，而是美国的翻译家葛浩文和瑞典的陈安娜，这本身就宣告了我们国家单向性的、功利主义教学的失败。

其次，认清了我国当下英美文学教学的困境之后，我们要采取一些应急措施来改变这种每况愈下的危机。一个立竿见影的措施就是引进一些英美国家名校的专业教授来讲授英美文学课。我们的大学生不是希望获得纯正、流利的英语么？那么就让他们听外国专家讲授的英美文学课，使他们在吸收语言的同时，也接受英美文学知识和精神的熏陶。这不仅是一个应急措施，在长远的教学过程中也是必要的。在民国时代，清华外文系和北大西语系聘请新批评创始人瑞查慈、剑桥诗人燕仆孙和痴迷中国文化的阿克顿来系里任教，不但使学生们深谙英美文学的精髓，而且还培养了一大批能研究英美文学并用英语进行创作的高端人才。

第三，在本科阶段的英美文学教学中，教师们应该解决好怎样教的问题，具体表现在文学史和作品选读的比例关系、文学理论和文本分析之间的融合关系、作品讲授和多媒体的互补关系等。文学史不应该是文学时代和作家生平的简单罗列，而应通过文学时代的更迭和作家人生的变迁，揭示出文学对人生的启示。比如说讲文艺复兴运动，教师们应该将它放在欧洲文化的大背景之下，阐释文艺复兴怎样强调了以人为本的思想，这种人本主义思想怎样在作家的作品中通过生动的故事情节和丰满的人物形象表达出来。在讲具体的文学作品时，究竟应该不应该切入过多的文学理论，这是仁者见仁、智者见智的问题。笔者 2011 年在耶鲁大学做富布赖特访问学者的时候，曾经比较了耶鲁大学两位资深教授给本科生上文学课的方法和效果。一位是莎士比亚专家 David Scott Kaston，给本科生讲解莎士比亚的戏剧作品；一位是来自香港的华裔美国人，给本科生讲解美国现代主义文学。Kaston 教授讲解莎士比亚时从不用 PPT，也很少在黑板上写什么文学理论关键词，他给学生滔滔不绝地讲述莎士比亚作品中所蕴含的正义和人文关怀，结果教室里学生总是座无虚席，甚至历史、经济、政治等学科的学生也来听讲。来自香港的那位耶鲁资深教授总是根据特定的文学理论和自己的研究视角来讲解美国现代主义文学，虽然 PPT 图文并茂，但听课者寥寥无几。我后来问 Kaston 教授，为什么不用当下时髦的文学理论来讲解莎士比亚，他说那是研究生阶段的事情，对于本科生，就是要让他们了解文学本身的魅力和文本所表达的基本思想。所以，笔者认为，在本科阶段讲授英美文学时，还是突出文本中的故事情节、蕴含的人生意义以及优美的语言段落，不要以一种文学理论限定了作品自身的魅力。多媒体虽然能在有限的时间和板书空间里给学生提供大量的知识信息，但它毕竟是死的东西，取代不了教师们能动性的讲授。尤其是在 PPT 日益泛滥的今天，我们更应该强调传统的教学方式。除了在讲授作品时间或引用一些名著改编的电影片段外，多媒体一般用来给学生提供课下的知识扩展和在线答疑之用。

第四，我们的英美文学精品课建设，应着眼于培养英美文学教学的名师，提高英美文学课程的教学质量，激发英语专业学生学习英美文学的兴趣，而不要满足于在英美文学研究方面发多少文章、申请多少课题。其中，培养英美文学教学名师是最关键的一环。英美文学教学名师，应具有流利的口语表达能力、对英美文学史和作品的深厚把握、高超的教学技巧以及与学生激情的互动能力。民国时期北大西语系教师辜鸿铭虽然是个怪才，但在英国文学教学方面绝对是位名师。听过他讲授英国文学的学生，莫不对他渊博的学识和不拘一格的授课方式拍手称快。清华大学外文系的系主任吴宓先生，更是英美文学教学方面的名师。他备课认真，讲课条理清晰，而且对学生极其热忱。他的学生温源宁后来在回忆恩师时这样说："像奴隶船上的一名划船工那样辛苦地备课……凡引用书中原文，别人也许会照本宣科地念给学生听，他却不管篇幅多长，都要全部背诵下来"（温源宁，1990：21）。如果我们的英美文学本科教学中拥有这样的教学大师，我们的学生还会逃课么？

结　语

全球化和信息化时代给我们中国的英美文学教学带来了极大的便利，但也使我们的英美文学教师产生了对多媒体的过分依赖性，从而忽视了自身主观能动性的发挥。功利主义思想是一条蛇，虽然其毒液在短期内毒化了我国的部分大学生和教师，但它的存在也始终给我们的英美文学教师提供一种警示作用。如果我们不发挥自身的能动性将英美文学课讲好，我们非但无法肩负为国家培养通识人才和大才的重任，我们自己也可能失去在大学的饭碗。因此，我们的英美文学教师应该在两种思潮带来的机遇和挑战面前，充分发挥我们自己的主观能动性，探索出一条将信息化和自身能动性有机结合在一起的、令学生们喜闻乐见的英美文学教学方式，这样既培养了人才，也挽救了自己。

参考文献

蔡元培．蔡元培教育文选［M］，北京：人民教育出版社，1980.

程爱民．关于我国高校英美文学教学现状的调查报告．［J］外语教学，2002（1），14－18.

宋希仁．西方伦理思想史［M］．北京：中国人民大学出版社，2004：286.

温源宁．吴宓先生其人，载：回忆吴宓先生［M］，黄世坦编，西安：陕西人民出版社，1990：20－23.

张西平．外语教育呼吁人文精神［J］，中华读书报，2007. 10. 24.

Giddens, A. *The Consequences of Modernity* [M]. Stanford: Stanford University Press, 1990.

Newman, John Henry Cardinal. *The Idea of a University: Defined and Illustrated* [M]. Chicago, Ill.: Loyola University Press, 1987.

【田俊武，北京航空航天大学外国语学院副教授】

研究型教学：英美文学课程教学改革路径初探

朱小琳

摘要：本文从21世纪英美文学教学面临的困境着手，分析培养目标、师资、社会影响等因素对英美文学教学的压力或冲击，指出加强英美文学教育必须提高师资水平，进行课程改革，发挥高等院校的科研优势，将科研与教学相结合，在以学生为中心的课程教学中提高学生对学习英美文学的兴趣与效率是课程改革势在必行的途径。本文以笔者主持的北京市高等院校科技创新平台下的特色教育资源包项目“现代美国文学”为例，探讨上述科研与教学相结合的英美文学教学新途径，取得了良好的效果。

关键词：英美文学课程；研究型教学；教学改革

一、英美文学教学面临的困境与出路

迈入21世纪，随着对英语人才的需求渐增以及高等院校综合性学科布局的发展，英语专业已称为我国招生规模最大、在校人数最多的专业之一。然而作为英语专业教学中的主干课程的英美文学却遭遇前所未有的尴尬：在英语工具论的散布下，弥漫社会的功利主义与实用主义倾向逐步侵蚀和挤占文学课堂教学空间，而商务英语、实用翻译类应用型课程占总体课时的比重大增。英语专业学生对文学课程缺乏热情，不读文学名著，但热衷于考取各种英语资格证书已成为日益普遍的一种现象。当然，这一现象产生的原因是复杂的，除了社会功利性因素的影响，文学教学本身对教师的要求相对较高也提高了成功讲授文学课程的门槛。从文学的审美特性而言，阐释文学的艺术形式之美与内容之美，从而使学生加深对英美文化的了解、提高文学欣赏的水平是文学课程的终极目标，这就要求教师自身具有深厚的文学素养与见识，才能够引导学生领略文学之美。就高等院校英语专业的学位教育而言，英美文学课程培养学生的人文情怀与艺术审美，一直是提高大学生综合素质、奠定坚实专业基石不可或缺的重要课程。因此，如何重新构建文学教学，激发学生学习兴趣，化解当下文学教学面临的教与学的困境与尴尬，保证英语专业学生的培养质量成为摆在英语教育面前的一道难题。

英美文学课程在英语专业本科教学中属于知识性课程，也就是说，一个优秀的文学教师不仅是知识的传递着，他还将引导学生实现对美德认知和思考，对生活反思，将文学经验转化为人生启迪，从而实现个人境界的提高与升华。文学教师对教学内容的解读不仅表现为对作家文本的微观细读、修辞方式的阐释、篇章主旨的归纳与论证，他应当具有将文学纳入其存在的社会历史与文化语境，向学生做出相应的传授的能力，以本身的文学修养感染学生，激发学生的学习动力，并以自己的文学洞察力和研究所得为学生的探索指引方向。因此，文学教师的科研能力的提高会有力地促进其讲授课程的学习效果。

同时，如何寻求一种新的形式，使得研究与教学可以完美结合，从而带动学生知识的习得与能力的培养，这将是文学课程教学改革的一种新的尝试。在这样一种思路的引导下，笔者既研究了文学科研团队中教师研究能力的提高，又重视基于21世纪的大学生所熟悉和擅长的互联网沟通平台，尝试引入研究的方式促进学生的文学研究实践活动。

二、探索：基于网络建设的文学资源平台建设与文学课程的多维度结合

在21世纪的今天，互联网网络和电子信息媒介已经广泛而深

刻地改变了传统意义上的大众生活，也促进了一些学科交叉研究的兴起。这既可成为学术创新的起点，也是对现有学科发展方向的补充。所谓“学科交叉”的概念来源于跨学科（Interdisciplinary）一词，最早在20世纪20年代美国纽约出现，其最初的含义大致相当于“合作研究”，学术界也称作“交叉科学”（学科）。第二次世界大战后，欧美国家广泛设立专门机构从事研究与实践，到60—70年代跨学科教育与研究已经得到教育界的普遍认同和应用。一方面，学科交叉在科技领域已经成功地显示了其独特的科研优势，另一方面，各类人文学科本身与社会相关的多维性和亲和性具有相互交叉的天然优势，并有待进一步拓展。

作为英美文学研究者，笔者曾应邀参加过一项北京市科技创新平台项目的研究，其结合点就是电子视像中的美国文学研究，研究采取了文学名著的电影版本作为研究的客体，结合文学文本、电子影像技术与文化内涵从多个方面对大众媒体与文学艺术的结合体进行阐释和评价。在这个研究项目的开展中，一批青年教师的参与既为项目带来了丰硕的研究成果，同时也使其对讲授相关课程有了有益的依托，赢得了教学、科研和青年教师成长的三赢局面。

在这种实践的有益成效影响下，笔者于2011年成功申报了北京市高效特色资源库的“现代美国文学”资源包建设项目，并将所担任的美国文学课程教学尝试结合到项目中去，在选取参与的学生中以事实证明，基于研究实践的英美文学学习方式对提高学生的学习自主性、积极性和其学习效果都起到了非常好的作用。

“特色教育资源库建设项目”是北京市教委组织的、以充分发挥北京高等学校特色资源优势、促进高等学校优质特色教育资源共享、服务教学科研、服务社会为宗旨的研究项目。自2005年以来每年对约10项左右的项目进行支持。笔者所主持的“现代美国文学”资源包基于网络平台对现代美国文学资源信息根据一定的网络结构进行分类提取并进行推介与评价。

现代美国文学资源包来源于笔者所担任的《美国文学》课程教学的现代部分，并融入了现代美国文学研究的一些最新研究成果以及在大众媒介上对文学经典的重新诠释。该项目使用中、英两种语言，融专业性、普及性与趣味性为一体。资源包根据文学的特点，充分结合现代观众的喜好和欣赏习惯，因势利导，将核心内容分为四个板块："文坛风云"、"名师巨匠"、"传世经典"和"影视之声"。这四个板块以简洁的文字、连续的图片画面和动画介绍现代美国文学的文化来源、时代背景、代表作家与文学的影视改编信息。在每个大的板块内除了对重点信息的介绍，还充分发挥互联网灵活多样的受众沟通优势，设计了互动的模块，使读者可以通过网络实时与资源包管理人员及时沟通，并通过趣味小测试了解自己对本单元内容的了解程度，加强在线沟通的实效性，提高读者参与的积极性。

三、课堂教学与人才培养

这个项目作为对《美国文学》课程的有益补充，组织青年教师以团队的形式参与，根据不同的模块担任信息资料的管理与处理工作，并将学习美国文学的英语专业高年级本科生以及一部分研究生纳入到项目实施活动中，以期尝试以学生为实践主体、在教师的指导下进行传统课堂与网络环境下任务教学相结合的教学改革实践。在实施项目的一年期间里，20 余名本科学生在教师的指导下对现代美国文学专题研究表现出了极大的研究兴趣和信息搜集、加工整理的热忱。共汇聚了 7000 多张图片，音视频 150 多段，文字 8 万余字，并包含了 20 多位美国现当代作家及其代表性作品的文本信息、影视媒体信息、作家采访信息以及主创评论信息和引用点评信息。在 2012 年初项目完成投入试运行之际点击率在短短一个星期内就达到了 4000 次，在跟踪的回馈反应中得到了受众的肯定。该项目于 2012 年按期完成并接受北京市教委评估，在当年所有参评的二三十项资源包项目中成绩突出，是仅有的五项获得"优秀"等级评定的项目之一，并获准开展延续性二期建设工程。

同学们和青年教师都从对该项目和课程学习的高效配合中获益

匪浅。在这个项目完成以后，同学们为自己的毕业论文找到了适当的研究点，高质量地完成了毕业论文的设计与写作。还有同学通过自己的专题研究获得了学校给予学生的科研立项支持，第一次成为科研项目的独立设计者与主持人，并公开发表了研究的学术论文。参与项目的青年教师也形成了稳定的现代美国文学研究和交流的团队，在校科研项目申请和教学教改项目申请方面都取得了突破性进展。

四、结　语

当下的英语专业学科建设和教学改革深化与人才培养都存在一定的现实瓶颈，亟待发展，急需寻找突破口，提升科研、教学质量和学生培养质量，更好地服务社会经济建设需求。实际上，有关高等院校学科发展和人才培养的目标在我国社会经济发展的过程中也在不断调整和提升，这即是基于研究项目结合教学实践的基础所在。《高等学校英语专业英语教学大纲》明确规定英语专业的培养目标是："高等学校英语专业培养具有扎实的英语语言基础和广博的文化知识并能熟练运用英语……的复合型英语人才"。经济一体化和人才需求的多元化使跨学科教育培养复合型英语人才成为时代的要求。这些人才不仅应当具有扎实的英语基本功，在听说读写译各方面技能过硬；而且应在掌握社会文化的基础上熟练掌握今后所需从事的职业领域的基础知识。结合研究实践的教学有助于增强英语文学教学的社会应用性，培养学生整合各种不同类别知识的能力，从多角度思维的多元模式开拓研究创新的可能性，从自我学习发展多角度思维和追求发展的能力。

笔者主持的这一项目在人才培养方面积累了丰富的经验。首先，在学科交叉的科研活动中，不同学科背景的研究人员汇聚一起，本身就是研究队伍的一次拓展思维，是进行自我教育与自我培养的过程。在项目协作的过程中，身为研究人员的教师同时也担当着培养学生的职责，负责指导不同研究方向的学生，这对于学生而言，也是思维创新的有效锻炼。因此，对创新点的选择在学科交叉中起着关键的作用，创新性同时也成了学科交叉最大的亮点，即有利于对人才的创新素质的培养。而人才的创新素质则无疑是科研创新的最重要的因素。

其次，有利于提高英语专业学生的学术素养。学生在进行科研创新的过程中，应该遵循学术活动的基本原则，规范性、创新性和学术发展性等在实践活动中都得到了生动而印象深刻的体验。在实践中对相关学科的比较与融合将促进学生明确相关学术概念、学术原则，建立自己的学术体系与学术认知，因此对学生学术能力的提升和学术研究活动的开展起到了积极的促进作用。

第三，学生的科研兴趣得到了激发。单一课堂模式培养下的学生对本学科知识体系较为详熟，但对于学生在教室之外的兴趣点与发散思维的指导与培养则力不从心。高等教育应充分尊重学生个体价值，选择和兴趣，因材施教，注重发挥学生的个人才能和特长，在教师设计框架内给予学生自由选题的权利，从而激发他们的科研兴趣。外语专业研究的主题大多离不开“语言”，而研究语言的角度可以是多方面的。英语专业学生通过本次科研实践，对以往感兴趣的领域会有更深刻的了解和认识，兴趣会越积累越浓厚，实现学术创新的可能性亦会大大增加。

新的时代背景对英语专业文学教学提出了新的要求。关注时代性与电子技术手段的运用，以学生自主研究、学习的组织与指导，培养学生的团队精神并进行通力合作，在共同讨论、相互借鉴的环境中完成教学与研究的双重任务，将会为21世纪的英语文学教育探索出一条新的途径。

【朱小琳，中央民族大学外国语学院教授】

大会发言小结（4）

河南科技学院吕红兰副教授在“多维度课程设计体系下的英美文学教学”的发言中指出，在英美文学教学面临诸多困境的情况下，如何从课程设计入手去改变英美文学教学的现状是值得深思的问题。她分别从课程体系改革、ESP教学理论、任务型教学法理论和多媒体网络语境等方面谈论了该议题。北京航空航天大学田俊武副教授的发言题目为“当前英美文学硕士生论文写作的问题与对策”。他认为，英语教学的功利化导致文学教学边缘化，英美文学课程建设要着眼于教学质量，培养名师，激发学生的兴趣，而不能只关注于发表文章。北京第二外国语学院朱小琳教授（现已调入中央民族大学外国语学院——编者注）在“英语专业多学科交叉的途径探索”的发言中指出，英美文学教学应从如何提高教师的教学能力和效果入手。教师如何唤起学生的学习兴趣，唤起学生对美的感受，能否对学生进行课堂引导是成功的关键。同时，她还详细介绍了北京第二外国语学院所建设的美国文学资源包。台湾师范大学梁孙杰教授的发言题目为“文学理论与文学作品：以《小红帽》为例”。他认为教导文学，不在于传授固定不变的意义，而是在传授分享置身文本世界里，在那个特定的时空特定的文本中当下的那个特定的我，在和文本对话之后的主观反馈。他从不同的文学理论视角来探讨《小红帽》，得出不同的结论并予以活泼生动的分析。高继海教授在“评国内英国文学教材的编撰与特色”的发言中，分析目前国内高校英语专业使用的英国文学选读教材的优点和缺陷，并提出未来英国文学教材编纂的方向和特征。

精彩点评（4）

潘志明
（北京外国语大学）

潘志明教授指出，大家从不同的角度探讨英美文学教学：困境与出路的问题。大家都从困境当中找出路。如通过教学方法和手段的革新提高学生对英美文学的兴趣。田俊武老师的建议是解决功利化的问题。朱小琳老师结合本校实际来谈如何培养师资的问题。梁孙杰老师是另辟蹊径，讨论了文学理论到底能不能教的问题。高继海老师提出的教材问题，是亟待解决的问题。在特定的时代教材有其重要的贡献，但是随着时代的变化，教材的重新编写势在必行。

第六部分

批判性思维与英美文学教学

Race for Teaching：种族意识与美国文学教学

冯品佳

这篇论文的主标题特别以英文形式呈现，原因有二。其一是回应此次文学教学研讨会的主题，强调文学教学的重要性，也是我们文学教师应该努力前进、寻找新方法的领域。其二是向提出“Race for Theory”这篇论文的非裔女性主义批评家克里斯琴（Barbara Christian）致敬。她在此篇经典论文中指出 20 世纪 80 年代理论与族裔研究对立的现象，也同时郑重声明种族本身就是一个理论实践的范畴，使得种族论述得以介入理论研究。她的论文也刺激笔者注意到英美文学教学之中种族意识介入之必要性。本文将以笔者任教的台湾交通大学外文系的美国文学教学为例，提供一个美国文学教学的案例。

在台湾各个大学的外国文学教学体系中，几乎所有的外文系或英文系大多是在大三时都有一整学年的美国文学必修课程。美国文学作为一个学科不到一百年，在 20 世纪早期才有所谓的美国文学课程出现。但是在台湾从 20 世纪 50—60 年代开始，美国文学与相关研究在台湾的外文系/英文系就根深蒂固。这当然与冷战时代的背景有关。时至 21 世纪的今天，长期接受美国文化与媒体的洗礼，再加上全球化的流动，使得台湾学生心目中对于美国——特别是大众文化创造出来的美国——有某种特定的想象，例如美国是个高度自由、民主的国家，特别是在奥巴马总统上任之后，具有非裔血统的人也可以当上美国总统，仿佛是活生生的“美国梦”（American

Dream）的实现；他在2012年的连任成功，更加强了这个白手起家、成功或致富的梦想在美国实现之可能。台湾的学生不仅经常与家人出国做长期或短期的旅游，近来也流行在暑期去欧美各国进行所谓的“游学打工”（working holiday），笔者在课堂上特别请他们报告自己的美国经验，借之确认他们所得到的印象跟一般台湾年轻人心目中的美国十分吻合，都在夸奖美国土地的广大与自由精神。这也更加深了笔者的一个教学信念，亦即教授美国文学最首要的任务就是打破美国梦的迷思，让学生可以看到美国梦的另外一面，也就是在种族主义的阴影下所制造出来的美国噩梦（American nightmare），帮助学生建立批判思想。

因此，一直以来，笔者在设计美国文学课程时，都有意采取“介入式”的策略（interventional strategy），刻意将种族意识置入美国文学教学，在建构经典文学脉络的同时，也刻意让其他族裔的作家得以发声。以往笔者在大学修习美国文学时，美国文学的课程完全是一连串经典作家的组合，而且几乎完全是白种男性作家，偶尔穿插一两位白人女性作家，完全没有其他种族的作家出现。因此笔者学生时代所接触到的美国文学完全是单一色彩，很难体会南北战争因何发生，遑论了解所谓的民权运动（the Civil Rights Movement）。然而，诚如非裔女性作家莫莉森（Toni Morrison）在《嬉游于黑暗之间：白人特质与文学想象》（*Playing in the Dark: Whiteness and the Literary Imagination*）中提出的假设，美国文学及美国文化其实一直都是在回应国族想象中“非裔的存在”（Africanist presence），即使在经典作家的文本中，非裔人民的阴影亦无所不在（5）。莫莉森认为或许经由仔细观察“文学中的‘黑人特质’”（literary “blackness”），或许才有可能了解“文学中的‘白人特质’”之本质、乃至于其成形的原因，借此或可更深入地阅读美国文学（9）。

笔者相当认同莫莉森的推论。单一色彩（亦即白色）代表的主流论述希望我们在知识建构的体系中所得到的印象，有效地将其他色彩/族裔的思想与文学边缘化；如果我们不能跳出这个单色调的思维，结果就是盲目走入主流论述的框架，而且在教育的过程中不断复制同样的价值观念；而且，美国的国族论述绝对不止仅有黑白两色，而是多“彩”多姿。因此，为了能够在教学中建立对抗主流论述的对抗论述（counter - discourse），笔者在设计美国文学的课程时，刻意加入不同族裔的历史与文学呈现，使得原本单一而单色的美国国族想象变得“色彩缤纷”。然而，政治理念的实践也需要有效的教学方法配合。面对网路化时代的学生，要达到这样具有政治性目的的教学目标，必须以一些不同的教学方式，笔者采取的是使用视觉教材加深学生的印象，以自己所搜集的影像资料使得美国的国族记忆（American national memories）变成多元化、复数化，而不再是单一的论述。

以下是笔者教学策略的实例分享。笔者的课程设计是以主题式的设计配合编年性。由于台湾的英美文学课本主要采用诺顿选集（Norton Anthology），在大部头的诺顿选集中如何精选出可以在一学年之内教授完毕、又能帮助学生了解美国文学与历史流变的内容，是课程设置的最大挑战。笔者选择以主题教学的方式进行，尽量在经典文学之中置入美国原住民文学、非裔美国文学、亚裔文学等不同族裔文学文本。在上学期 1865 年以前的美国文学所选择的主题是“处女地”（“the virgin land”）、美国殖民时期与国族认同论述、19 世纪美国文学与美国文艺复兴以及奴隶自述（slave narratives）。下学期 1865 年以后的美国文学则使用 19 世纪美国写实主义、家内主义与女性特质（domesticity and femininity）、现代主义与族裔女性作家等主题。由于时间的限制，除了每周的文本阅读之外，笔者先以投影片介绍不同作家的身世及其生长环境，也挑选了一些全英文的视觉辅助材料做更宏观的历史背景介绍。基本上笔者采取的是对照式的教学，以大众文化想象的影像文化与试图再现历史的纪录片，或是改编自族裔文本的影片做对照式的呈现，促使学生进行批判式的思考。

例如在介绍美国原住民文化时，诺顿选集在美国原住民有创世神话与捣蛋鬼故事（tricksters tales），但是这些由口传文学记录转述的文本对于台湾的学生而言，既陌生又缺乏适切的文化脉络，因此笔者除了选播系列纪录片《五百部落》(500 *Nations*, 1995) 中有关美国原住民在哥伦布"发现"新大陆之后惨遭灭族的悲惨历史之外，更选择从波卡虹特丝 (Pocahontas, 1595—1617) 这个因为迪士尼动画而家喻户晓的美国原住民女性，作为介绍美国原住民文化的切入点。除了迪士尼的《风中奇缘》(Pocahontas, 1995)，笔者特别选用一部传记纪录片《波卡虹特丝：新世界的大使》(*Pocahontas: Ambassador of the New World*, 2005) 作为对照，介绍美国原住民女性在部落中的重要政治地位，并且澄清波卡虹特丝拯救英国人史密斯 (John Smith) 的行动原是配合其父的政治谋略，制造与英国殖民者之间的友好关系，而非出于大众文化想象中所流传的男女情爱，而且特别强调波卡虹特丝逝世于英国的离散故事，作为殖民时期美国原住民流离失所命运的具体代表，透过问题讨论的方式，在美国文学课程之始就打破所谓美国大陆是任由白人殖民者开垦建设的"处女地"迷思。

在非裔美国方面，笔者以格菲斯 (D. W. Griffith) 的经典影片《国家的诞生》(*The Birth of A Nation*, 1915)，介绍白人种族主义者对于南北战争与重建时期 (the Reconstruction Period) 的偏颇诠释，以其塑造的黑人与混血人种负面影像，对照非裔作家所建构的奴隶记忆，帮助学生了解美国历史中最为黑暗的一面。同时，笔者也采用改编自莫莉森小说的剧情片《挚爱》(Beloved, 1998) 作为奴隶记忆的代表，以一位弑子母亲的骇人故事，引领学生看到美国蓄奴历史的黑暗之心。借由两部剧情片之对照，反映出不同族裔之间在历史记忆上的角力。除了精选的影片之外，笔者在教学上也利用时事与媒体的报道引导学生注意族裔议题。例如介绍亚裔美国时，利用华裔篮球明星林书豪 (Jeremy Lin) 所引起的林式狂热 (Linsanity)，配合诺顿选集中的水仙花 (Sui Sin Far) 的《一个欧亚混血儿的回忆篇章》("Leaves from the Mental Portfolio of an Eurasian") 与汤亭亭 (Maxine Hong Kingston) 的《无名女人》("No Name Woman") 等作品，反思亚裔在美国奋斗的历程。

在此特别需要强调的一点是，使用视觉影像作为辅助教具并不代表学生可以不用阅读文本。笔者认为文学史与历史脉络对于文学教学非常重要，所以诺顿选集各个时期的介绍文字都列为必读，在授课时规定较多的阅读范围，在讲课时则精选一些章节进行细读。例如谈及美国文艺复兴时期重要作家霍桑（Nathaniel Hawthorne）时，选择了"Young Goodman Brown,""The Minister's Black Veil"以及"The Birth Mark"三篇短篇小说来说明霍桑文本中的重要主题，并且发给学生从《红字》（*The Scarlet Letter*）的前言印制的讲义说明霍桑模棱两可的美学（aesthetic of ambiguity）。因为要求学生要事前预习，因此以随堂小考来确认学生切实做了功课。以上提供的是笔者十余年来教授美国文学的实地经验。虽然在面对不同的学生时需要时时调整教学方式与教材，笔者深信作为一个文学教师的任务不仅要传授文学知识，更要培育学生批判性的思考。知识传授不易，培养独立思辨能力更是巨大的挑战。对于笔者而言，以介入式的教学策略，在美国文学教学过程中加入种族意识的面向，提醒学生在文学课堂上除了文本阅读之外，也需要不断思考何谓美国历史与国族记忆等重要问题，确实是达到此一目标的有效教学方法。

引用文献

Baym, Nina, et al, eds. *The Norton Anthology of American Literature.* Shorter 7th ed. New York: Norton, 2008. Print.

Christina, Barbara. "Race for Theory." *Feminist Studies* 14.1 (Spring 1988): 67–79. Print.

Demme, Jonathan, dir. *Beloved.* 1998. Touchstone Home Entertainment, 1999. DVD.

Gabriel, Mike, and Eric Goldberg, dir. *Pocahontas.* Walt Disney Home Video, 1995. DVD.

Griffth, D. W., dir. *The Birth of A Nation.* 1915. Triad Productions, 2008. DVD.

Leustig, Jack, dir. 500 *Nations.* 1995. Warner Home Video, 2004. DVD.

Morrison, Toni. *Playing in the Dark: Whiteness and the Literary Imagination. Cambridge*, MA: Harvard UP, 1992. Print.

Pocahontas: Ambassador of the New World. 1995. A&E Home Video, 2005. DVD.

【冯品佳，台湾交通大学外语系教授】

Re – Viewing the Western Canon: Teaching Jane Austen in the Age of Global English

Feng Pinjia

Elaine Showalter opens her monograph Teaching Literature with the anxiety dreams of veteran academics, including one of her own, to demonstrate in the most concrete and realistic fashion the "teaching dream, one of the occupational hazards of all professors" (1) . "Failure, irresponsibility, panic, lack of preparation, fraudulence, disorientation are all too familiar themes of these academic versions of the gothic novel," Showalter goes on to say (2) . The gothic "horrors" exemplified by the personal experiences recorded by Showalter tells us teaching literature can be a risky business. Without any former training in teaching pedagogy, most of us who are teaching literature as a profession have to rely on our capacity for mimicry: basically we learn to teach by imitating the inspiring teaching methods of our own teachers. Nowadays of course the Internet also provides a well of teaching resources for novice practitioners to adopt and adapt. In addition to the lack of former pedagogical training, for most of us here today who are teaching English literature to non – native speakers there is the added burden of having to incorporate language instruction into our course agenda. With the celebratory rhetoric of "global village" in which English serves as the lingua franca and the call for advanced English competence in order to function properly in the age of globalization, English studies for non – native speakers can no longer enjoy the luxury of aesthetic pursuit alone. Indeed, as Rita Raley points out, " [a] central move in the formation of English as a discipline was the dual coding of English as that which bears both functional and aesthetic value…" ("Cadmus Britannicus" 104) . According to the market logic of capitalist globalization, the aesthetic training of literary education is inevitably overshadowed by the practical demands for functional literacy. And I have to confess the prospect of losing agency as a teacher of literature is at the roots of my own anxiety dream. For me, in order to talk about teaching literature in the age of global English, we must begin by questioning the ideological underpinnings of "global English" itself. Hence, in this paper I will first briefly explore the different perspectives on "global English," especially those in connection with the non – Western context. Then I will focus on the topic of teaching the Western canon from the position of a third world scholar and localize the discussion of interactions with the canon in the area of pedagogy. My seminar on Jane Austen will be used to illustrate some ways through which we may re – view the canon, especially the teaching of Jane Austen's Mansfield Park. The visual trope here is important since I will also talk about a specific film adaptation of the novel which, with its provocative rendition of the colonial issues of the British Empire, can be deployed to help students develop their own political reading of the canonical text.

What exactly is global English? On the most positive side, the spread of global English provides a unified channel for communication across national and cultural boundaries. However, such a practical and uncritical acceptance, even embracement, of the hegemonic status of English is highly problematic. It is exactly the quotidian production of global English as an expedient way to secure entrance into the global economic order that we need to investigate and demystify. In her study of the disciplinary transmutation of Postcolonial Studies into Literature in

English, Rita Raley contends that global English is one of the "new universalisms" with an embedded "homogenizing and totalizing impulse," as well as "epistemic and literal violence" ("On Global English" 52). Before further probing into the problems of "discursive monumentalizing of English" (54), Raley unmasks the fallacious and unquestioned assumptions behind the blind faith in the global power of English:

Global English is at once a descriptive and a performance phrase—one expressive of the "truth" that the English language is ideally, ineluctably destined to be, or even already is, universal. Produced by economic, social, and cultural forces it has not yet fully thought through, global English is a discursive feature of a late – capitalist episteme, and one with decidedly material effects; yet, at the level of the micrological, it has also to do with a kind of myopia that is at once linguistic, cultural, and critical. It is, in other words, what lies behind the notion that "everyone now speaks English." (53; emphasis added)

Raley's theoretical demystification of the universality of English is one example of the many critical re – examinations of the implicit colonial ideology supporting such linguistic hegemony. Citing Michael Crichton's critique against the mass media and cyberspace as the forces that eliminate regional differences and "lead to an extinction – level loss of 'intellectual diversity,'" Michael Geisler, a professor of German, also raises a similar case against the deadly power of global English. In the title of his comment he even warns that global English may cause a "global freeze." Geisler expresses his concern because of his anxiety over the diminishing interest in studying foreign languages on North American college campuses. Obviously, "blinded" by the overconfidence in the globalizing power of English, many North American college students have begun to lose interest in learning other languages. Geisler's essay draws our attention to the fact that an overemphasis on the importance of global English can be misleading also for the native speakers.

After browsing through critical literature on global English, one may risk the charge of oversimplification and argue that when it is comes to the significance and importance of global English the ideas are essentially divided between the academic community and governmental institutions. Whereas many members of the former voice their concerns over the draining of intellectual and cultural diversity because of the linguistic hegemony, from the latter we are most likely to find celebratory endorsement backed with official programs and generous funding. In Yukari Yoshihara's "Introduction" to the collection of essays entitled English Studiesin Asia, for instance, she quotes the policy statement to cultivate "Japanese with English Abilities" issued by the MEXT (Ministry of Education, Culture, Sports, Science and Technology) to evince the gloomy prospect of English studies in Japan. The Action Plan calls for cultivating "communication abilities in English as a common international language" in order to connect effectively with the world, to win over "the world's understanding and trust," to enhance Japan's "international presence" and to develop further the nation for future generations. (9 – 10)

We can easily find such a futuristic and nationalist rhetoric echoed in many other governmental statements in regard to the importance of upgrading the national standard of English competence. Consider the 1999 National Day Rally speech presented by Goh Chok Tong, the then Primer Minister of Singapore, in which he promotes the good value of standard English and criticizes the bad influence of the use of Singlish. "We learn English in order to communicate with the world. The fact that we use English gives us a big advantage over competitors…. We cannot be a first – world economy or go global with Singlish" (qtd in Chan 67). Goh's talk on the one hand stresses the city – state's linguistic advantage over its "competitors" since English remains the official first language of Singapore even after its independence from colonial rule. Whilst Goh has not identified specific "competitors" here, it can be easily inferred that these "competitors" are Singapore's neighboring counties in the Southeast and East Asian regions, the part of the world in which English is at best a second language. Implicit in this rhetoric of self – celebration and the desire to be part of the first world economically, however, is a deep sense of cultural insecurity since Singapore is virtually "orphaned" after its separation from Malaysia in 1965 and has no "previous political or nationalised cultural identity to fall back on" (Chan 62) . One may even argue that the desired connection with the first world is but a mutated form of the old imperialist hierarchy. It is a moment in which the ghost of the colonizer still hovers around and can be reincarnated in a new body upon request. For the third worlders, this is the gothic tale of which to be afraid.

The two cases here—Japan with its strong sense of cultural heritage and Singapore with an absence of cultural identity—are telling examples of how non – western countries are easily influenced and lured by the progressive ideology and supposedly splendid prospects associated with the idea of global English. One must be equipped with English literacy and competence in order to survive or evolve according to this particular law of the jungle that is global commerce and technological advancement. And a single – minded dedication to the functionality of English may very well weaken and even endanger its aesthetic and literary sides. As Felicia Chan points out, in the case of Singapore while English is of great importance, "literature, separate from English, is seen as extraneous to" the aim of economic progress and that "periodically there are public debates over whether it should be dropped as a subject in schools" (65) . Literary study can easily be subsumed and sacrificed if English is only considered from a pragmatic perspective.

Now what does teaching Jane Austen or other canonical English authors have anything to do with the problems faced by literary scholars and teachers in the age of global English? In my view, teaching the Western literary canon provides us with a golden opportunity to prove the "usefulness" of literary study in a non – Western, third world context—it can offer "useful knowledge" in the sense that it helps cultivate a decolonizing mind for peoples of the postcolonial nations and a literacy in cultural nuances that the teaching of practical English alone cannot achieve. That is, if we have done our job properly literary education can open a way for people to re – view the world order.

Here I would like to allude to the theories of the Korean scholar Paik Nak – chung（白乐晴）. Paik, a Harvard – educated professor of English and a Marxist who is dedicated to the building of Korean national literature, is very sensitive about the issue of coloniality and uses it as a term "to indicate power relations" rather than temporality（"Coloniality in Korea" 74）. Coloniality describes an ongoing process in which those of the third world are still the unwilling participants, a fact of which most of the people around us, especially students, may be unaware. Our duty as scholars and teachers, in this case, is to alert our people to this unwelcome fact in our lives. Paik also argues that as third world scholars we should be reading the western canon from "a subject position"（主体姿态）. To me the major task for us as scholars of the third world is exactly to construct and then maintain such a kind of subjectivity vis – à – vis the western literary canon since the very education that makes us English majors is already in complicity with various colonial and imperialist programs. For instance, the emergence of English studies coincided with the expansion of British colonialism. As Gauri Viswanathan points out in "The Beginning of English Literary Studies in British India": "British colonial administrators, provoked by missionaries on the one hand and fears of native insubordination on the other, discovered an ally in English literature to support them in maintaining control of the natives under the guise of a liberal education"（17）. In her discussion on the development of English studies in British India, Rita Raley also observes that English studies are closely connected with "the civilizing mission" and the figuring of English is "desirable because of its use value and aesthetic value; it is that which enables employments and that which enlightens and conveys a sense of cultural distinction" (Cadmus Britannicus 108). Although the black feminist poet Audre Lorde has argued for the inevitable failure of this trend, a more proactive use of the master's tool to dismantle the master's house is essential if we do not wish to degenerate into the state of intellectual compradorism.

A quote from Paik's "Nations and Literatures in the Age of Globalization" speaks clearly about the difficult and yet needed task of approaching the canonical texts as a third world scholar:

Learning to read Shakespeare is onerous enough, and his use in the cause of cultural imperialism demands constant watchfulness; for all that, we do not wish—indeed cannot afford—to do without the emancipatory potentials we may find in him, or in Goethe or Tolstoy, for that matter. Given these facts, the urgent task, if we are serious in speaking about the challenges of the global age and alive to the real dangers to human civilization inherent in that process, would be the production and the sorting out of those texts most relevant to these challenges, and the identification (and promotion) of those standards of judgment most conducive to an effective response. Literature as actual works, and "literature" as a guiding notion rather than a mystic entity, seem to me indispensable for this purpose. (220 – 21)

We as teachers of Western literature need to configure an effective pedagogy to facilitate our students to develop this kind of subject position and to retrieve the "emancipatory potentials" in our encounters with the Western literary canon. Masao Miyoshi in "The Invention of English literature in Japan" criticizes the uncritical acceptance of the Western authority in Japanese academia when it comes to the reception of Western literary theories. Yukari Yoshihara responds to Miyoshi by pointing out that "if a Japanese is to criticize the 'colonial fantasy' of modern western literature, s/he, as a citizen of a nation – state with a colonial past, must also be critical of her/his situatedness in relation to the western 'colonial fantasy' s/he is criticizing" (13). I would like to add to her argument that we as teachers of Western literatures, should also re – examine our teaching of the Western canon based on our particular geopolitical locations in order to emancipate our students from the overwhelming "colonial fantasy" that accompanies the craze for global English.

I propose to think of this attempt to recover the "emancipatory potentials" through teaching the Western canon as a practice of a revised version of "critical pedagogy." In her Teaching Literature, Showalter identifies four groups of theories in terms of the practice of teaching literature: subject – oriented theories, teacher – oriented theories, student – oriented theories, and eclectic theories. She lists the so – called "critical pedagogy" as one of the subject – oriented teaching theories and describes how it surfaced in the 1980s as a method of leftist teaching used to convey the instructor's political conviction and agenda. The mission of this kind of teaching, according to Barbara Riebling, is to "shape the future of the nation by exposing students to the salvational power of the canon or the anticanon. In the grandiose designs of some progressive theorists, students who read carefully chosen emancipatory texts would leave their introductory writing courses with a lifelong awareness of systems of oppression based on race, class, and gender" (qtd in Showalter, 28). Showalter is obviously suspicious and critical of these theories of teaching composition and literature which in fact started as a reaction against the Reagan – Bush administration. As she comments, "Ironically, this so – called liberatory, 'critical' or 'oppositional' pedagogy was often openly coercive and undemocratic" (28). The politically motivated choice of texts and the dogmatic way of teaching them are what make these theories "coercive and undemocratic" to Showalter. The "critical pedagogy" that I would like to envision, on the other hand, still has a clear political agenda of decolonization and liberation. Instead of a unidirectional transmission of personal political ideas and beliefs, however, while teaching resistant and oppositional readings the instructor should try to serve as "a facilitator," as in the student – oriented theories (Showalter 36), and to allow the students to develop their own insights and perspectives on political issues. After all, as Showalter shares with us her conviction about teaching after forty years as a practitioner, "active and interactive subject – centered learning makes the most sense for teaching literature…. Teaching literature in the twenty – first century will demand most flexibility and less specialization" (vii – viii) .

Now I'd like to present my own teaching experience as an example of this eclectic version of "critical pedagogy" as well as to describe my engagement with the western literary canon as a teacher of English and American literatures in Taiwan. The seminar on Jane Austen that I taught in the spring of 2008 has nothing to do with my current research. In fact, it was a very difficult class to teach because in addition to the students' lack of cultural background in Austen's eighteenth – century English society, I had to teach both undergraduate and graduate students even though the course was listed as a graduate seminar. In fact, about three fourths of the class comprised of more than thirty undergraduates from both Chiao Tung and Hsing Hua campuses. I had to divide the class time so that I could have sufficient time to explore theoretical explorations of Austen and the eighteen – century British culture and politics with the graduate students. Furthermore, all of the students were required to view film versions of Austen's novels as well as films about Austen at specific time slots outside the regular class meetings. With the help of the in – house NCTU E3 teaching platform, students had to hand in a number of film logs online to fulfill part of the requirement.

I took up the challenge of teaching this mixed class instead of sending the undergraduates away partially because Austen is the author who has inspired me to major in English in the first place. Of course I am not indulging myself in a romantic nostalgia or a reproductive impulse by forcing my favorite author upon my students with the hope to create more Janeites. My decision was mostly based on the fact that nowadays it is deemed "unfashionable" and even "unmarketable" if one "just" teaches a course of canonical literary texts. Being a born rebel, while insisting on inserting minority writers and their works into the curriculum of my Introduction to American Literature class, in choosing to teach Austen instead of my other choices, such as postcolonial women's literatures and Asian American studies, I paradoxically took up a traditional route. In both cases, the American Literature class and the Austen class, I have engaged in an act of canon formation since as Harold Bloom dryly observes in The Western Canon, the canon originally "meant the choice of books in our teaching institutions" (15) . For all his reactionary hostility towards cultural studies and multiculturalism, I believe Bloom is right about the practical necessity of canon formation: "We possess the Canon because we are mortal and also rather belated. There is only so much time, and time must have a stop, while there is more to read than ever was before" (30) . Coming from a scholar who is well known for his photographic memory, this presentation of the temporal pressure on and the limitation of human life indeed touches a sensitive nerve.

When it comes to the issue of pedagogy, the burden of choice placed upon literature teachers who are responsible for the young minds is all the more overwhelming. F. R. Leavis talks about how his choice of "major novelists" to be included in the "great tradition" is based on the fact that these authors "not only change the possibilities of the art for practitioners and readers, but that they are significant in terms of the human awareness they promote; awareness of the possibilities of life"

(2) . Austen is credited by Leavis as "the first modern novelist" who "in fact, is the inaugurator of the great tradition of the English novel…" (7) . I am quoting these scholars to show the importance of canonical works, not to endorse their conservative ideologies. And I choose to teach Jane Austen precisely because she is now regarded as a canonical author whose works can bring forth the "awareness of the possibilities of life" and inspire numerous other literary and artistic creations which continue to renew her legendary textual lives. One of the "possibilities" is to make it relevant for Taiwanese students through expounding on the political potentials in her novels, such as the issues of gender and coloniality. Mansfield Park is a case in point.

For all Bloom's disclaimer that "the sordid realities of British sea power are no more relevant to Persuasion than West Indian bondage is to Mansfield Park" (257), still in Mansfield Park coloniality has a haunting presence, though compressed and contained by the domesticating discourse presented through the perspective of the mousy protagonist Fanny Price. In this quintessential adoption narrative of dislocation and relocation, the very domestic stateliness and order of the Betram family appreciated so much by the adopted Fanny in fact relies upon the practice of slavery in the West Indies. Edward Said, in his revision of Raymond Williams's geo – economic model of the English country versus the metropolitan center, highlights the ignored yet essential "third" presence in his Culture and Imperialism: "no matter how isolated and insulated the English place (e. g. Mansfield Park), it requires overseas sustenance" and " [t] o some extent Antigua is like London or Portsmouth, a less desirable setting than a country estate like Mansfield Park, but producing goods to be consumed by everyone … although owned and maintained by a small group of aristocrats and gentry" (90 –91) . Claudia Johnson also makes the analogy between the enslaved West Indians and the adopted daughter manqué Fanny: "Austen does not provide us with details about Sir Thomas's treatment of slaves in the West Indies, but the fact of ownership itself serves not simply to reveal the source of the income which supports the Betrams' stateliness, but also more importantly to illuminate the nature of Sir Thomas's kindness to Fanny" (107). Sir Thomas Betram regards his guardianship of Fanny as an act of benevolence and expects full gratitude and total submission from the adopted poor relation. Fanny, in this sense, is more or less a domestic version of the Western Indian slaves under the governance of Sir Thomas.

And yet the colonial issues that both Johnson and Said have identified are rather elusive in Austen's text. How does one assist Taiwanese students who most likely have very limited knowledge of British colonial history to detect the latent colonialty behind the grand vista of an aristocratic country mansion such as Mansfield Park? Moreover, how does one assist students to see beyond the conventional and domesticated image of Austen as a novelist of comedy of manners whose creative energy is devoted to creating happy endings for her female protagonists? My way of provoking students to go beyond the romantic fantasy and to think about the colonial issues in the novel was to solicit visual aids. In addition to alerting students to passages which make direct references to the "West Indies estate" (41) and "the slave trade" (172) in the novel, I also showed a film adaptation of the novel by the Canadian feminist filmmaker Patricia Rozema. To me, Rozeman's Mansfield Park presents an important visual reading of the Austen text of which the students need to be made aware. (For this very reason I brought this film to the attention of one of the Korean graduate student presenters who wrote a splendid paper on Mansfield Park when I attended a conference at Ewha University in Seoul.) The 1999 film version has been called "a postmodern pastiche of Austen's novel" (Fergus 70) and receives mostly enthusiastic and positive reviews. Instead of a timid and voiceless observer of the dramas happening around her, Rozema's Fanny Price is an ambitious female author who aspires to write and publish her History of England. As film critic John Fergus points out, Rozema's Fanny as a version of " [t] he rebellious Austen of the juvenilia addresses the camera and the audience directly, satirizing male version of history and female stereotypes; this Fanny Price is so strong that no viewer can doubt her eventual triumph" (69) . We may say Miss Price is decidedly "out" in this case with her outspokenness. Moreover, Sir Thomas, played by the late Harold Pinter, the 2005 Nobel Laureate for Literature, embodies patriarchal authority in its most hypocritical and unspeakable way and "is presented as a brutalizer and rapist not only of slaves but potentially of Fanny herself" (Fergus 71) .

Here I want to quote a student's response, in its original writing, to Rozema's film adaptation of Mansfield Park:

In the film adaptation of Mansfield Park, the director, Patricia Rozema rewrites the character, Fanny, who originally is distinguished from Austen's other heroines and who is viewed in the eyes of countless readers as weak, quiet, and submissive. In contrast, Fanny, in the film, is shaped as a feminist who is well – educated and never feels shy to show her intelligence. Her keen and strong perception enables her to become a writer who, in the end, has an opportunity to publish her novel. Like her creator Jane Austen, Fanny, in the film, remains an access for her to speak out although others may consider that she behaves improperly in the patriarchal society. Both of Fanny and Austen manage to criticize the contemporary events they observe, such as the economic problems and marital values. Moreover, they raise the issue of slavery and Imperial expansion though this issue actually appears faintly in the novel. (Yeh)

This senior student from National Tsing Hua University then moves on to analyze the three scenes that are directly related to the issues of slavery and colonization in the film, issues that have been referred to at best tangentially in the original text and yet which are an integral part of the feminist film version. Of course I am not advocating that we should forget about the literary text and to merely focus on the film adaptation, especially an obviously "unfaithful" one. I was very careful to ask the students to read the novel first and to explain the characterization of Fanny in Austen's text before allowing them to watch the film. The main purpose of employing a visual text in the teaching of this canonical work is to highlight the importance of revisionist practices in reading the western canon. The literary text itself, as I have always reminded my students, is always of primary importance.

It is not easy to bring forth the "emancipatory potentials" in a western canonical work for Taiwanese students who often lack sufficient historical background in order to contextualize culturally the texts they are reading. In addition, the peoples in the third world more or less carry the historical burden of a certain kind of postcolonial experience. For those who learn English as a second language and claim English as our profession from time to time have to contend with the problem of linguistic mimicry and the hegemony of English language. Showalter's observation concerning our lack of training as literature teachers has a special resonance in this case: "The most profound anxiety of teaching is our awareness that we are making it up as we go along. Teaching is a demanding occupation, but few of us actually have studied how to do it" (4). And literature teachers of the third world have the extra burden of trying to initiate students into liberatory thinking when it comes to the study of western literature. "[M] aking it up as we go along" and finding new and effective ways to teach our students to go beyond Eurocentricism and the myth of functionality while teaching the western canon no doubt will continue to challenge us as teachers and scholars of the third world in this age of "global English."

Works Cited

Araki, Masazumi, Chee Seng Lim, Ryuta Minami, and Yukari Yoshihara, ed. *English studies in Asia.* Kuala Lumpur: Silverfishbooks, 2007.

Austen, Jane. *Mansfield Park.* 1814. London: Macmillan, 1984.

Bloom, Harold. *The Western Canon: The Books and School of the Ages.* 1994. London: Papermac, 1995.

Chan, Felicia. " 'English versus Literature': The Place of English Literary Studies in Singapore." Araki et al 60 – 74.

Fergus, John. "*Two Mansfield Parks*: Purist and Postmodern." *Jane Austen on Screen.* Ed. Gina Macdonald and Andrew F. Macdonald. Cambridge: Cambridge, UP, 2003. 69 – 89.

Johnson, Claudia. "*Mansfield Park*: Confusions of Guilt and Revolutions of Mind." *Jane Austen: Women, Politics, and the Novel.* Chicago: U of Chicago P, 1990. 94 – 120.

Leavis, F. R. *The Great Tradition: George Eliot, Henry James, Joseph Conrad.* London: Chatto and Windus, 1948 ; Harmondsworth: Penguin, 1972.

Miyoshi, Masao. "The Invention of English Literature in Japan." *Japan in the World.* Eds. Masao Miyoshi and H. D. Harootunian. Durham: Duke UP, 1993. 271 – 87.

Paik, Nak – chung. "Coloniality in Korea and a South Korean Project for Overcoming Modernity." *interventions* 2. 1 (2000): 73 – 86.

——. "Nations and Literatures in the Age of Globalization." Eds. Frederic Jameson and Masao Miyoshi. *The Cultures of Globalization.* Durham: Duke UP, 1998. 218 – 29.

Judy, Ronald A. T. "Some Notes on the Status of Global English in Tunisia." *Boundary* 2 (Summer 1999): 3 – 29.

Raley, Rita. "*Cadmus Britannicus*: Between Language and Literature in British India." *Ariel* 31. 1 – 2 (January – April 2000): 101 – 25.

——. "On Global English and the Transmission of Postcolonial Studies into 'Literature of English.'" *Diaspora* 8. 1 (1999): 51 – 80.

Said, Edward. "Jane Austen and Empire." *Culture and Imperialism.* New York: Vintage, 1994. 80 – 96.

Showalter, Elaine. *Teaching Literature.* Oxford: Blackwell, 2003.

Viswanathan, Gauri. "The Beginning of English Literary Studies in British India." *Oxford Literary Review* 9. 1 – 2 (1987): . 2 – 26.

Yoshihara, Yukari. "The Past, the Present and the Future of the Project, 'English Studies in Asia' (Introduction)." Araki et all 9 – 23.

(Feng Pinjia, Professor, Department of Foreign Languages and Literatures, National Chiao Tung University)

问题教学法在英美文学课堂教学中的应用效果分析

——以《英国文学选读》课程为例

孟宪华

摘要：传统的英美文学教学以教师为中心，采用讲授式、注入式、灌输式的教学模式。问题教学法的应用改变了传统的教学模式，不仅能够有效地活跃课堂气氛、调动学生的主动性和参与性，而且能够激发学生的学习兴趣和热情，培养学生的思维能力，还能够提高学生的语言表达能力和文学鉴赏能力。本文主要通过对问题教学法在《英国文学选读》课堂中的应用效果进行分析，试图较为全面地展示问题教学法在英美文学教学中的主要优势。

关键词：问题教学法；英美文学教学；应用效果

教育部2000年颁布的《高等学校英语专业教学大纲》规定："文学课程的目的在于培养学生阅读、欣赏、理解英语文学原著的能力，掌握文学批评的基本知识与方法。通过阅读和分析英美文学作品，促进学生语言基本功和人文素质的提高，增强学生对西方文学及文化的了解。"[1]英美文学课是实现文学课程目的的核心课程，同时也是"一门素质培养课。学生通过阅读英美文学作品，主动参与文本意义的寻找、发现、创造过程，逐步养成敏锐的感受能力，掌握严谨的分析方法，形成准确的表达方式。这种把丰富的感性经验上升到抽象的理性认识的感受、分析、表达能力，将使学生终身受益无穷。"[2]

由此可见，英美文学课不仅是高等院校英语专业学生的传统主干课程之一，而且还被赋予了提高学生语言基本功和人文素质的重任。然而，程爱民教授的《关于我国高校英美文学教学现状的调查报告》显示的却是：这样一门重要的课程越来越受到学生的冷落。英美文学课之所以遭遇这种“生存危机”，原因是多方面的，其中一个主要原因在于“超过60%的教师仍然沿用较为传统的教学模式，即注重教师的讲解，对学生参与的要求不高。”[3]

这种以教师为中心的填鸭式教学模式严重影响了学生的学习兴趣和求知欲。古人云：“授之以鱼，不如授之以渔”。德国教育家第斯多惠（Friendrich Adolf Wilhelm Diesterweg，1790—1866）也曾经说过：“一个坏的教师奉送真理，一个好的教师则教人发现真理”。问题教学法正是“授之以渔”和“教人发现真理”的教学方法。“所谓问题教学是指以问题为中心的教学，它是把教学内容化作问题，引导学生通过解决问题从而掌握知识、形成能力、培养心理品质的过程。”[4]问题教学不同于以往传统教学中以教师为中心、以灌输为授课方式的讲授式教学，而是将问题的设计、提出、解答等教授策略贯穿于整个教学过程中，更注重让学生主动地参与课堂学习，通过引导学生正确自主地分析问题、思考问题、解决问题，从而达到提高学生语言基本功和人文素质的目的。这与人本主义学习理论（humanistic learning theory）的思想不谋而合，两者都把教育的重点放在人类个体内在潜力的挖掘和个体能力的发展上，而不仅仅是知识的传播上。将问题教学法应用于《英国文学选读》的课堂教学中，应用效果显示出问题教学法具有以下三个方面的优势。

一、调动学生学习的热情和积极性

问题教学法以问题为线索、以讨论的方式组织课堂教学。问题的合理设置可以激发学生的好奇心和求知欲。这些问题不仅是学生课前准备、课上讨论的聚焦点，而且也是一条线索，是理解、赏析文本的依据和关键。问题教学法除了采取课堂上随堂提出一些有针对性的问题之外，主要采取将问题提前留给学生的方法，这样学生就能够在课前带着问题有目的、有针对性地阅读文本，避免初次接触文本所产生的盲目感，这种盲目感也就是教师经常听到学生所抱怨的“读不出东西来”。学生也可以围绕这些问题查阅一些相关的资料，深入了解文本的背景知识，真正做到有备而来，为课堂上的进一步讨论、学习树立信心。更重要的是，通过这样富有指导性的阅读，教师可以确保学生对文本已经具有了初步但又较为全面的认识，对具体问题形成了各自的基本见解和观点，从而为开展内容丰富的课堂教学提供良好的前提条件，让学生在学习中主动建构知识，培养学生的分析能力，实现文学教学的目的。

课堂讨论是问题教学法的精髓。在课堂讨论中，学生的思想不断地相互碰撞、启发、引导，这十分有利于对问题进行由浅入深、由表及里、循序渐进的思考。学生可以根据不同的见解不断地修正、完善自己的观点，使自己的思维一直处于一种积极运转的状态，并全身心地参与到课堂讨论、学习中来。动态的思想交流可以激发学生进行发散性思考、培养创新性思维，并在此过程中发现和享受思考的乐趣，从而有效地调动起学生学习的热情和积极性。例如，在讲解小说《傲慢与偏见》时，笔者曾使用了一个惯用的问题：小说开篇的第一句话（It is a truth universally acknowledged, that a single man in possession of a good fortune, must be in want of a wife.）有何意义？一开始学生感到无从下手，笔者适时地给予了适当的引导：这个问题是问大家从第一句话中我们能读出多少信息来。接着，笔者让学生找出这句话中最核心的内容，很快就有学生指出，这句话的核心是“单身贵族需要一位妻子”，并立刻从这句话的骨干中意识到整篇小说的主题一定关乎婚姻或者爱情。经过这样的启发，学生的思维一下子就活跃起来了：有的说它暗示了小说的情节，整个故事展现的是如何找到一位结婚伴侣的过程；还有的说它告诉读者，小说中的主要人物都是达到婚龄的青年男女。讨论至此，学生的观点基本上都围绕以上三方面展开，讨论似乎再次进于瓶颈状态。这时就需要教师继续对学生加以引导。笔者提醒学生注意第一句话在结构上有什么特殊之处。很快就有学生发现这是一个掉尾句。笔者接着问，为什么要用掉尾句呢？学生在语法课上学过掉尾句，知道掉尾句的特点是把整句的主要部分置于末尾处，以形成整句的高潮，从而达到突出该部分内容的目的。基于这些已有的语法知识，学生马上意识到“妻子”一词才是整句话的核心，随即发现这句话表面上在说一位单身贵族需要一位妻子，但纵观全书，小说讲述的却是婚龄女子如何找到“单身贵族”做自己的丈夫。这时学生们的思路已基本打开，他们结合在课前准备时所了解到的小说写作及作者生活的社会背景，提出了一系列的观点：这句话显示出小说的风格是反讽的，也表明了整篇小说的基调是非常幽默的；从第一句话中我们还能看出当时社会的婚嫁传统，真切地感受到了那个时代女性的社会地位：把自己嫁个好人家似乎是当时社会有闲阶级女性的唯一出路；同样也有学生理性地分析出了经济因素在当时的婚嫁传统中的地位和作用；更有学生指出，社会主要从经济的角度对男性进行评价，等等。显然，在这个环节中，由于问题的设置，学生的解读变得更为深刻、更为完整了。最终他们惊喜地发现，在课堂讨论的思想撞击中，原本简单的一句话可以传达出如此多的信息，而且每一条信息都是合理的、新鲜的，这对于他们来说具有很强的吸引力，也使他们产生强烈的成就感。所以，这种由浅到深、循序渐进的讨论很容易调动起学生的参与性与学习热情，开启他们挖掘文学深层宝藏的兴趣之魂。

“‘为了每一位学生的发展’是‘问题教学法’的核心理念。”[5]问题教学法关注每一个学生个体的主动性、探究性，关注每一个学生的自我思考，使他们能独立地、主动地思索、判断、选择、评价和创造。教师在教学过程中应尽可能地肯定和采纳学生的见解和观点，鼓励学生创新思想，发散思维，使他们敢于打破常规，进行逆向、变异思维，并且在适当的时候加以点拨和启发，使他们的思维能在正确的方向上尽量延伸。激发学生思维的同时也就发挥了学生的主体作用。教师在教学过程中需要对问题的讨论进行有效的掌控，着力把学生的思维和言语活动吸引到所学的内容中来，使学生在课堂上集中精力，并能系统、深入地思考问题。在积极参与整个课堂教学的过程中，学生经常会因为自己独到的见解和创造性的思维而得到教师的鼓励和表扬，这种鼓励和表扬不仅使学生获得满足感，它所产生的“皮格马利翁效应”能够让他们更加深入地思考问题，更加大胆地回答问题。随着自信心的增强，学生参与课堂讨论和发言的主动性和积极性得到了有效的激发，他们也就真正地成为课堂的主人，同时也就达到了让他们主动建构知识的学习效果。众所周知，主动建构知识是调动学生积极性的最好方法，也是让学生产生学习成就感的最快方法。

二、培养学生多种思维能力

“思维能力作为智力的核心，在人类的各种活动中起着核心性作用。知识的获得、问题的解决、活动任务的完成、创造发明的实现等，都离不开思维能力。”[6] 对于接受高等教育的大学生来说，具有批判性思维能力是他们综合素质的一个重要体现。批判性思维不是简单的批判或全盘的否定，而是在对事物进行分析论证的基础上，既有否定性的批判，又有肯定性的评价。早在20世纪40年代，培养批判性思维能力就提上了美国教育改革的日程。20世纪80年代，批判性思维能力的培养更是西方国家教育改革的重中之重。

运用问题教学法教授英美文学，能够有效地培养学生的思维能力，尤其是批判性思维能力。首先，对文学文本的理解是仁者见仁，智者见智的，正如人们常说的“有一千个读者就会有一千个哈姆雷特”；对文本的品读更是没有对错之分，只有仁智之别。文学文本的这种仁智各见的特性正是学生进行鉴赏、创新的基础。其次，文学文本教学中的问题都是开放型问题，这类问题都可以从多个角度、多个视角进行思考，并不是指向唯一正确的答案，而是可以有多种理解。正如比迪·马丁（Biddy Martin）所说“我们必须让学生看到所有的问题都是开放性的，要让他们相信，意义、价值并非在某个固定的地方，既不在作者的意图或是潜意识的动机那里，也不在文本的语境之中；既不在一种特殊的理论原则那里，也不在批评家或是教师那里。”[7] 文学文本的开放性和复杂性使得课堂讨论成为可能。“文学文本所涉及的话题是复杂的，深入的和带有思想性的，你很难找到一个一成不变的答案，而这些话题或是问题又值得我们永远地探讨下去。”[8] 英美文学课所设置的开放型问题要求学生的思维是开放的、发散的，这样有利于培养学生思维的独立性、创造性、批判性和深刻性。

问题教学的首要任务并不在于直接给学生传授现成的知识，而在于引导学生发现各种各样的问题，即要调动和发展学生的思维。它注重培养学生思维的求异性，要求学生在学习的过程中进行独立的思考，避免人云亦云。学生可以对每一个问题进行多方面、多角度、不依常规的思考，在解答问题过程中探求不同的思维过程和思维方法。在问题教学过程中，每个学生都需要独立思考，综合运用自己所掌握的理论、知识、经验和能力，依据自己的思路去解决问题。例如，在讲解布莱克的《老虎》（The Tyger）一诗时，笔者曾要求学生讨论一下这首诗的主题。大部分学生认为这首诗是关于法国大革命的，因为这首诗是在法国大革命的背景下创作的，而且诗中出现了“火”和“多种武器”，显然这是相对传统的答案，但笔者同样给予积极的肯定。在笔者的鼓励下，讨论的气氛渐渐活跃，学生也陆续给出了各种各样的奇思妙想：有的觉得整首诗展现的是上帝创造老虎的过程；有的说整首诗呈现给读者的是创造的神秘性；有的认为对上帝创造工艺的赞美也应是该诗的主题之一，更有学生提出整首诗其实是诗人对自己的赞美，上帝为我们创造了现实生活中的老虎，诗人为我们创造了想象中的老虎。在这些新颖而独特的观点的影响和启发下，学生们的思维状态渐入佳境，思考也有了一定的深度，他们自己总结出诗人在这首诗中讴歌了想象的力量，想象中的老虎和现实中的老虎同样栩栩如生，同样令人生畏，布莱克所要赞美的正是诗人这种似有神助的超凡想象力。这无疑是一个令教师和学生都欣喜、满意的观点。在整个讨论的过程中，学生的想象力和创造性思维得到有效的开发和培养，教师和学生之间因师生地位所引起的隔阂也自然而然地消失了，师生共同徜徉于文学的无尽海洋，享受着学海拾贝的乐趣。通过学生对文学文本所做的异彩纷呈的解读，教师也深刻地体会到学生感悟力和想象力的潜力是无限的，教师有责任在课堂教学中激发学生的这种潜能。

与此同时，学生在探寻问题答案的过程中获得的质疑精神和发散性思维能力，使他们能够较容易地接受相对抽象的文学批评理论，而文学批评理论的应用对批判性思维的培养来说更是如虎添翼。理论的应用犹如为学生搭起的一级级观察、赏析文学作品的台阶，打开一扇扇不同视角的思维之门，让学生借此步入文学的殿堂。应用的不同理论，一方面能让学生看到文学作品“横看成岭侧成峰，远近高低各不同”的维度和魅力，另一方面也能培养学生思维的批判性，尤其是思维的广阔性和深邃性。

三、提高学生语言表达、文学鉴赏能力

在英美文学教学过程中，教师要求学生带着问题在课外阅读文本，课堂时间主要用来讨论和发言。学生在阅读英语文学原著时，会接触并受到不同风格语言的影响。学生所阅读到的并深受其影响的语言正是他们课堂讨论、发表自己见解和主张的重要媒介。如果说分析问题有助于增进学生的创新意识，解决问题有助于提高学生的归纳、总结能力，那么回答问题的过程实际上就是把“内部语言转化为外部语言”的过程，体现的是将自己的思想外化即表述的能力。在讨论和发言的过程中，学生不仅扩大了知识面，增强了文学鉴赏力，而且还提高了文本感受能力、分析批评能力和创造性表达能力。课堂讨论及回答问题大部分都是以即席发言的形式进行的，一般情况下只能在脑子里拟一个提纲，然后一边说一边充实所讲内容，这样不仅锻炼了思维的敏捷性，而且还锻炼了思维的逻辑性，因为学生不仅要用英语回答问题，而且必须就有关话题全面地阐述自己的观点，必要的时候还需要引述文本作为发言的支撑，也

即是通常人们所说的，既要做到“言之有物”，又要做到“言之有理、言之有据”。

问题教学法的应用为学生创造了练习、使用英语的机会，在提高学生语言基本功的同时，也有助于提高他们的文学鉴赏力。“所谓文学鉴赏能力，就是人们在阅读文学作品过程中，通过对文学作品的思想内容，艺术形象、表现形式，风格特色以及审美价值进行感知、领略、理解、品位和想象，并作出鉴别、欣赏和评价的能力。”[9] 提高文学鉴赏能力，没有什么捷径可走，它是一个日积月累的过程，正所谓“不积跬步，无以至千里；不积小流，无以成江海”。文学文本的阅读、理解和赏析是一个逐层提升的过程。它们能够在情感熏陶、素材积累、语感培养等方面产生综合效应，在“润物细无声”中起到潜移默化的作用，从而提高文学鉴赏水平。英美文学课堂的教学目标之一就是开发学生对文学的感悟力，而问题教学法的应用，恰恰能够通过课堂讨论中的语言沟通点醒学生对美的文字的体悟、对深邃思想的顿悟，从而提高学生的人文修养。

结　语

问题教学法在英美文学课教学中的应用不仅有效地激发了学生对于文学作品的学习兴趣和热情，锻炼了他们的人际沟通能力及团队合作能力，而且提高了他们的理解能力、思维能力、评论能力、欣赏能力、语言能力和综合创新能力。正如秘鲁作家马里奥·巴尔加斯－略萨（Mario Vargas－Llosa，1936—）所说的那样，“为了培养有批评精神、善于独立思考、不被他人操纵、永远斗志昂扬、想象力丰富的公民，没有什么能与优秀文学相比。”[10] 优秀的文学，加上适当的教学方法，文学的力量更能得以彰显。可以毫不夸张地说，应用问题教学法的文学课堂更像是一段探险之旅，在老师的引领下，学生可以不时地挖掘出隐藏在文学殿堂深层的瑰宝，亲历到思考的乐趣，领会到语言的情趣，体悟到文学的魅力，顿悟到思想的深邃，体会到批判的向度，感受到想象的维度。

在哈佛大学的师生中流传着这样一句名言：教育的真正目的就是让人不断提出问题、思索问题。爱因斯坦也认为，提出一个问题比解决一个问题更重要。问题是思维的源头，思维是创新的动力，是主动建构知识的发动机。教师要发展学生的思维，培养学生的创新能力，就必须培养学生质疑问难的能力。问题教学法强调在教学的过程中培养学生提出问题的能力，要使学生不但敢问，而且善问，其最终落脚点是实现教师提问向学生质疑的转变。在力求提高高校学生人文修养和创新能力的今天，问题教学法在英美文学教学中的优势无疑将更加显著和有效，值得引起从事英美文学教学的广大高校教师的重视和研究。

参考文献

[1] 高等学校外语专业教学指导委员会英语组．高等学校英语专业英语教学大纲［Z］．外语教学与研究出版社，2000.

[2] 王守仁．应该终结“文学史＋选读”模式［J］．郑州大学学报，2002，(9)：10－11.

[3] 程爱民．关于我国高校英美文学教学现状的调查报告［J］．外语研究，2002，(1)：14－17.

[4] 丁念金．问题教学［M］．福建教育出版社，2005：41.

[5] 陈洪亮．浅谈“问题教学法”［J］．中国教育与教学，2006，(6)：118－119.

[6] 丁念金．问题教学［M］．福建教育出版社，2005：54.

[7] 转引自郭英剑．从文学理论的缺席谈起［J］．郑州大学学报，2002，(9)：6－7.

[8] 郭英剑．从文学理论的缺席谈起［J］．郑州大学学报，2002，(9)：7.

[9] 卢素侠．试论大学生文学鉴赏能力的培养［J］．中国成人教育，2008，(5)：133－134.

[10] 巴尔加斯－略萨．文学与人生［J］．赵德明译．名作欣赏，2006，(17)：19－26.

【孟宪华，青岛大学师范学院英语系副教授】

危机中的英美文学教学

蒋显璟

任何从事英美文学教学的同仁，如果客观地审视一下自20世纪80—90年代以来英美和国内大学中英美文学教育的状况，都会承认这一学科正处于生存危机之中，而且这种危机正在日益深化。仅仅引用下面几位权威的话语就足以让英美文学教师认真反思这一学科的现状和未来走向了。美国著名文学教授哈罗德·布鲁姆（Harold Bloom）在其《西方正典》一书最后一章《哀伤的结语》中，表达了对文学未来的深刻忧虑："我在一所顶尖大学教了一辈子的文学之后，反而对文学教育能否渡过眼下的困境缺乏信心。"他对目前美国大学中文学教育指导思想的混乱感到十分困惑：追求时尚的教授贩卖法德理论、对性倾向和社会性别的病态入迷、"无休止的文化多元主义"，不一而足，因此他无可奈何地承认，"文学研究的巴尔干化已经是不可逆转的了"（作者注：指的是文学研究会像巴尔干半岛那样分裂为诸多民族和信仰的小国，并且导致无休止的民族冲突）。爱德华·赛义德在1999年春美国现代语言协会的内部通讯上哀叹"文学本身从大学课程中消逝"，取而代之的是"支离破碎、行话连篇"的一些所谓新兴学科。德尔班科在美国《纽约书评》杂志1999年11月号发表了长文《文学的衰亡》，令人想起吉本《罗马帝国衰亡史》一书，似乎文学也要重蹈罗马帝国的覆辙。美国文学界重要期刊《新文学史》（NLH）2005年第1期刊载了数篇重量级文章，着重探讨人文学科（主要是英语学科）的危机。若不采取一些紧迫措施，英美文学将会成为濒危物种，而英美文学教师队伍也将面临改行，被迫从事更为实用和功利性的外语教学。本文拟考量造成英美文学教学当下危机的一些因素，并对我国的教育管理者提出一点建议，以期改变这一令人消沉的局势。

一、创办大学的初衷

要了解英美文学教学的危机，就要将它置于大学这一教育机构在西方文明的发展历史以及它与人文教育的关联中来考察。因为英美文学作为一门学科，是寄身在高教体制中才能得以存活的。众所周知，早期现代大学的雏形是中世纪欧洲的博洛尼亚大学和巴黎大学，而后者是以其神学教育所著称的。稍后一点，牛津大学也在12世纪末“从巴黎大学的母体中发展出来”，成为英国本土大学的滥觞。牛津大学最初是以培养教士为己任的，神学是其核心课程，拉丁文是必修语言。一直等到16世纪文艺复兴时期，才有少数睿智的学者从欧洲大陆引进了古希腊语和柏拉图的学说，这才动摇了亚里士多德哲学及其衍生物经院哲学在大学中的主导地位。

大学教育的目的是什么？19世纪中期，英国的纽曼大主教在爱尔兰新建立的天主教大学发表了一系列演讲，后来于1852年正式结集出版，名为《我的大学观》。他对大学文科教育的看法可代表早期杰出的大学教育家对大学主要使命应该是什么的立场。大学当然是传授知识的场所，但也是培养品格的场所。而且知识的定义是什么，在他看来有两种：一为哲学，一为科学，两者都是人类理性的产物。而这两种教育方法，即哲学和科学，其目的大不相同。前者培育人的哲理思考，后者培育人的机械性思考。前者可以上升到宏观概念，后者则倾向于具体的和外部的。纽曼认为大学文科教育的主要职责就是培养人的心智，使其能鉴别真理与谬误，能在具体事实之上构建起统摄性的观念。

这种理想主义的文科教学指导思想，在当代美国的公共知识分子玛莎·努斯鲍姆（Martha C. Nussbaum）的《告别功利：人文教育忧思录》（2010）一书中又得到重申和热切的响应。努斯鲍姆以堂吉诃德式的骑士精神，单枪匹马地向充斥于美国大学教育中的功利思想和实用主义发起了猛烈进攻。她认为，美国那精于追求利润的商业风气已经侵蚀了大学的良好学风，苏格拉底式的辩证、启发式教学法已经让位于标准化考试和就事论事的案例研究。而旨在培养良好世界公民、激发其批判性思维能力和艺术想象力、能对他人痛苦有深刻同情心的人的那种自由人文主义教育则日益被挤出大学讲堂。她在这本书中的主要观点就是：学习人文学科对于维护民主制度是必不可少的，因为文学能培养受教育者的良好公民素质。

在英语系科建立之前，大学的文科教育主要是古希腊罗马的经典，以及为法庭辩论所需的修辞与演说术。赫伯特·斯宾塞（Herbert Spencer）曾这样批判大学中的古典教育："正如奥里诺科河的印第安人在离开他的茅棚之前会给自己涂上颜料一样，人们也会强调一个孩子必须要有拉丁文和希腊文的训练，不是因为它们的内在价值，而是这个孩子会由此得到——'绅士的教育'。"但是，古典文学在历代多数学者心目中是神圣不可侵犯的正典，也是他们阅读乐趣的主要来源。古希腊罗马语言的地位也因为它们所承载的典籍而至高无上，连英语语法规则的建立也要以其为蓝本，尽管在实际运用中这几种语言有天渊之别。

英国 18 世纪大诗人蒲柏（Alexander Pope）在他早期代表性长诗《论批评》中这样极力讴歌古希腊的作诗法则："古人的法则乃被发现之物，并非人所创造；它们仍是自然，但却是条理井然的体系"（Those rules of old discovered, not devised, / Are Nature still, but Nature methodized）。他坚持要初入诗坛的诗人以古典作品为楷模，因为模仿古人就是模仿自然。

直到 19 世纪，德国哲学家叔本华还如此热情洋溢地赞扬古典作品："没有什么比阅读古老的经典作品更能使我们神清气爽的了。只要随便拿起任何一部这样的经典作品，读上哪怕是半个小时，整个人马上就会感觉耳目一新，身心放松、舒畅，精神也得到了纯净、升华和加强，感觉就犹如畅饮了山涧岩泉。这到底是因为古老的语言极其完美的特性，还是因为这些古典作家保存在著作里的伟大思想历经数千年仍然完好无损，其力度也不曾减弱分毫？或许两种原因兼而有之吧。”这又令人想起了阿诺德对文化的经典定义：“最佳思想与言论”（The best which has been thought and said）。早期大学人文主义教育的倡导者之所以如此强调尚古，是因为古代的思想能为今人所用。在阿诺德看来，学习古典文字的目的并非只是要掌握古希腊语和拉丁语的词汇、文法，或只是通读过古代作家的作品而已。他认为，真正的目的是要“了解古希腊人和罗马人，了解他们的生活和精神风貌，他们的本质是什么，他们在世间的业绩；了解我们从他们那里传承了什么，这种遗产的价值何在。”

尽管 T. S. 艾略特是现代派文学的开山始祖，但他对古典文学的崇敬和借鉴与化用是尽人皆知的。在《论诗歌与诗人》一书中，他旗帜鲜明地指出，“欧洲文学的血脉就是拉丁与希腊文学。”他把整个欧洲文学看作一个整体有机生物，其中的各国文学息息相关，一损俱损，一荣俱荣。现代欧洲与美国的文学都是从古希腊这个源头经由罗马所流变而来的。而评价文学作品的优劣也要以古希腊罗马的经典为圭臬。

美国当代大批评家哈罗德·布鲁姆（Harold Bloom）在其最近的力作《西方正典》中不遗余力地为以但丁、歌德和莎士比亚等为核心的西方正典辩护，并极力声讨他所称之为“怨愤派”的那些企图打破正典的现代批评家们。但在另一方面，他对文学经典改良人的灵魂、提高人的品格素质的说法不屑一顾，认为“文学研究无论怎样进行也拯救不了任何人，也改善不了任何社会。莎士比亚不会使我们变好或变坏，但他可以教导我们如何在自省时听到自我。”在这一点上，他跟乔治·斯坦纳（George Steiner）的看法颇为接近。斯坦纳也认为一个有高度文学艺术修养的人也可能还会是个凶残的刽子手：“我们知道一个人可以在晚间读歌德或里尔克，会弹奏巴赫和舒伯特，但次日一早还会去奥斯威辛集中营上班。”从这一点来看，布鲁姆和斯坦纳与纯粹的乐观主义者努斯鲍姆还是有一定的分歧的。

对努斯鲍姆那理想主义人文教育观持异见的还有美国学者玛爵里·佩尔罗夫（Marjorie Perloff）。在她的论文《一门学科的式微：

对今日英语系的反思》中，作者反驳了文学可以造就良好公民的观点。她认为努斯鲍姆的论点太宏大，也太自以为是，就好像自然科学家和社会科学家不能有独立思考、批判性思维，也不能感同身受地同情他人的痛苦一样。作为反面证据，佩尔罗夫指出，德国在20世纪早期的优秀人文主义大学体制并不能阻止纳粹的崛起，相反，有些著名的人文学科大学校长自己就是狂热的纳粹分子。

英语作为大学里的一门学科，其历史只有一个多世纪，与哲学、历史等其他人文学科相比，还属比较年轻的。美国大学里英语系科的创立是在20世纪第一个年代里，据罗伯特·斯科尔斯（Robert Scholes）之见，英语走了一条从语文学（philology）、“新批评”到“理论”的学科课程发展道路。其总的趋势就是日益专业化，以期和其他更为严谨的自然科学媲美，获得学术尊严。这在很大程度上是受到德国大学文献考据治学方法的影响。在这一期间，大学生的阅读书单也发生了一些变化。最早意义上的 literature 一词含义更广，泛指任何值得一读的严肃书籍，如培根与洛克的著述等。它的词义后来则指所谓文辞华丽的“纯文学”（belles - lettres），再到后来则由于受到浪漫主义的影响，专指具有想象性和“高度严肃性”的文字作品。另一种版本则把美国“学院派文学研究”的诞生时间定在19世纪最后25年里，即大学中语言文学系的组建时期。在其创建之初，英语系科认为传授一些经典作品的最佳方法，就是教师在课堂上凭借个人感悟和主观印象如布道般地把自己对典籍的解读传递给学生，使之如受到天启宗教般地感动。随后美国的大学受到德国大学的文献考据学的影响，转而集中注意文本词语的历史演变和挖掘作品中的用典出处，认为这才是学院派的治学之道。再后来英语学科又把英国文学的历史划分为几个时期，并指定了各时期的代表流派和经典作家作品。而进入了20世纪最后两个年代里之后，英美大学里的英语系科却陷入了身份危机的泥潭而不能自拔。盖伊和斯莫尔合著的《英语文学研究中的政治与价值：危机中的一门学科?》一书，就对英语学科的症候进行了剖析，十分值得我们反思。他们认为，若认真对待当前甚嚣尘上的政治批评的认识论后果，那么整个英语学科就会彻底停业。两位作者指出，一门学科必须要有如下几个要素才能真正成为学科：1. 有清楚定义和限制的研究对象；2. 有专业化的一套方法可以产生专业化的知识；3. 有本专业的一套理论来解释其方法，使之合理合法；4. 它能产生社会效益，也即能提供某种有价值的产品，这种产品除了该学科的专家们外，其他行业提供不了。盖伊和斯莫尔对所谓文化研究取代文学研究的主张提出了一针见血的批判。他们指出，如果把整个文化中的散漫表意实践都作为研究对象的话，那么就没有专门化的学科了。文学学科的一个致命伤就是，它与社会的市场需求没有直接的联系，它所产出的人才或科研成果没有立竿见影的社会效益。

英语学科的危机的另一个症候，就是在英美大学中学生阅读水平的普遍下降以及对阅读文学经典失去兴趣。早在 19 世纪末，尼采就对德国高等教育的堕落提出了尖锐批评。他认为德国人忽略了教育的目的：它不是为了建设帝国，而是为了培育人的品格。充斥在德国中学和大学中的不是教育者，而是学究气的蠢汉。他敏锐地指出："高等教育与芸芸大众，这两个词从一开始就互相矛盾。""一切伟大的和美的事物必不能为公众所有：美在最稀有者那里。"可是在民主化的大语境里，大学的大门日益对大众敞开，日益要适应下层阶级的诉求（这些更多是政治、性别和就业技能上的而不是智力和审美的）。正如美国作家威廉·阿·亨利三世（William A Henry III）在其颇具争议的书《为精英主义辩护》中所说："归根结底，就是那种相信人人都能被拔高到大学水平的热切愿望使得大学降低到了人人的水平。"亨利认为美国的反精英主义倾向使得其高等教育江河日下。

二、偶像的破坏者们

对经典文学教学发起猛攻的还有所谓的文化研究派的学者们。其中最著名的当属英国文学理论家特里·伊格尔顿。在他那本畅销不衰、几乎成为英美文学研究者案头必备的教科书《文学理论导论》中，他向英国文学这门学科提出了根本性的质疑和理论的解构。在他看来，英语文学的诞生与维多利亚朝代末期宗教影响力的式微有直接的因果关系。作为维系社会各阶层之间的和谐、让社会长治久安的一种微妙的意识形态工具，宗教是一种社会黏合剂。宗教的情感作用和仪式、偶像及社会影响起着潜移默化的作用，“其终极真理，就像文学象征所传播的真理一样，很方便地对理性证明封闭，因此其断言也是绝对的。”在人们普遍对宗教幻想破灭，社会矛盾日益激化的时刻，幸好还有英语文学可以替代宗教来拯救人们的灵魂，提供假想的慰藉。在伊格尔顿看来，文学就是一种“糖衣炮弹”，可以婉转地说服下层劳苦大众，让他们相信私有财产是天经地义的永恒真理（尽管伊格尔顿自己也在伦敦拥有三套豪宅）。

用文学来替代宗教，这一解释的源头自然可以追溯到维多利亚时代的文化传道士马修·阿诺德那里。阿诺德曾无可奈何地哀叹宗教信仰的消退，而倡言用诗歌来填补信仰的空缺。他曾如此断言：“诗歌的前途无量，因为在诗歌里……我们人类随着时间的推移，将会找到日益可靠的支撑。没有哪一种信条不被动摇，没有哪一种被确信的教义没被证明是可疑的，没有哪一种被接受的传统不濒临土崩瓦解……今天我们的宗教中最强有力的部分就是它那无意识的诗歌。”这种把文学所不能承受之重强加在她肩膀上的理想主义，只会加速人们对文学的希望幻灭。

在他对英语文学的攻击最激烈的时刻，伊格尔顿竟然呼吁取消大学里的英语系科，而用文化研究或对“表意实践”的研究取而代之。令人惊诧的是，在把文学批评彻底否定了之后（他认为文学是子虚乌有的幻象，文学批评理所当然也是幻象的幻象），他断言文学批评不是一门独立的学科，它只不过是社会意识形态的一个分支，没有自己的独特身份来将它与哲学、语言学、文化与社会学思想区分开来。其逻辑结论就是，他那本名声卓著的文学理论书只是文学死亡的讣告，而文学这个对象也被他顺理成章地埋葬了。

英国另一位颇有名声的文化研究教授安东尼·伊斯特霍普（Antony Easthope）就在其《文学研究转向文化研究》（Literary into Cultural Studies）的专著中声称，传统的文学研究必然要向文化研究范式转移（paradigm shift），而且其书名中的介词 into 含有双重意义：一为祈使句意义的："文学研究要转入文化研究"，二为陈述句意义的："文学研究正在转入文化研究"；这就意味着当时不可逆转的一种趋势和业内的吁求。他也步伊格尔顿、斯坦利·费什等人的后尘，竭力要消解文本的实在性，要抹掉文学文本与其他文本之间的实质性区别（费什曾写过一本厚达 400 页的书《这个课堂里有文本吗》，企图破除形式主义批评所假设的文本之确定性、中立性和可知性，而论证读者群体阐释的权威性）。我们可以提出这样的质疑：如果说文本是个虚无之物，难道读者又是一个实体吗？读者被分化为无数有各自经验和审美趣味的个体，对文本的阐释也因为个人的经历而大不相同，并且未经过阅读培训的读者不能正确地读出作品的意义。费什的所谓读者其实就是他自己的代言人。

文学的衰落还有一个重要的社会原因：那就是书籍文化的没落。乔治·斯坦纳曾说过一句非常有预见性的话："书籍的时代几乎成为过去"（The age of the book is almost gone.）。早在 1985 年 8 月，他就在《哈珀氏杂志》（Harper's Magazine）上发表过一篇《阅读的未来》的文章，预言将来那传统的个人独处一室，开卷默读的读书方式会日益变得小众化，而权力会转移到那精通电脑软件的少年天才那里。我们只要想想微软的比尔·盖茨就可以看出斯坦纳所言不谬。无独有偶，国内杂志《读书》2011 年第 12 期上刊载了一篇同名文章，把阅读行为放置在历史文化演进的过程中来分析，认为文字发明对记载和传播人类的集体记忆功不可没，但随着其他竞争性媒体的涌现，如电视和互联网等，发生了"形象崛起，文字陨落"的现象，我们已经进入了"读图"时代，"形象在取代文字成为精神负载的核心手段。"现代年轻读者中已经很少有人能够一口气把一本 200 页以上的小说读完。在 1978—1990 年间，一年里没读过一本书的美国人从8%增加到16%。这个数字现在也许只会更高。读者的消逝对文学显然不是一个好消息。为了迎合读者，英国出版的英语教科书现在也是“图文并茂”，文字被分裂为一小块一小块，点缀在印刷精美的彩色图片中。当代读者对文学经典的了解需要通过把它们视觉化，改编成电影或电视剧以后才能够接受。能把狄更斯长达900多页的《荒凉山庄》从头到尾读完的读者，恐怕是凤毛麟角了。也许是考虑到受众接受习惯的改变，英美主流媒体如BBC等在21世纪的第一个年代里曾将多部经典名著转换成视觉呈现的电影或电视，从而带动了这些典籍的销售。莎士比亚的经典剧作也被诸多出版社改写成现代语言，并配以详尽的注释，这样才能被年轻一代读者所理解和欣赏。

三、英美大学中英语学科的困境

对美国大学中英语学科所深陷其中的困境，最详尽无遗的表述莫过于德尔班科（Andrew Delbanco）1999年11月4日在《纽约书评》上发表的长篇评论《文学的衰亡》了。仅仅从他所评论的几本书的标题就足以让文学从业者心惊肉跳：《文学的死亡》、《人文学科境遇如何?》、《英语的兴起与衰落：重建英语学科》、《文学的失落：社会政纲与人文的腐败》。他向我们展示了一幅令人沮丧的文学教学图景：英文系是校园里的笑柄，获得学校拨款最少；为了迎合蜂拥而至的平庸学生的口味，英文系的老师们纷纷开设一些闻所未闻的新奇课程，如垮掉一代的诗歌或爵士乐与流行文化等。这些课程的特色就是把非正典的“文学”作品端上台面，更少智力的挑战和审美的愉悦，更多的是对边缘群体或弱势群体的诉求的迁就和降格。例如印第安纳州立大学英语系的“使命陈述”（mission statement）听起来更像是无所不包的大杂烩，让人怀疑哪里还有一点文学性存在——“我们是词语的信徒；我们的使命就是颂扬强有力的书写，并将更多这样的书写带入世界……我们研究从科学到宗教、从商务到流行文化、从政治到哲学的一切。我们的系里既有小说家和词典编纂家，又有传记作者和诗人、修辞学家和批评家。我们有一切领域里的专家，从表演理论到职业写作、从莎士比亚到猫王埃尔维斯。”

德尔班科指出，自20世纪70年代中期美国大学每年颁发的文学博士学位达到几乎1400名以来，这个数字已经缩水了约三分之一，这与人文学科的萎缩是同步发生的。美国的学生从高中就开始逃离文学，只有大约9%的学生表示对人文学科感兴趣。即使在一些精英大学里，对文科感兴趣的学生也日益减少，大部分学生都只把上大学看作获取文凭、找份好工作的捷径。他们在选择所学专业时更多的考虑是毕业后就业前景如何，而不是出于自己的兴趣。由于职业市场的萎缩，美国大学中的一个人文学科的空缺就有三个博士毕业生来竞聘。现在美国很多大学都减少所谓的终身教席，而宁愿雇佣一些低薪的年轻博士毕业生。与此同时，一个逻辑上的悖论就是，在从事文学教研的人员和资源日益减少的背景下，文学的范围却不断扩大了（Literature is a field whose constituency and resources are shrinking while its subject is expanding.）。这也就是说，任何书写（只要是用英语书写的）都可以合法地成为英语系教授们给学生分析的对象。正如批评家迈克尔·贝鲁贝（Michael Bérubé）所指出的：“英语变成了这样一块智力场地：人们可以从基督教视角来研究葛文爵士与绿衣骑士，从福柯理论视角来研究O. J. 辛普逊审判案例，从马克思主义视角来研究凡尔赛条约的文本。”

四、我国大学中英美文学教学的问题

笔者以为，我国的英美文学教育目前面临着如下几个大问题：

（1）培养目标不明确。我们要培养的人才将来到底是要从事什么职业？纯粹的以英语文学为职业的人才在本科毕业生层面上是不可能的，除非是博士毕业生才有可能在大学从事英美文学教育，而攻读博士学位费时费力，让很多家境贫困的学生望而却步。对很多女性学生来说，还要面临成为“第三种人”的危险。面对严峻的就业形势，传统的英语专业系科只能转而寻求更适应市场需求的专业设置，就是所谓的复合型人才。如商务英语专业（在2007年，教育部批准了对外经济贸易大学的商务英语成为独立的专业，而原来它只是附属在应用语言学下的一个分支。现在全国各地的大学都纷纷开设商务英语专业，不管自己有没有这方面的师资）。我们也不能像美国的英语系一样开设“创造性写作”专业课程，因为我们的教师们自己就没有用英语写过小说。而在美国大学英语系里，有不少所谓的“驻校作者”（writer in residence），他们可以用自身的创作经验来指导学生写作。再说，在今天的图书市场上，写书的比读书的多，培养出那些作家能靠创作来养活自己吗？而且网络文学的勃勃兴起可以让读者随时随地从移动媒体（手机或平板电脑）上阅读短篇的、一次性消费的作品，也不需要读者静坐反思所读作品的深层意义。

（2）就业至上的办学思想。现在我国的教育主管部门以一门学科的就业率来决定该学科是否继续办下去。在目前市场经济的大环境里，那些有利于就业的专业当然能吸引更多的学生，而纯粹以英美文学为专业的毕业生则大多面临着改行的抉择。虽然有数据表明最近几年英语专业毕业生的就业率为85%以上，但很多毕业生所学非所用，跟英美文学并无关系。

（3）与欧洲古典文学传统的脱节。我们的英语系科只关注英国或美国文学本身，而很少将其与西方的优秀文学传统联系起来考察。英国文学在早期深受文艺复兴时期先进的意大利和法国文学的影响，本土作家们如乔叟和怀亚特等诗人纷纷模仿欧陆文学时尚和诗风。这些在我们的教学中是需要加以强调的。我们的文学教师最好能比较熟悉另外一两门欧洲语言，如法语、德语或意大利语，这样才能更好地阅读原著，并发现其中的借鉴和互文性。即便不能做到这一点，他们也应该力争阅读这些古典的英文译本。必须指出，甚至20世纪的爱略特都深受法国象征派诗歌的影响，他的不少诗歌手法都来自英吉利海峡彼岸。但是，正如白碧德所指出的那样：

"我们既缺乏对现代有充分观察的古典教师，又缺乏具有足够古典背景的现代文学教师，这是实现人文方法复兴的主要障碍之一。"

（4）盲目跟风。美国文学批评界流行什么就兜售什么，很少批判性地鉴别什么是文学课程中必须永恒存在的，什么是转瞬即逝的时尚。我们的文学教学中存在着厚今薄古的现象。如黑人文学大行其道的时候就纷纷开设这方面的课程，若其他少数族裔文学流行的时候就纷纷开设少数族裔文学，有些名称还标新立异，如"流散文学"或"文化资本论"等。

（5）单向接受。自打开国门以来，国内的英美文学教学中存在着一种被动接受国外某一作家或流派的趋势。我们经常可以看到诸如《某某作家在中国的接受史》之类的论著或文章。可是很少看到用中国自己独特批评视角去评价国外文学作品的论著或文章。

（6）"六经注我"。很多教师不是把经典文学文本当作本身有其内在价值的艺术作品来解读，而是竭力将其阐释为某一意识形态服务的工具，或当作解读某一历史时期的附带文本。文学作品被强行阐释为支持教育者所持的意识形态的一种服务性文本，失去了自己独立的审美地位。

（7）课时量严重缩水。很多院校为了学生的就业考虑，纷纷开设实用性、技术性的课程，这些课程把英美文学的课时挤压得所剩无几，只能是走马观花、介绍性地讲讲几个主要时期代表作品而已，学生根本没有时间去自己深入阅读理解作品，只浮光掠影地听教师的讲解，没有形成自己独特的个人意见。英美文学沦为了培养"复合型人才"中添加一点"人文素养"的点缀。

（8）合格师资的培养。因为从事文学教育相对于其他热门课程而言更需要大量时间和精力的投入，更需要教师耐得住寂寞，不求急于出名，所以很少有教师会愿意全身心地钻研文学教育的内容和教学法，而是纷纷转行从事更迎合市场需求的课程，如同声传译、市场营销、商务谈判、跨文化交际等容易上手又能招徕学生的课程。

五、试探性结论

笔者以为，在探讨如何强化文学教育的时候，应该多借鉴美国的“新批评”流派的教学方法。虽然听起来“新批评”像明日黄花，早已被纷至沓来的各种“主义”排斥在大学课堂之外，但其实它的理念和实践早已融入了文学学科的教学法中，并且仍然在发挥着重要的作用。《诺顿英国文学选集》的主编、美国著名学者亚勒拉姆斯（M. H. Abrams）曾在一次访谈中肯定“新批评”的历史作用和它对教学的实际可操作性。因为“新批评”那以文本为中心的教学方法可以在课堂上运作，能引导学生对文学作品的“文学性”和艺术技巧有更深刻的认识，从而提高他们对文学语言的鉴赏能力。当然，纯粹把读者与文本的接触限制在文本之内，这是太狭隘的解读方法，而且杰出的新批评理论家们也从来没有这样做过。其他一些批评方法牵涉到政治、性别研究、历史考据等方法，这些对于很多年轻教师来说，都是很大的挑战，因为他们没有受过这方面的培训。而有些所谓新颖的批评方法，其得出的结论却令人哭笑不得，经过认认真真的考据，却得出要么价值不大的结论，要么荒谬的结论。例如，笔者曾读过一篇以新历史主义方法，通过严谨的文献考据写出的论文，试图把威廉·布莱克的《病玫瑰》一诗阐释为对当时英国政府中一位要员的影射，因为他的姓就是 Rose。而另一篇关于《李尔王》的论文则用性别理论来探讨李尔王和小女考迪莉娅的关系，竟然说他们之间存在着乱伦的嫌疑！这种研究的结果又有什么实际的用途呢?

总之，笔者认为，由于国内外大环境的影响，英美文学教学面临困境，业内同行应该集思广益，找出拯救这门濒危学科的良方，以使这门学科能朝着正确、健康的方向发展下去。

【蒋显璟，对外经济贸易大学英语学院教授】

英美文学教学中的问题意识与知情合一

王弋璇

摘要： 问题意识是影响人文社会科学成果产出的重要因素，论文指出目前高校英语专业学生的问题意识状况不容乐观，并对人文社科研究生问题意识缺失现象及原因进行了分析，认为高校英美文学教学应明确问题概念本身，引导学生关注现实语境，以此不断获得新的学术兴趣，并将认知对象看作知情意的复合体，在借鉴中西方研究方法的基础上，着力培养学生的问题意识、科研能力和文学鉴赏能力。

关键词： 问题意识；英美文学教学；知情合一

高校英语专业《高等学校英语专业英语教学大纲》（2000 年修订）规定高校英语专业的人才“应具有扎实的基本功、宽广的知识面、一定的相关专业知识、较强的能力和较高的素质。也就是要在打好扎实的英语语言基本功和牢固掌握英语专业知识的前提下，拓宽人文学科知识和科技知识，掌握与毕业后所从事的工作有关的专业基础知识，注重培养获取知识的能力、独立思考的能力和创新的能力，提高思想道德素质、文化素质和心理素质。”由此可以看出，《大纲》对英语专业人才的要求不仅限于语言技能的熟练，而是在此基础上的创新能力及综合素质。这种更高层次的要求需要认知主体在过去的知识体系基础上发现新的创新点，并以此为契机深入研究下去。那么联系固有知识与创新点的纽带就是“问题”。问题是驱动学习主体思考和创新的动力之源，而达到真理的道路也应是由一条“问题链”构成的。“也就是说，真理不是以结论的方式，而是以问题的方式存在着的，每一次探索的成功都会导致新问题的出现”（张杰，75）。因此，从问题出发是人文社会科学研究的重要意识。

一、问题意识：是什么？怎么样？为什么？

什么是问题意识？有学者认为：“问题意识是个体存在的一种有生命力的、负熵状态，处于该状态的个体有着实现突破围困、超越自己的诉求，它显示着具有主观能动性的个体追求自由的生命态张力，是自我解放、释放创新能量的口径”（郝明君、王光明，37）。

纵观我国高校英语专业教学的发展历程，从过去单纯重视知识技能逐渐发展为知识与能力并重，在此过程中，英美文学课程在英语专业教学中的地位逐渐提高。1990 年教育部颁发实施的《高等学校英语专业高年级英语教学大纲》中英美文学课只是选修课，修订过的《大纲》将英美文学课改为本科三、四年级的必修课。尽管如此，英语专业本科教学中仍然存在“重语言轻文学”的现象，“文学教学已经彻底滑入到语言教学的范围中去了，也就是说，文学教学仅只成了语言教学和学生学习语言的一部分。这种变化既来自社会，也来自学科内部”（郭英剑，6）。这种现象在作者发表该文章的 12 年后的今天得到了极大的改善，但问题依然存在，并一直影响和制约了学生发现问题、解决问题能力的提高。

在研究生阶段的英美文学教学中，对问题意识的重视程度也显得不够。综合教学实践体验，发现学位论文中存在一些具有普遍性的问题——只总结、只梳理，无问题、无结论。这一类论文可以从下面这个假设的论题来呈现：“劳伦斯作品的话语研究”，首先，这类题目只让人看到作者的研究方向而其学理和观点却没有显示，作为研究生学位论文的题目，应该要将作者的学理提取为一个很好的表达语言，更好地定位自己的论文，集中“火力”解决一个问题；另外，这类论文一般采取的模式是通过对劳伦斯主要作品的细读和分析，从叙述学的理论视域对劳伦斯作品中的多视角叙事模式等方面进行分析和研究，归纳总结劳伦斯小说叙事形式的总体特征，探讨劳伦斯独特的话语叙述模式。这样的话问题就在于，论文过于凸显叙事学的理论视角，而作家作品却退居二线，这样的叙述模式使得论文更像叙事学理论述评，显得本末倒置。另外，很多类似的论文都是将大量的篇幅停留在叙述和梳理层次上，看不出所要研究的问题所在。而作为研究生学位论文，应该拿出自己的态度来，只是梳理是不够的。

“窥一斑而知全豹”，虽然上述情况从一个侧面表现出当下英美文学教学中问题意识缺失的现状。那么，造成问题意识淡薄的原因何在？

首先，对“问题”概念本身的模糊认识。在实际教学过程中常常会遇到学生将“问题”概念同“对象”或“角度”相混淆的现象。比如，学生论文的题目“莎士比亚戏剧《奥赛罗》赏析”只涉及所要研究的对象，而没有呈现研究问题；也有以“莎士比亚戏剧《奥赛罗》的女性主义解读”为题的文章，这也仅只呈现出研究角度；而“哥特的土壤《奥赛罗》的重写——查尔斯·布鲁克登·布朗《威兰》的创作论研究”则是一个视野更加开阔，研究问题明确的论文标题。那么究竟什么是“问题”？通过观察教学实践中经常遇到的误区和错误认识，需要澄清的是：学术研究的问题不是概念解释，不是文本赏析，不是“理论＋文本”的生搬硬套，也不是对文献单纯的梳理整合。“问题的实质是指向隐含、未明朗化的知识。从分析哲学角度看，每种形式的知识都有自己特有的核心概念，这些核心概念的有机联结形成了这种形式的知识独特的逻辑结构”（郝明君、王光明，37）。因此问题是存在于已知和未知之间的认识，需要在已知知识结构的基础上探索新知，开拓新的领地。也就是说，独创性是问题的灵魂，而“对意识到的实际问题或理论问题进行怀疑是产生问题的一种途径。”比如杨恒达教授在谈到问题意识时曾以茅于美教授的研究为例：“茅于美教授通过深入对比华兹华斯等诗人和我国田园山水派诗人陶渊明、谢灵运的创作，提出了这样的问题：为什么同样是崇尚自然山水，同样是对当时政府采取不合作的态度，陶渊明和谢灵运在我国古典文学研究中受到推崇，而华兹华斯等却被贬为消极浪漫主义者?”（杨恒达，10）这种叩问和怀疑的模式建立在对已有知识全面把握的基础上，必然会在问题指引下开创新知。

其次，国内外学术评价体系的制约。在当前国内外学术评价体系更加趋于量化的背景下，高校教师和学生都面临着量化考核的压力，这种评价体系对于短时间内快速提高人文学科的发展确实起到了立竿见影的效果。在整个竞争体系的激励下，我国人文学科正蓬勃发展，学术成果在质和量上都有了很大的提高，但与此同时，这种科学的评价体系也在一定程度上造成了高校英语教学和科研功利化、程序化的倾向。高校英语教学的教师常常要疲于应付各种评价体系对其教学、科研的考核，难以将饱满的精力投入教学中，这种教学机制下对学生的考核标准也是机械量化的，因而影响和制约了师生对学术问题本身的热情。有些学生的研究问题或是为发表文章而勉强拼凑，或将研究局限在总结归纳的层次，缺乏创新性。规范化的学术体系朝着日益精密繁杂的方向发展，由各种概念、理论、逻辑等范畴构成的模式化体系一定程度迷惑障难了人们对美的感知力，使文学教学脱离现实语境。正如刘大椿教授所言，“由于体系本位意识的作用，人们往往……更容易并且更主要地是从一种较为封闭、静止的观念和较为狭窄的视野来着眼和构思学术研究。在此过程中，关注的主要是概念、范畴、逻辑、体系以及学科本身的知识积累，而构成学科发展前提的活生生的社会现实则得不到应有的重视，甚至完全被忽略。在这种情况下，从事学术研究者便难以从现实中发现问题、获得灵感、得到启迪，因而也难以与时俱进、与事推移”（刘大椿，19）。

二、如何培养学生的问题意识?

首先，注重培养学生的现实关怀。任何一部文学作品都反映着社会现实。因此从人类生活的经济、社会和政治条件、环境入手，以社会学方法探求和揭示作品反映现实的真实关系、艺术与现实的真实程度是理解作品的关键。作家的创作离不开现实，那么以文学作品为对象的英美文学教学也应该从现实中来到现实中去，引导学生关注作家对现实语境的关注，并能借助现实生活的困惑彷徨中发现学术问题，拓展研究，进而解决问题。比如，美国作家乔伊斯·卡罗尔·欧茨（Joyce Carol Oates）的作品常常因为其中比较血腥暴力的描写，而受到评论界毁誉参半的评价。她经常被问到这样的问题："为什么你的作品如此暴力?"针对于此，1981 年她写了一篇以这个疑问为标题的文章发表在《纽约时代周刊》上，她说道："我的作品事实上并不特别狂暴，只不过多数牵涉到某些暴行的现象及其后果……不过是反映现代社会而已"（Oates，15）。欧茨认为自己作品中的暴力现象是建立在更为严酷的现实基础之上的，而作家的职责要求她必须以真实的刻画再现出现实的残暴。她创作素材一方面来源于自己的生活，另一方面则取材于报纸上看到的新闻报道。我们在教学上不妨以此疑问入手，启发学生从现实语境出发更深刻地理解作品，同时对比观察国内外社会文化环境，反观文学作品，从中发现研究的新问题，并在一系列问题链的指引下逐渐解决问题，获得新知。

人文社会科学领域中的问题意识，应该具有社会历史的双重维度、学术史自觉和古今中西贯通的性质。这种性质，使人文社会科学研究必然具有"现实启迪"意义。只是这种启迪是内在于历史写作（描述、解释、评价）之中的，而不是在文学叙事之外另有什么启迪。英美文学教学和研究也是如此。之所以要强调这一点，是因为在文学教学中，存在有把"启迪"外在化的倾向，也就是把文学叙事和现实启迪分作两张皮，遂隐含着一种先描述、解释文本，后谈现实启迪的思路。但真正的研究思路必然是以厚重的现实土壤为滋养，不断纵深，进而解决现实与学术相互交集之下的困惑。

其次，培养学生知情合一的学术境界。英美文学在人文学科中当属距离"美"最近的领域。读文学作品可以怡情，可以励志，可以博思。然而，文学的审美价值却被社会功利主义的思想所挑战质疑，认为文学无用，并为迎合社会需求将文学课程降级为单纯的语言技能课。对此，虞建华教授认为："文学的'用'是'无用之用'——无用之用，方是大用。我们甚至可以反过来强调文学所具有的'及物'用途，也就是说，文学不只具备内在的人文精神和美学价值，它同时也富有教化意义，指涉现实，反映生活，起到影响和改变社会现状的作用"（虞建华，16）。将学术功利化的传统隐匿于中国文化的根茎中，一直受到学者的批判。王国维先生在《孔子之美育主义》谈道："呜呼！我中国非美术之国也。一切学业，以利用之大宗旨贯注之。治一学，必质其有用与否；为一事，必问其有益与否。美之为物，为世人所不顾久矣！庸讵知无用之用，有胜于有用之用者乎？以我国人审美之趣味之缺乏如此，则其朝夕营营，逐一己之利害而不知返者，安足怪哉！安足怪哉！"（王国维，1996：154）他在《国学丛刊序》一文中开宗明义地指出："学之义，不明于天下久矣！今之言学者，有新旧之争，有中西之争，有有用之学与无用之学之争。余正告天下曰：'学无新旧也，无中西也，无有用无用也。凡立此名者，均不学之徒，即学焉而未尝知学者也'"（王国维，1996：44）。王国维所主张艺术独立论，把人生作为美学研究的出发点，创建了具有现代人本主义意义的人生论美学，也是把人生作为他哲学和美学的形而上学的根据。反对治学目的功利化、时尚化，这正是王国维先生的纯学问观。

随着社会的发展，社会分工日趋精细，知识积累愈加丰富，学科分殊更加细化和专门。懂历史的未必了解哲学，懂社会学的未必知晓文学，即使在英语语言文学专业内部的细化分支之间也出现"鸡犬之声相闻，老死不相往来"的现象，英美文学方向的学者和语言学、翻译学、比较文学等方向领域专家之间的交流甚少。这一点同钱穆先生会通和合的治学理念相去甚远。在我国，经书研读和科举考试延续两千余年，当西方的坚船利炮打开了中国国门，人们反思落后的原因，致力于学习西方，经典教育地位式微。按照钱穆先生的看法，中国人重在求道，无须分门别类以为学，而知识也没有什么门类可以区分。他认为，中国近世学术多趋专门，“哲学家”、“文学家”、“史学家”等种种称呼的出现，乃是中国学术思想西化的结果。“中国人做学问，不重分门别类，更重会通和合。非为求知，乃为求道。所谓道，主要为人道，为人与人相处之道，其唯一基础，为人与人之一番同情心。故中国人所谓道，则必兼情。本于情，始见道。西方人求知在求真理，真理在外面事物上，故重客观，小须兼以情……中西求知态度大不同，而所知亦不同。中国人言修身、齐家、治国、平天下，皆属道。人人同有身、家、国、天下，则其道大同”（钱穆，530）。“知情合一”的学术境界成为学问大家成就一番学问的内在驱动力。

王国维先生一生徘徊在诗歌和哲学两个领域之间，前者重情，后者重知，他曾经这样问自己：诗歌乎？哲学乎？他日以何者终吾身，所不敢知，抑在二者之间乎？这仿佛一句谶语，王国维终于走上了一条二者之间的路——文学批评之路，因为作文艺批评，一在能体会，二在能超脱。必须身居局中，局中人知甘苦；又须身处局外，局外人有公论，文艺批评正契合王国维知情兼胜的性情才华。他在《浣溪沙·山寺微茫背夕曛》一词中表达了他知情合一的人文情怀：

> 山寺微茫背夕曛，鸟飞不到半山昏。上方孤磬定行云。
> 试上高峰窥皓月，偶开天眼觑红尘。可怜身是眼中人。
> （王国维，2007：198）

叶嘉莹先生讲得好：“彼‘眼中人’者何？固此尘世大欲中扰扰攘攘忧患劳苦之众生也。”对真理的渴求、对众生的哀悯、对现状的愤懑造就了王国维**知情兼长**的学术境界。而英美文学教学中“问题意识”源于认知主体对社会现状的深度解析、对固有观念的质疑批判、对精神走向的敏锐洞察。因为“人文社会科学是围绕‘人’即以‘人’为中心建立起来的知识体系，民生问题是其题中应有之义。对民生的关注，既包括对人民物质生活的关注，也包括对人民精神文化生活的关注。对民生的提问，有两个重要的思路：一是从**细节问题**入手，一是从**个体生存状况**入手。研究的细节化，避免宏大叙事，是正在发生的当代学术转变的重要特征。关注个体生存状况，是透过社会制度、社会集团真正感同身受地理解现时代个体的命运，而不仅仅把个体作为某个集体的单位成员去化解关注个体，既要承认人理性的一面，也要考虑其非理性的一面，把人看成知、情、意统一的复合体”（刘大椿，20）。因此学术背后的“问题”关乎社会，关乎民生；关乎文化，关乎文明；关乎人性，关乎人文。

参考文献

Oates, Joyce Carol. “Why Is your Writing So Violent?” New York Times Book Review 29 Mar. 1981: 15.

郭英剑：“从文学理论的缺席谈起——文学教学的目的是什么?”，《郑州大学学报》，2002 年第 5 期，第 5 – 7 页。

郝明君、王光明：“人文社科专业研究生问题意识的培养”，《学位与研究生教育》，2007 年第 9 期，第 37 – 40 页。

刘大椿：“问题意识与超越情怀”，《中国人民大学学报》，2004 年第 4 期，第 18 – 25 页。

钱穆：《晚学盲言（下）》，桂林：广西师范大学出版社，2004 年。

王国维：“孔子之美育主义”，《王国维学术文化随笔》，佛雏编，北京：中国青年出版社，1996 年，第 149 – 154 页。

——《王国维文集》，姚淦铭、王燕编，北京：中国文史出版社，2007 年。

杨恒达：“我国外国文学研究中的问题意识”，《外国文学研究》，2003 年第 2 期，第 9 – 10 页。

虞建华：“谈我国高校英语专业‘两个走向’问题——兼及英美文学教学”，《中国外语》，2010 年第 3 期，第 14 – 18 页。

【王弋璇，上海外国语大学文学研究院副教授】

培养学生创新能力的课堂教学模式与方法

陈世丹

摘要：为了贯彻好《国家中长期教育改革和发展规划纲要(2010—2020年)》提出的“注重学思结合”的主张，培养学生的创新意识、创新精神和创新能力，我们可通过（1）开展以学生为主体，以教师为组织者的课堂研讨活动；（2）超越教科书和教师的讲义，教师与学生合作创造性地构建教学内容；（3）彻底废止注入式和授受式，完全实行启发式和讨论式教学；（4）创造以人为本的教学情境，在人文情境中探究科学等方法，创建教授抛砖引玉引发学生创新思考、教授自我消解权威让学生充分展示才华的培养学生创新能力的大学课堂教学模式。

关键词：学思结合；创新能力；课堂教学模式

《国家中长期教育改革和发展规划纲要（2010—2020年）》(2010）在“第七章高等教育”中明确提出，人才培养是高校工作的中心任务，要着力培养信念执着、品德优良、知识丰富、本领过硬的高素质专门人才和拔尖创新人才。《纲要》在“第十一章 人才培养体制改革”中明确提出了“创新人才培养模式”，特别提出了“注重学思结合”的主张，倡导启发式、探究式、讨论式、参与式教学，帮助学生学会学习。为了完成《纲要》提出的培养创新人才的任务和贯彻好《纲要》提出的“注重学思结合”的主张，大学教师应该积极探索和创建培养学生创新能力的大学课堂教学模式，使学生在思维、人格、智慧三个层面都得到发展。为了培养学生的创新意识、创新精神和创新能力，我们可通过开展以学生为主体，以教师为组织者的课堂研讨活动；超越教科书和教师的讲义，教师与学生合作创造性地构建教学内容；彻底废止注入式和授受式教学，完全实行启发式和讨论式教学；创造以人为本的教学情境，在人文情境中探究科学等方法，创建教授抛砖引玉引发学生创新思考、教授自我消解权威让学生充分展示才华的培养学生创新能力的大学课堂教学模式。

一、培养学生创新能力的课堂教学模式

培养学生创新能力的大学课堂教学模式注重学思结合，主要表现在两个方面：教授抛砖引玉引发学生创新思考，教授自我消解权威让学生充分展示才华。

1. 教授抛砖引玉引发学生的创新思考

培养学生创新能力的大学课堂教学模式是以学生为主体、教师为组织者的研讨会形式的教学活动。在这种研讨活动中，教授以组织者的身份课前设计好话题，课上少讲、精讲理论要点，组织、调动学生参与讨论。教授以发言人之一的身份在发言中抛砖引玉，引发学生的创新思考，创造性地发表见解。例如在讨论美国后现代主义小说《微暗的火》中的艺术创新对深化作品主题思想的作用时，教授作为第一个发言人，可从理论上扼要阐述后现代主义世界观和艺术主张，从文本分析入手探讨小说的艺术技巧和主题思想，画龙点睛但又故意留有余地，甚至可抛出一些似是而非、自相矛盾的观点，把形式创新与意义深度之间的辩证统一关系问题留给学生们在讨论中解决。教授在发言中指出，先验所指的缺席使表意的领域及表意的语言游戏无限制地扩展，使文本意义的寻求活动成为文本自我离心解构的运动，文本总是在意义的分延中和踪迹的暗示中走向不确定性；学生们在此基础上进行小说文本分析，指出金保特的注释从一开始就是对希德诗的误读，通过对诗作妄加揣测和注释的办法，寻求他自己的赞布拉故事的“踪迹”，讲述自己浪漫而危险的

生活经历，这是一种符号替换所进行的无穷尽的游戏，以新的不完整性取代文本原有的不完整性，表现出文本的互文性和多样性，意义的多元性和不确定性。

教授这种开放性的讲解是精心设计的，它留给学生无限的思考空间，鼓励学生进行大胆独特的思维，敢于并善于质疑、批判和超越教师对作品的讲解，使每个学生都感觉是自己的解读使作品产生了深刻而生动的意义。

2. 教授自我消解权威让学生充分展示才华

培养学生创新能力的大学课堂教学模式要求教授自我消解权威，让学生在研讨活动中充分展示才华。教授必须保证每一位学生都有机会参与课堂讨论活动，尊重学生的不同意见，对学生的回答做出及时的、鼓励性的点评。在以不同文学流派的作家为对象的研讨中，教授为每一次讨论会设计四个话题，根据每一个话题，指定学生课前阅读与该话题相关的多部作品中的若干章节、相关研究文献和文艺批评理论著作的相关部分。研讨会上，先由教授概述与该讨论题目相关的不同观点，然后以一位研讨会参加者的身份，而不是以权威的身份，以与学生平等的态度，提出自己对问题的思考，引导、鼓励大家各抒己见。每次研讨会都有四名中心发言人（学生们轮流担任）。中心发言人要按指定的题目讲 10 分钟左右，然后回答同学们对其观点的质疑。这一环节之后，其他同学从不同的角度，谈出自己对同一问题的不同看法。例如教授提出这样一个问题：狄更斯与乔伊斯这两位作家，一位是批判现实主义小说家，一位是现代主义小说家，究竟哪一位对社会和生活的表现更具有客观性？有的同学认为，现实主义作家选取典型人物和典型事件，运用线性叙事模式和因果逻辑，贴近现实，忠实地再现社会现实，可信性强，比现代主义更具客观性。有的同学则认为，现实存在于生活留给人们的印象，而不是存在于人们所不知道的任何事实，心理现实主义深入人的内心世界，探索人物思想和动机的复杂性，读者感到自己是故事的参与者，而不是旁观者，因此，现代主义比现实主义更真实、更具有客观性。教授权威的自我消解释放了学生们丰富的想象能力和认识能力，使他们在没有范式约束的情况下，自由发表自己的独特见解，充分展示自己的才华。这种教学模式使学生们的创新意识得到鼓励，创新能力得到培养。

这样的研讨会式课堂教学模式既能培养学生思维的主动性、深刻性、准确性、批判性和敏捷性，又能培养学生的形象思维、辩证思维、逆向思维、求异思维和发散思维等能力。在思维层面，使学生摆脱思维标准化与知识非活力化的束缚，大力开发学生个人的想象力和直觉思维；在人格层面，鼓励学生敢于并善于质疑，批判和超越教师和书本知识；在智慧层面，培养学生求真务实、灵活多变的精神。

二、创建培养学生创新能力的课堂教学模式的方法

培养学生创新能力的大学课堂教学模式完全实行以学生为主体、以教师为组织者的研讨会教学模式，教师与学生平等，教师不再是传统课堂上的中心和权威，而只是研讨会发言人之一，他的角色是组织、启发、引导讨论活动的顺利进行，使学生学思结合，最充分地发挥学生的学习主动性，调动学生的创新意识，鼓励学生大胆表达自己的见解，欢迎学生对教师的观点提出质疑和挑战，在民主宽松的课堂氛围中培养学生的创新精神和创新能力。这种培养学生创新能力的课堂教学模式可通过以下四种方法实现。

1. 开展以学生为主体、以教师为组织者的课堂研讨活动

我国《高等教育法》明确提出：“高等教育的任务是培养具有创新精神和实践能力的高级专门人才。”大学教学必须服从、服务于高等教育的根本任务和目标。为了实现这一目标，我们必须废弃那种以教师为中心、教师一言堂的传统课堂模式。那种模式使学生处于被动、从属地位，把学生仅仅当作受教育者，要求学生无条件地接受教师传授的知识，学生的学习自主权得不到尊重。那种教学模式重知识轻能力、重共性轻个性、重灌输轻引导，扼杀了学生学习的主动性和独立性，剥夺了学生探索知识的机会，也使学生的创

新意识和创造能力得不到培养。所以，我们必须更新观念，创建学生为主体，教师为组织者的课堂研讨活动。为使研讨活动有效进行，教师必须明确以下几点：（1）充分尊重学生在课堂上的主体地位，指导学生在研讨中积极主动地获取知识；（2）发挥学生的主观能动性，指导学生课前阅读相关资料，在课堂讨论中允许学生对教师的见解提出质疑和批判；（3）创造民主宽松的氛围，尊重学生的个性，让每位学生充分表达自己的见解；（4）树立“一切为了学生的全面发展”的思想，在教学中从知识、能力、人格、品德等方面着手，将学生培养成为德、智、体、美、劳等全面发展的，具有创新精神和创新能力的人才。

2. 超越教科书和教师的讲义，教师与学生合作创造性地构建教学内容

培养学生创新能力的课堂教学模式要求我们必须破除“以本为本”的传统教学方式，即废止教师教教科书，学生学教科书这种移植教科书的认知活动。教学内容是教师在教授行为中所利用的一切素材和手段，它既包括教科书，也包括形形色色的图书教材、视听教材、电子教材以及相关的新的科研成果等。培养学生创新能力的大学课堂教学模式要求超越教科书和教师的讲义，教师与学生合作创造性地构建教学内容。师生与教学内容首先是一种理解关系。教师要结合自身的阅历、经验与能力，结合对学生课外阅读的指导，对教学内容进行超越教科书的重新建构，使教学内容内化为教师授课行为的一部分。一方面，教师要深入把握教学内容的内涵，包括结构体系、知识脉络、内容特点以及教学的切入点，在课堂上突出重点，将教师的精讲与引发学生不同见解的争论结合起来，充分发挥教学内容的潜能，实现教师与教学内容的一体化。在这一过程中，教师对教学内容有了更大的创造空间，不但理解并把握教学内容，同时，还将通过探究、设计、反思重新整合教学内容。另一方面，学生要主观能动地学习并掌握教学内容所包含的知识、技能、方法，接受情感、态度、价值观的教育。在这一过程中，学生可以按照自己的兴趣、意愿和动机进行选择，接受教师的引导和评

价。他们可以在对作家的评介中提出自己的认识和看法。理解是对教学内容的接纳和学习，超越则具有发展性的理想和创造性的价值。学生超越教学内容的核心在于凭借教学内容掌握学习的方法，形成良好的学习品质，学习课堂教学内容以外更多的新知识，形成创新意识和能力，从而为自己的终身学习、创新学习打下基础。

3. 彻底废止注入式和授受式，完全实行启发式和讨论式教学

培养学生创新能力的课堂教学模式要求我们必须彻底废止传统教学中教师满堂灌的注入式、授受式教学，彻底结束教师一人唱独角戏、学生群体失语的局面，因为这种教学方式严重压抑学生学习的主动性、积极性和创造性，严重阻碍创新人才的培养。为了培养出具有创新思维、创新能力的人才，承担起振兴中华民族的重任，大学教学方法一定要尽快地从注入式和授受式转变为启发式和讨论式。教学目标要由“授人以鱼”到“授人以渔”，由教给学生知识到教会学生学习的转变。启发式和讨论式教学方法注重师生双向互动式教学，呈现出师生互动、激烈争论、生动活泼的局面。重视对学生知识和能力的培养及非智力因素的开发。学生既是受教育的对象，又是具有主观能动性的认识主体。学生需要承担更多的学习责任，引导学生告别依赖性、被动性学习，代之以自主性学习、开放性学习，使学生的主观能动性、创造性思维得到充分的发挥。在研讨会式课堂上，师生围绕具体的话题进行平等的对话与探讨，培育学生积极的思维习惯和探究问题的意识。教学活动从以教师的教为主向以学生独立性、师生合作性教学为主转变，进而向探究性、创新性教学发展，实现学生在教学中的主体地位，充分调动学生的积极性、主动性和创造性，为学生参与教学、积极思考、大胆质疑、自主学习与发展提供条件与环境，引导学生创造性地获取与运用知识，培养学生的创新思维和创新能力，促进学生的全面发展。

完全的启发式和讨论式教学就是要营造学生思维活跃、畅所欲言的课堂教学情景，使课堂成为学生充分发挥独创精神的空间。为此，教师必须以培养学生创新意识和创新能力为教学主旨，尊重学生，建立民主、平等的师生关系，开展创造性教学活动，使学生在

民主、宽松的研讨氛围中互相学习，大胆交流，共同提高。同时，教师对学生的评价要以激发学生独立思考、鼓励学生的创新意识和创新精神为目的。在完全的启发式和讨论式教学实践中，教师可通过与学生平等对话来建立良好的师生关系，让学生真正感到教师是他的朋友，是合作的伙伴。教师要尊重学生、理解学生、宽容学生、热爱学生。教师对学生的爱，是师生关系和谐的核心。教师只有热爱学生，才能引发学生积极向上的情感和动力，实现师生目标的一致性，这样才会有师生和谐的基础。教师要相信学生的能力及潜能，学生往往能够从教师的信任和期待中体验到自己的尊严，认识到自身的价值，从而激发自己不断进取。教师还要从促进学生身心发展出发，鼓励学生向书本、向教师、向权威挑战，促进学生的独立思维、批判思维和创新思维。

4. 创造以人为本的教学情境，使学生在良好的人文情境中探究科学知识

培养学生的创新精神与创新能力的课堂教学模式须借助于以人为本的良好的人文教学情境。人文教学情境是感性的、具体的、情感化的，强调想象与迁移、审美与思辨。传统的大学教学是在理性的、抽象的、简化的、实在的、强调理智与逻辑的科学情境中进行的，这样的教学崇尚统一性、一致性、必然性以及整体性，以理性为核心，其目标指向科学知识本身。在这一情境中，教师处于绝对的中心地位，按照自己所理解、预设的知识目标来规范学生的学习，在学生偏离或者无法达到预订的目标时，教师会采取强制性的措施来约束学生，经常呈现出严谨、严肃、严格的僵化的教学情境。以人为本的人文教学情境能促进学生的自我学习和自我发展，培养学生的独立性、自主性和创造性。这样人文教学情境强调教学的独特性、意外性、复杂性、创造性、情感性，以感性为核心，注重学生的自身发展。在这种人文情境中，师生之间亲密合作，教师循循善诱，师生在对话中相互熏陶，课堂研讨活动沉浸在一种丰富、和谐、光明、温暖、纯洁、博大的氛围之中。这样的教学情境有利于学生的自由发展和实践创新。

以人为本的教学情境既有人际的沟通、情感的交融，又有苦苦的思索、理性的思辨，师生在人文的阳光下探究科学，又在科学的探究中享受人文的关怀。在这样的教学情境中，学生是会思考、有感情并具有无限潜能的有机体，他们有明确的学习目标和任务；教师为学生提供讨论、交流与合作的机会，引导学生深入思考，学会提出问题、发现问题、提出假设并验证问题，培养学生的批判思维和创造性思维能力。在研讨活动中，教师尊重并鼓励学生发表不同见解，注重与学生的交流与对话。在这种人文教学情境中，教师的责任不仅是向学生传递知识，还要注重培养学生的情感，塑造学生的人格。因此，这样的教学情境也对教师提出了更高的要求，教师在研讨会式教学这一言传身教的过程中，只有不断吸收新知识、新信息，补充新鲜血液，不断提高自己的知识水平和科研水平，才能给学生以正确的指点，学生也才会因教师端正善良的人格魅力、博学多识的知识魅力而乐于与教师交往，并在教师的身教影响下乐于求知，积极探索，不断提高自己的创新能力。

以上讨论表明，为了培养创新型人才，教师必须更新教学思想和教育观念，始终把培养学生的探索精神、综合能力、创新意识和创新能力作为课堂教学的主旨，积极探索并创建培养学生创新能力的课堂教学模式。在教学活动中，教师必须尊重学生，建立平等的师生关系，营造民主、宽松的学术研讨氛围，使学生们互相学习，大胆交流，共同提高。教师对学生的评价要以促进和激励学生创新能力的发展为主导，激发学生的独立思考，鼓励学生的创新意识和创新精神。教师对学生的课内研讨和课外阅读的指导都要以培养学生创新能力为主旨，为完成《纲要》提出的培养合格的拔尖创新人才的重要任务而努力地、创造性地开展教学工作。

参考文献

《国家中长期教育改革和发展规划纲要（2010—2020 年）》，北京：人民出版社，2010 年。

吴秋生："高校教师要树立正确科研观"，《光明日报》，2009 - 8 - 13。

钟志贤:《大学教学模式革新:教学设计视域》,北京:教育科学出版社,2008年。

陈世丹、张卫平:"探索培养创新能力的大学课堂教学模式",《光明日报》,2009-3-4。

刘尧:"创新人才培养需要转变的教学观念",《中国高等教育》,2010年第1期。

【陈世丹,中国人民大学外国语学院教授、博士生导师】

大会发言小结（5）

台湾交通大学冯品佳教授在“Race for Teaching：种族意识与美国文学教学”的发言中认为，现有的美国文学的发展史，导致学生对美国形成既定印象。因此，我们有必要将不同种族的作家编入教材，打破白种男性作家占主导地位的现象，让非裔作家进入大家的视线。同时，使用视觉化的教材，增加人们对现实的了解也至关重要。对外经济贸易大学许德金教授在“多元视角下的英美文学课程设置及教学”的发言中谈到，实用主义的盛行造成英美文学教学的危机。他结合对外经济贸易大学学生培养和社会需求的实际，为英语专业的改革提出很多建议。比如，从课程设置上，可以增设区域国别研究方面的课程和实验课程。青岛大学师范学院孟宪华副教授的发言题目为“问题教学法在英美文学教学中的优势”。她指出，“问题教学法”的优势，应该贯穿于整个教学过程。问题教学法不仅能够有效活跃课堂气氛、调动学生的主动性和参与性，而且能够激发学生的学习兴趣和热情，培养学生的思维能力，同时还可以提高学生的语言表达能力和文学鉴赏力。对外经济贸易大学蒋显□教授在“危机中的英美文学教学——文学教学忧思录”的发言中，梳理了大学培养目的的演变过程，并对我国英美文学教学的问题提出建议。他认为，英美文学教学当下遭遇的生存危机是与外部的文化氛围的变化紧密相连的。要扭转英美文学教学所面临的困境，就必须厘清主导我们教学实践的几个理念，认真审视英美文学教学的旨归和内容，界定本科生、研究生和博士生英美文学教育的不同程度和方法，并且结合中国自己传统的优秀文学批评方法来补足西方文学教学法的欠缺。上海外国语大学王弋璇老师的发言题目为“英美文学中的问题意识和知情合一”。她从博士论文“《福克纳小说的话语研究》叙事分析”的答辩会谈起，她认为这个题目欠缺问题意识，进而导致对现实语境的忽略，对“情”的因素的忽略。她指出，培养学生的问题意识是英美文学教学的关键，而塑造学生“知情合一”的学术境界也是文学教学的目的所在。中国人民大学陈世丹教授在“培养学生创新能力的课堂教学模式与方法”的发言中强调了英美文学教学中讨论会模式的重要性。他认为，为培养创新型人才，教师必须更新教学思想和教育观念，实现教学内容多元化，采取师生双向互动模式，创造活泼的课堂教学环境。

精彩点评（5）

庄坤良
（台湾逢甲大学）

庄坤良教授指出，人文教学的选择原因在于对文学和文字的爱好。冯品佳老师对大量图像和文字的引用为我们提供了很好的参考，让我们意识到凡事都有两面性。许德金老师提出的人文素养的重要性以及文学沟通的多层次，是值得我们思考的。孟宪华老师的教学方法从老师到学生，产生互动，留下思考的乐趣。蒋显璟老师能够从宏观的角度把握问题，王弋璇老师所提出的“问题意识”也提示我们论文的撰写要结合生活。陈世丹老师对学生创新能力的培养是很值得肯定的。我们在教学中不要教太多，而应强调学的重要性。